情動的実践としての教師の専門性

—教師が授業中に経験し表出する情動の探究—

木村 優 著

風間書房

は じ め に

　教師の仕事，教えるという営みは情動に満ちあふれた実践である。教師は仕事の中で，特に，授業における生徒とのかかわりの中で，愛情，喜び，驚き，楽しさ，興奮，誇り，怒り，いらだち，哀しみ，不安，困惑，罪悪感，悔しさ，苦しみ，失望など様々な情動を経験する。生徒に対する愛情や喜び，授業における楽しさや興奮は教師の仕事に対する意欲や活力の源であり，教職を継続する上で不可欠なやりがいとなる。一方で，生徒に対する怒りや哀しみ，あるいは自らの教科指導上の能力に対する不安や罪悪感の連鎖は，次第に教師の心身の消耗と情動の枯渇を導き，早期退職やバーンアウトの引き金にもなり得る。

　また，教師は授業中に自らに生起した情動を手がかりにして生徒の発言や活動の意味を理解し，それらに応答していく。例えば，ある生徒が授業内容に無関係と思われる発言をしたとき，教師はその発言に困惑しながらも，その発言が先行する他生徒の発言から見てどのような意図でなされたのか，あるいは授業展開のどこに位置づくのかを推察し，その発言にどのように応答すればよいのかを思案する。さらに，教師は授業中，生徒の活動や情動状態を入念に見極めながら，自らに生起した情動を管理し，その情動を生徒に向けて表出することがある。例えば，日常から授業参加に消極的な生徒が教師の発問を受けて発言し，自らの意見を友達に示すとき，教師はその生徒の発言に喜びや驚きを経験しながら，それらの情動を笑顔にのせて表出することで生徒を賞賛する。このような教師の行動には，生徒のさらなる発言や授業参加を勇気づける意図が含まれると考えられる。また，生徒が学習課題の探究に意欲を示さず授業進行を妨害したり，教師に対して無礼な言葉を投げかけたりしたとき，教師は怒りやいらだちを経験することがある。その際，教

師は授業を円滑に進めるために，専門職としての冷静な判断と態度を保ちながら怒りやいらだちを抑制するかもしれない。あるいは，教師は生徒指導的な観点から生徒の振る舞いや発言を叱り，注意することで怒りやいらだちを表出するかもしれない。

　このように，情動は教師の実践に密接に関与しており，教師の仕事とはなにか，教師の専門性とはなにか，という論題を探究する上で重要な視座を提供する。しかし，本書で論じていくように，教師の仕事の特徴や専門性については，授業における教師の認知過程や思考様式，実践的知識を分析対象とした研究知見により説明されてきた。もちろん，教師は授業中の生徒との相互作用と教材の教授過程で自らの専門性を最も発揮する。そのため，授業における教師の認知，思考，知識の特徴を探究することは教師の専門性を明らかにする上で意義あることである。しかし，情動が教師の授業実践においていかなる役割を果たし，教師の専門性として説明されてきた認知や思考，実践的知識の活用過程にどのような影響を及ぼすのか，また，教師は授業中のどのような状況で，いかなる様式で情動を表出し，生徒は教師の情動表出をどのように受けとめて授業に参加するのか，これらの論題は従来の研究では精緻に検討されていない。そこで本書では，教師が授業中に経験し表出する情動を教師の専門性という視点から捉え，その実践的及び専門的意義を明らかにしていく。

目　　次

はじめに

第Ⅰ部　本研究の問題と目的 …………………………………………… 1
第1章　教師の情動的実践への探究 ………………………………… 3
第1節　教師の専門性における情動の意義 …………………………… 3
1．教師の専門性を示す実践的知識と思考様式の特徴 …………… 3
2．教師の情動的実践の社会文化的起源 …………………………… 4
3．情動と認知・思考・動機づけ・行動との関連 ………………… 6
4．教師の情動研究の視座と範囲 …………………………………… 7
第2節　教師の内的過程における情動の役割 ………………………… 9
1．教師の情動と認知 ………………………………………………… 9
(1) 情動生起の認知評価過程で現れる教師の自己　9
(2) 情動が意思決定と実践的知識の検索に及ぼす影響　13
(3) エピソード記憶としての感情経験とその省察による専門性開発過程　14
2．教師の情動と動機づけ …………………………………………… 17
(1) 心的報酬の獲得：教職への内発的動機づけ・自己効力感の高まり　17
(2) ストレスとバーンアウト：脱専門職化と再専門職化の過程　19
第3節　生徒との社会的関係における情動の役割 …………………… 23
1．教師による生徒の情動理解 ……………………………………… 23
(1) 情動理解を促す／脅かす生徒との心理的・情動的距離　23
(2) 教師による生徒の情動理解の2段階　26

2．教師の情動管理と情動表出 …………………………………………… 28
　　(1) 教師の情動規則：教師の仕事と情動労働　28
　　(2) 教師の情動管理方法　31
　　(3) 教師の情動表出に内在する機能：ユーモア，賞賛，
　　　叱責の効果　34
第4節　本研究の課題 ……………………………………………………………… 37
　1．先行研究の知見と課題 …………………………………………………… 37
　　(1) 研究対象の選定方法　38
　　(2) 情動と心理的事象との関連性，実践の省察過程における情動の
　　　役割　39
　　(3) 教師間で生起する情動の比較　39
　　(4) 快情動に焦点を当てた研究の必要性　40
　　(5) 情動表出様式の検討　41
　　(6) 情動表出に内在する社会的機能の検討　42
　2．本研究の課題と構成 ……………………………………………………… 42

第Ⅱ部　本研究の方法 ……………………………………………………………… 47
第2章　本研究の方法と協力者 …………………………………………………… 49
第1節　教師の情動と心理的事象との関連に対する研究方法 ………………… 49
　1．研究協力者と理論的サンプリング ……………………………………… 49
　2．教師への半構造化面接調査 ……………………………………………… 55
　3．授業観察調査 ……………………………………………………………… 56
　4．教師へのESM質問紙調査 ……………………………………………… 58
第2節　教師の情動表出に対する研究方法 ……………………………………… 60
　1．研究協力者と学級の特徴 ………………………………………………… 60
　2．授業観察調査 ……………………………………………………………… 63
　3．教師への半構造化面接調査 ……………………………………………… 65

4．生徒への自由記述式調査 …………………………………… 66

第Ⅲ部　授業における教師の情動と心理的事象 ………………… 67
第3章　協働学習授業における教師の情動と認知・思考・
　　　　　動機づけ・行動との関連 ………………………………… 69
第1節　本章の目的 …………………………………………………… 69
第2節　方法 …………………………………………………………… 71
　　1．研究方法 ………………………………………………………… 71
　　2．分析手続き ……………………………………………………… 71
第3節　結果と考察 …………………………………………………… 72
　　1．《情動の生起》現象とその背景 ……………………………… 72
　　2．《情動の生起》現象の5つの過程 …………………………… 78
　　　(1) 《快情動の生起》現象とその過程　79
　　　(2) 《不快情動の生起》現象とその過程　83
　　3．情動が教師に導く授業の省察過程 …………………………… 89
　　　(1) 快情動が導く新たな実践的知識の創造・再構成・実験的実行　89
　　　(2) 不快情動が導く中期的・長期的な省察と変容過程　92
　　　(3) 自己意識情動が導く実践的知識の検索・実行・改善　96
　　4．混在した情動 …………………………………………………… 99
第4節　本章の総合考察 …………………………………………… 101

第4章　授業における情動が教師の自律的な専門性開発に及ぼす
　　　　　影響 …………………………………………………………… 109
第1節　本章の目的 ………………………………………………… 109
第2節　方法 ………………………………………………………… 110
　　1．研究方法 ……………………………………………………… 110
　　2．分析手続き …………………………………………………… 111

第3節　結果と考察 …………………………………………………… 112
　　1．教師2名の授業目標の共通点と相違点 …………………………… 112
　　2．授業の類似状況での教師2名の情動：共通点と相違点 ………… 116
　　　(1)　教室の対話状況で生起する情動　116
　　　(2)　生徒の授業参加行動・情動状態に対する情動　119
　　　(3)　授業準備・授業展開がもたらす情動　122
　　3．教師2名の《情動の生起》後の過程 ……………………………… 125
　第4節　本章の総合考察 ……………………………………………… 128

第5章　授業における教師のフロー体験 ………………………………… 133
　第1節　本章の目的 …………………………………………………… 133
　第2節　方法 …………………………………………………………… 136
　　1．研究方法 ……………………………………………………………… 136
　　2．分析手続き …………………………………………………………… 137
　第3節　結果と考察 …………………………………………………… 140
　　1．フロー状態の授業における教師の経験の質 ……………………… 140
　　2．教師が授業中に快情動を経験する生徒及び自己の行為 ………… 145
　　3．フロー状態の授業における教師―生徒間の相互作用の特徴 …… 150
　　　(1)　明確なフィードバックの存在　150
　　　(2)　フローに伴う教師の即興性・生徒との協働探究　158
　第4節　本章の総合考察 ……………………………………………… 166

第Ⅳ部　授業における教師の情動表出 ………………………………… 173
第6章　授業における教師の自己開示と情動の物語 …………………… 175
　第1節　本章の目的 …………………………………………………… 175
　第2節　方法 …………………………………………………………… 178
　　1．研究方法 ……………………………………………………………… 178

2．分析手続き ………………………………………………… 179
　第3節　結果と考察 …………………………………………… 181
　　1．教師が授業中に行う自己開示の内容 ……………………… 181
　　2．教師の自己開示様式の特徴 ………………………………… 184
　　　(1)　生徒に対する教師の願いの開示　184
　　　(2)　教師による情動的出来事の物語　187
　　3．教師が自己開示を行う場面，時期の特徴 ………………… 190
　第4節　本章の総合考察 ……………………………………… 193

第7章　授業における教師の情動表出様式 ………………………… 197
　第1節　本章の目的 …………………………………………… 197
　第2節　方法 …………………………………………………… 199
　　1．研究方法 ……………………………………………………… 199
　　2．分析手続き …………………………………………………… 200
　第3節　結果と考察 …………………………………………… 202
　　1．教師の情動表出に含まれる意図 …………………………… 202
　　2．授業における教師の快情動表出様式 ……………………… 205
　　　(1)　楽しさの誘発と自発的表出　206
　　　(2)　生徒の積極的授業参加行動が導く喜びと驚きの開示　209
　　3．授業における教師の不快情動表出様式 …………………… 213
　　　(1)　不快情動の抑制：いらだちと困惑の表出　215
　　　(2)　怒りの開示と哀しみの表出　219
　第4節　本章の総合考察 ……………………………………… 222

第8章　教師の情動表出を受けて生徒が示す授業参加行動 ………… 229
　第1節　本章の目的 …………………………………………… 229
　第2節　方法 …………………………………………………… 231

1．研究方法 …………………………………………………………… 231
　　2．分析手続き ………………………………………………………… 232
　第3節　結果と考察 ……………………………………………………… 233
　　1．教師の情動表出に対する生徒の反応と受けとめ方 …………… 233
　　2．教師の快情動表出を受けて生徒が示す授業参加行動 ………… 237
　　　(1)　教師の快情動表出による生徒の積極的授業参加行動の促進　237
　　　(2)　生徒の消極的授業参加行動の中断を促す教師の快情動表出　240
　　3．教師の不快情動表出を受けて生徒が示す授業参加行動 ……… 242
　　　(1)　生徒の消極的授業参加行動の中断を促す教師の不快情動表出　242
　　　(2)　生徒の向社会的行動の生起　246
　第4節　本章の総合考察 ………………………………………………… 248

第Ⅴ部　本研究の総合考察と今後の展望 ……………………………… 253
第9章　情動的実践としての教師の専門性 …………………………… 255
　第1節　本研究知見の概観 ……………………………………………… 256
　　1．第Ⅲ部「授業における教師の情動と心理的事象」の知見と考察
　　　　　………………………………………………………………… 256
　　　(1)　第3章の知見と考察　256
　　　(2)　第4章の知見と考察　259
　　　(3)　第5章の知見と考察　261
　　　(4)　第Ⅲ部の意義　262
　　2．第Ⅳ部「授業における教師の情動表出」の知見と考察 ……… 265
　　　(1)　第6章の知見と考察　265
　　　(2)　第7章の知見と考察　267
　　　(3)　第8章の知見と考察　268
　　　(4)　第Ⅳ部の意義　269
　第2節　総合考察：情動的実践としての教師の専門性 ……………… 271

第3節　今後の研究課題 …………………………………………… 281

註 ………………………………………………………………………… 288
引用文献 ………………………………………………………………… 293
謝辞 ……………………………………………………………………… 305

第Ⅰ部　本研究の問題と目的

第1章　教師の情動的実践への探究

　本章では，実践過程において教師が経験し表出する情動[1]を，教師の専門性という視点から捉え検討する本研究の理論的背景を定める。そこでまず，教師の専門性に関していかなる議論がこれまでなされてきたのかを概観する。次に，教師の情動を分析対象としてきた先行研究の知見を教師の専門性という視点から概観，批評し，教師の"情動的実践（emotional practice）"を探究する上でどのような課題が残され，いかなる方法が必要となるのかを明らかにする。

第1節　教師の専門性における情動の意義

1. 教師の専門性を示す実践的知識と思考様式の特徴

　教師文化研究や専門職の実践的認識論に関するこれまでの議論において，教職は医師や弁護士のような近代専門職の実践基盤となる"知識基礎（knowledge-basis）"を部分的にしか確立しておらず，"不確実性"を基盤とした"準専門職（semi-professionals）"と定義されてきた（e.g., Etzioni, 1969; Lortie, 1975; 佐藤, 1997）。しかし，1980年代以降になると教職の不確実性を克服して専門職化を推進する動きが活発化し，教師の認知や思考に焦点を当てた研究が盛んに行われ，教師の専門性を説明する様々な知見や理論が示されてきた。
　例えば，教師は授業中，瞬間的な情報処理と意思決定を絶え間なく行いながら（Shavelson & Stern, 1981），個々の生徒の発言や活動の意味を授業内容や授業展開に結びつけて理解する"即興的思考"を展開する（佐藤・岩川・秋田，

1990)。この即興的思考は不確実な授業という営みの中で教師が行う特徴的な思考様式として注目されている（Sawyer, 2004; 村瀬, 2006）。また，教師が授業中に用いる知識は，自らの教職経験に基づく知識，心理学や社会学などの多様な学問領域を統合した知識，それらを無意識に用いる潜在的知識が複合する"実践的知識（practical knowledge）"として特徴づけられている（佐藤，1997）。この実践的知識の中核は，教室の文脈や生徒たちの複数の理解に応じて教育内容の知識を翻案し再構成する"授業を想定した教育内容の知識（pedagogical content knowledge, 以下 PCK と表記）"（Shulman, 1987）とされる。この PCK を実践過程でいかに駆使できるかが，教師の専門職としての能力を判断する重要指標とされてきた（Hargreaves & Goodson, 2005）。さらに，教師の PCK 形成と専門性開発を促すのは，即興的思考に象徴される不確実な状況における自由裁量の判断，すなわち"行為の中の省察"（Schön, 1983）と，"行為の中の省察"自体を実践後に振り返る一連の省察過程とされる（秋田，1996; 佐藤，1997）。このように，教師の専門性の内実や専門性開発の過程は，教師が授業中に用いる思考様式や実践的知識の特徴，認知的判断や意思決定，さらに，これらの基盤となる省察過程によって説明されてきた。

2．教師の情動的実践の社会文化的起源

しかし，教師の専門性は知識や思考といった認知側面だけではなく，実践過程で教師に生起する様々な情動や感情経験といった情動側面と共に検討する必要がある（e.g., Nias, 1996; Hargreaves & Goodson, 2005）。なぜなら，第1に，教職は社会文化的に"情動的実践（emotional practice）"としての性質を有するためである（Hargreaves, 2000）。教師は学校と教室で多数の生徒と頻繁に相互作用を行いながら，彼らとの人間関係を形成して実践にあたっている。他者との相互作用と関係性，及びそれらの中で起こる社会的出来事は情動の生起に不可欠な要素である（Averill, 1990）。つまり，教職は"人間関係に基づく専門職（people-based profession）"であり，それゆえに情動的次元（emotional dimension）を有するのは不可避"（Nias, 1996, p.296）なのである。

　また，多くの教師は生徒たちを気遣い，世話し，育みながら，彼ら／彼女らの学び，成長，自己実現を支えることに責任を負っている。これらは"ケアリングの専門職"（Noddings, 1984）としての活動と責任であり，教職を情動的実践とする文化的要因である。Noddings や Mayeroff（1987）によると，ケアリングは，他者の成長や自己実現を支える活動であり，"ケアするひと（carer）"が"ケアされるひと（cared-for）"に専心没頭して愛情を示し，"我－汝"の関係を形成することではじめて成立する。実際に，Nias（1989）が小学校教師 149 名に行った面接調査では，80% 以上の教師が"生徒を愛している"と述べており，教師と生徒という垂直的な関係から個人と個人の水平的な関係を実現しようと努めていたと報告されている。そして，ケアリング関係において，"ケアするひと"は"ケアされるひと"との関係成立を認識することで活動のフィードバックを得て，喜びや満足感を経験することになる。

　ただし，ケアリングが"ケアされるひと"の要求に対する応答的活動であるために，"ケアするひと"にはときに心理的負担が課され，ケアリング関係の不成立に対する心配や不安が生起することがある（Noddings, 1984）[2]。教師にもまた，生徒とのケアリングの関係の成立／不成立によって喜びや誇り，悩みや罪悪感などの情動が生起する（e.g., Acker, 1995; Hargreaves, 1994; Lortie, 1975; Rogers & Webb, 1991）。Nias（1999）によると，"多くの教師がケアリングの文化を教室で構築することに努め，大人の愛情の中で安心感を抱く子どもは学びに集中できるという信念を暗黙のうちに受け入れている"（p.68）という。教職志望の学生でさえ，生徒へのケアリングが教師の重要な活動であり責任であることを既有知識や信念として保持している（Goldstein & Lake, 2000）。つまり，情動性（emotionality）を基礎とするケアリングは教師の意識に内化した文化，Bruner（1996）の言う"心の中の文化[3]"であり，教師はケアリングの文化を媒介にして生徒との相互作用や関係性に埋め込まれた意

味を理解し解釈していると考えられる。このように，教職はその社会的性質及び文化的起源から，様々な情動が実践過程で生起する専門職と言える。

3．情動と認知・思考・動機づけ・行動との関連

　教師の専門性を情動側面から検討すべき第2の理由は，実践過程において教師に生起する情動が教師自身の認知，思考，動機づけ，行動に関連し，相互に影響を及ぼし合うことが示唆されるためである。情動の"認知評価理論"（Lazarus, 1991）によると，情動はまず状況や出来事に対する個人の解釈的判断と評価を通して生起し，生起した情動の快／不快の質も個人の認知評価様式によって決定される。そして，情動は思考，注意，集中，意思決定などの認知の諸側面に影響を及ぼしながら，状況や出来事に対処するための動機づけと適切な"行動傾向（action tendency）"を導く（Levenson, 1999）。なぜなら，情動は人間の進化論的適応という観点から"原型的なできごとや意味に特化した超高速の計算処理装置"（遠藤，2007, p.7）であり，進行中の思考や行動に強引に割り込み，瞬時に状況や出来事への意識や注意を焦点化し，適切な情報処理と意思決定を可能にする"良く練られたスキーマ（best laid scheme）"（Oatley, 1992）として機能するためである。したがって，教師の情動も生徒との相互作用に対する認知評価を通して生起し，その情動が教師の実践過程における瞬間的な情報処理や意思決定に関与し，例えば，即興的思考の展開を促進したり阻害したりする可能性が示唆される。

　また，情動（emotion）は主観的経験として知覚されることで感情経験（feeling）となり一定時間持続し，その生起原因となった状況や出来事の意味を増幅して記憶に根づかせる（e.g., Lazarus, 1991: Levenson, 1999）。つまり，記憶と情動は密接に結びつくのである。このことから，主観的に知覚された感情経験は教師の中・長期的な実践の記憶，キャリアやライフコースにおける重要事象の記憶に寄与し，授業の振り返りと改善，専門性開発，教職アイデンティティや信念の形成や維持に関連すると考えられる。

さらに，生起した情動は生態的及び身体的変化（例えば，血圧の上昇，心拍数の増加，アドレナリンの分泌）を個人に引き起こすと共に（e.g., Cannon, 1929），表情，姿勢，発話を媒介として他者に表出される（e.g., Ekman & Friesen, 1975）。この人間相互間の情動表出には，情動表出の受け手である他者に同質の情動を誘発したり，送り手の精神状態，意図，嗜好，評価などの個人情報を伝達したり，進行中の相互作用における望ましい行動を喚起したりする社会的機能が内在する（Keltner & Haidt, 2001）。つまり，情動は個人の内的過程で機能する現象としてだけではなく，その表出を通した個人間，集団内でのコミュニケーション機能を有する社会的現象として捉えられる。この意味で，教師が授業中に行う情動表出も生徒とのコミュニケーションの道具となり，そこには授業場面特有の社会的機能が内在すると考えられる。

このように，情動は個人の内的過程において認知，思考，動機づけ，行動と密接に関連し，情動表出は他者との社会的相互作用におけるコミュニケーションの道具となる。したがって，教師の専門性として説明されてきた授業における知識や思考，あるいは"行為の中の省察"も情動と切り離すことはできない。さらに，教師の情動表出は生徒に授業場面で望ましい社会的行動を喚起する授業方略の一つと捉えられる。

4．教師の情動研究の視座と範囲

以上に示した心理学や社会学における情動研究の知見を受け，1990年前後から教師の情動研究が欧米を中心に盛んに行われるようになり，1996年には英国のCambridge Journal of Educationで，2005年には国際学術誌のTeaching and Teacher Educationでそれぞれ教師の情動研究の特集が組まれた。また，2003年にはSutton & Wheatley（2003）が先行研究のレビューを行い，心理学や社会学の情動理論を示しながら教師の情動を研究対象とするための意義及び方法を提示している。しかし，教師の情動研究の萌芽期であったため，Sutton & Wheatleyは学校や教室で教師に生起する快／不快の

様々な情動を先行研究の記述から簡潔に分類しただけで，個々の情動に内在する心理的及び社会的機能については，彼ら自身が収集した教師の語りのローデータを参照して示唆するにとどまっている。つまり，Sutton & Wheatley のレビューによって先行研究の知見と課題が批判的に検討されたとは言い難く，特に，教師の専門性において情動がいかなる布置にあるのかについては検討されていない。

そこで本章では，心理学及び社会学における情動研究の知見を援用しながら，教師の情動を分析対象とした国内外の先行研究の知見を教師の専門性という視点から概観，批評し，本研究の課題と方法を定めることを目的とする。以下では，教師の情動についていかなる分析がなされてきたのかを，(1)教師の内的過程における情動の役割，(2)生徒との社会的関係における教師の情動の役割，という二点の論題を探究した研究の流れから概観していく。

第1は，実践過程において教師に生起する情動，及び教師が主観的に知覚する感情経験に焦点を当て，情動が教師自身の認知，思考，動機づけ，行動にどのように関連し影響を及ぼし合い，教師は情動をいかに意味づけて授業や生徒とのかかわりといった実践に臨むのかを検討した研究の流れである。第2は，生徒との社会的関係における教師の情動に焦点を当て，教師は生徒の情動をどのように理解して生徒のニーズに応え，生徒との人間関係を構築しているのか，さらに，教師は自らの情動をどのように管理しながら生徒に対して表出しているのかを検討した研究の流れである。ここでは，教師の表情，姿勢，発話が授業や生徒指導場面でいかなる機能を有するのかを検討した幾つかの研究も取り上げる。これらの研究全てが"教師の情動を分析する"と明示してはいないが，表情や姿勢は人の情動表出を示す重要指標であり，発話もその音の強さ（トーン），あるいは内容それ自体に情動が伴う場合がある。したがって，これらの研究知見は，教師の情動表出が生徒に及ぼす影響を示唆するものである。

なお，本章では，同僚，管理職，保護者，教育改革に対する教師の情動的

反応（emotional response）を検討した先行研究について，幾つかの知見を引用するが，その体系的な概観，批評は行わない。同僚，管理職，保護者との関係，教育改革という変化の文脈は教師の専門性開発に影響を及ぼす重要事象であるが，教師の仕事の中核は授業にある。教師は授業において自らの専門性を最も発揮するのであり，そこで教師が経験し表出する情動が実践の中でいかなる役割を担っているのかを明らかにすることが本研究の狙いである。

第2節　教師の内的過程における情動の役割

1．教師の情動と認知

(1) 情動生起の認知評価過程で現れる教師の自己

　第1節3項において，情動は状況や出来事に対する個人の認知評価を通して生起すると述べた。この認知評価は"一次評価（primary appraisal）"と呼ばれ，状況と個人の"目標関連性（goal relevance）"，"目標一致性（goal congruence）"，信念や価値観といった"自我関与（ego-involvement）"の3次元で構成される（Lazarus, 1991）。したがって，教師の情動生起を認知評価の視点から捉えると，授業や教職生活に設定する目標，個人的信念，価値観，アイデンティティといった教師の自己概念と情動との関連が明らかとなる。

　Zembylas（2004）は小学校教師1名を対象に3年間にわたる集約的な授業観察と面接調査及び日記記録の分析を行い，授業において教師に生起する情動と教科や授業方略に対する個人的信念や価値観との関連を"評価（evaluation）"という枠組みにより検討した。その結果，対象教師は科学の授業における生徒との発話のやりとりから興奮が生起した出来事を肯定的に評価したことで，科学という教科を重要視する自らの個人的信念や価値観に気づき，生徒を学習課題に惹きつけて問題解決への思考を促した授業方略を価値づけていたという。この結果から，教師は授業中に生起した情動を状況や

出来事に対する評価の現れと捉えることで，自己の授業観や教授観を明確に認識することが可能になると示唆されている。

　Zembylasが授業という言わば「短期的な」過程における教師の情動と価値観との関連を分析したのに対し，Golby（1996）は，長期的な教職生活でいかなる情動が教師に生起し，その情動生起－認知評価過程で参照される教師の目標や個人的信念を分析した。Golbyは教職選択理由とキャリア軌跡が類似した熟練小学校女性教師2名に面接調査を実施したところ，彼女らは教室を"情動的に安全な場"と認知評価して，教室における生徒との親密な関係性の中で喜びや満足感を経験していたという。その一方で，彼女らは行政官の視察や同僚の授業観察，保護者からの授業方法に対する要求を"教室への侵入"と認知評価して失望や不満を経験していたという。この認知評価様式から，教師2名は教職生活で一貫して"生徒を教えること（teaching students）"を主要な目標に掲げ，生徒の学びと成長に責任を負うことを個人的信念として打ち立て，維持してきたことが析出された。そして，教師2名は主観的に知覚した情動，すなわち感情経験からこれらの目標と信念を自覚することで，教師としての自己を明確に理解し，教職を継続してきたと示唆されている[4]。

　また，教育改革に対する教師の情動的反応を検討した幾つかの研究では，教師の情動と教職アイデンティティとの関連が検討されている。これらの研究では，教育改革の理念や要求が，生徒を教えケアするという教師の中核的な目標や信念に結びつくとき，教師は教育改革を肯定的に認知評価することで喜び，幸福，満足感，安らぎ，熱狂といった肯定的な情動的反応を示すが，逆に，教育改革の理念が目標や信念に反し，教育改革の要求が生徒と相互作用し生徒をケアするための時間や授業準備時間，同僚と学び合う機会を奪うことに教師は不安，困惑，怒り，不満，罪悪感，恥といった"傷つきやすい（vulnerable）"否定的な情動的反応を示すと報告されている。そして，後者の"傷つきやすい"情動が教師の教職アイデンティティを緊張状態に陥れ，

一方では早期退職やバーンアウトといった"脱専門職化（de-professionalized）"を導き，他方では教育改革への抵抗と順応過程を通して授業実践や仕事それ自体の習慣を変化させ，新たな教職アイデンティティを構築する"再専門職化（re-professionalized）"を導くと指摘されている（e.g., Jeffrey & Woods, 1996; Hargreaves, 1998; Kelchtermans, 2005; Lasky, 2005; Shumidt & Datknow, 2005; Van Veen, Sleegers, & Van de Ven, 2005）。

この点に関連して，O'Connor（2008）は中等学校教師3名への面接調査から，生徒とのケアリング関係において教師に生起する情動と教職アイデンティティ構築との関連を分析している。その結果，まず教師たちは生徒をケアするという目的に沿い，生徒とのかかわりの中で自らの快情動を維持するよう努め，ときに生徒に対して快情動を意図的，演技的に提示していた。これは，教師たちが"サービス供給者（service provider）"としての役割を学校から期待されていたためであったという。しかし，教師たちは生徒をケアする過程で愛情や喜びといった快情動を無意識的に経験していたことに気づき，ケアリングは"自らの専門職としての自発的な選択に基づく"（p.111），という信念を抱くようになった。この信念から，教師たちは学校の制度的期待に従って生徒をケアするわけではないと認識していた。つまり，教師たちは愛情や喜びといったケアリングに伴う快情動への主観的知覚を通して，自律的な教職アイデンティティと個人的信念を構築，維持してきたのである。

このように，教師の教職アイデンティティは，教育改革や学校の制度的期待に対する情動的反応や，それらに対する抵抗と順応過程から生起する情動により構築されるだけではない。教師は生徒とのケアリング関係から生起する情動を知覚することで，自らの教師役割や個人的信念，教職生活や授業に設定する目標を理解し，教職アイデンティティを構築・再構築していくと考えられる。

以上の先行研究から以下三点が示唆される。

(1) 教師は教職生活や授業に設定する目標，個人的信念や価値観に基づいて生徒との相互作用を肯定的／否定的に認知評価する。
(2) この認知評価過程で生起した情動を知覚することで教師の自己理解が進展し，教職アイデンティティが構築される。
(3) 教師の個人的信念，価値観，アイデンティティはケアリングと教職専門職の文化によって形成されるが，生徒との相互作用から生起する情動を知覚することで構築・再構築される。

ただし，情動の認知評価理論のモデルは，情動生起過程において個人の目標や信念が状況評価に参照されることを示すだけでなく，同じ状況あるいは類似した出来事が起こっても，その状況や出来事に対する目標や信念が異なる二者間では，生起する情動が異なる可能性を示すものでもある。つまり，個々人の目標の相違によって同じ状況で異なる情動が生起する可能性があ

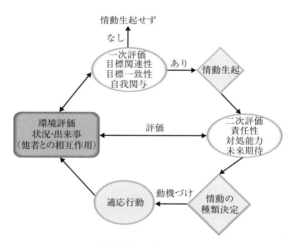

Figure 1.1　Lazarusの認知評価理論における情動生起過程モデル

Note.　Lazarus（1991）より筆者が作成。情動が生起するか否かは一次評価の目標関連性もしくは自我関与の有無によって決まり，生起した快／不快情動の種類は二次評価によって決まる。なお，一度生起した情動は不変ではなく，適応行動がとられた後に状況や出来事が再評価されることで変容する可能性がある。

り，教師の情動とその生起状況を分析する際には，個々の教師が授業や生徒指導に対して抱く信念や目標に配慮する必要がある。

　また，情動の認知評価理論では，一次評価により生起した情動の種類は，状況を生み出した主体を判断する"責任性"，状況に対する自己の解決能力を評価する"対処能力"，状況が自己の目標に一致するものに変異するか否かを評価する"未来期待"の三次元で構成される"二次評価（secondary appraisal）"により決定されるとする（Figure 1.1）。例えば，授業中の生徒の居眠りが教師の授業目標に不一致な場合（一次評価：目標不一致性），ある教師はその責任が生徒側にあると認知評価して怒りを感じる一方で，別の教師はその責任を自らが提示した教材や課題の問題にあると認知評価して罪悪感を覚えるかもしれない（二次評価：責任性）。したがって，教師の情動をより正確に捉えるには，個々の教師の認知評価様式に着目してその相違を検討する必要があり，さらに，教師個々人がそれぞれ経験する固有の情動を手がかりにしていかに自律的に専門性開発を遂げて行くのかを分析する必要がある。

(2) 情動が意思決定と実践的知識の検索に及ぼす影響

　それでは，授業において教師に生起する情動は，教師自身の進行中の認知過程にどのような影響を及ぼすのだろうか。Zembylas（2004）の研究では，対象教師は生徒との発話のやりとりから興奮（excite）を経験したとき，生徒の発言に自らの注意を選択的に焦点化するようになり，その発言にどう対処し返答するのかといった意思決定を瞬時に行っていたと報告されている。つまり，興奮という情動が，教師自身の注意と授業方略の選択や実行に関する認知過程を方向づけると示唆するのである。ポジティブ心理学研究[5]でも，快情動が人の心的活力を増長させ，認知，思考，行動の範囲を拡張するとの指摘がある（e.g., Fredrickson, 2001; Isen, Daubman, & Nowicki, 1987）。したがって，授業中に生起する快情動は教師の認知能力を高める効果があり，その効果によって教師は半ば無意識的に状況に対する適切な対応方法を実践的知識

の中から検索し，実行することが可能になると考えられる。

　この点について Klaasen（2002）は小学校 34 校，高校 15 校の教師を対象とした面接調査から，教師の教授学的知識や能力（pedagogical knowledge and competence）と情動との関連を検討している。その結果，教師たちは自らを"知識領域の専門家（prpfessionals in the domain of knowledge）"としてだけではなく"情動領域の専門家（prpfessionals in the domain of affects）"と考えており，特に"道徳的に困難な状況"（例えば，生徒が人種差別的な発言をする）に直面したとき，教師たちは理性的というよりはかなり情動的反応を示していた。そして，生徒の人種差別的な発言に対して教師たちは怒りとフラストレーションを感じ，授業内容にかかわる教授学的知識や授業を進めるための方略を忘却することが多々あり，その結果，即興的な判断と対応も制限されていたという。情動心理学研究においても，怒りや哀しみといった不快情動が人の認知的判断や理性的行動を阻害すると指摘されていることから（e.g., Averill, 1982），授業において教師に生起する不快情動は，快情動とは逆に教師自身の認知や思考の範囲を狭める否定的影響を及ぼすことが示唆される。

　このように，授業において教師に生起する情動の種類によって，あるいは情動の快／不快の質によって，教師自身の瞬間的な情報処理や意思決定といった認知過程，実践的知識の検索や即興的な判断といった思考過程にそれぞれ異なる影響を及ぼすことが示唆される。しかし先行研究では，興奮や怒りという特定の情動のみが分析対象とされているため，授業において教師に生起する様々な情動のうち，いかなる情動が教師の認知や思考に肯定／否定の影響を及ぼすのかは定かではない。この点を検討することが課題として残されている。

(3) エピソード記憶としての感情経験とその省察による専門性開発過程

　ここまでで検討した先行研究は，教師に過去の教職生活や授業場面で体験した象徴的な情動的出来事（emotional event）の記憶を想起させ，その振り

返りを促すことによって自己理解過程やアイデンティティ構築／再構築過程を描出し，その様相から教師の専門性開発の過程を検討したものと言える。例えばGolbyの研究では，教師2名は教職生活における情動的出来事を振り返る中で，教室での生徒とのかかわりから生起した快情動が彼女らの専門性開発と教職の継続を支えてきたと捉え，一方，同僚や行政官による教室の視察から生起した不快情動が彼女らの専門性開発を阻害していたと捉えていた。このように，教師の感情経験を認知における記憶とその振り返りという視点から追跡することで，教師個々人の専門性開発過程の一部を主体の側から主観的に現すことが可能となる。

　この点に着目したDay & Leich（2001）は，小学校・中等学校教師39名に過去の情動的出来事を想起させる面接を行い，その情動的出来事を物語ること（narrative）がいかに教師による実践の省察を促し，専門性開発に寄与するのかを検討した。この分析では，(1)教育改革が導く恒常的な多忙化や生徒の現状の捉え方に対する保護者との軋轢のために，問題を抱える生徒へのケアを十分に果たせないことに教師が憤り，不満，無力感を経験する物語，(2)教師が問題を抱える生徒をケアし励ますために，自らに生起した不快情動を過度に抑えたり，喜びや怒りを自発的に提示したりすることで"専門職としての自己"と"個人としての自己"が分裂し，自己を偽ることへの失望，苦しみ，不安，恥といった情動を経験する物語，が報告され，これらの物語で語られた不快情動が教師に慢性的なストレスや緊張をもたらしていたという。しかし，強い情動を生起させた出来事はエピソード記憶として鮮明に蓄積される。そのため，教師は情動的出来事のエピソード記憶を他者に語ることによって，過去の自己と対話しこれまでの実践を明確に省察することが可能となり，その情動的出来事は専門性開発の契機として再評価されるとDay & Leichは主張している。

　また，都丸・庄司（2005）は，中学校教師290名への質問紙調査から，教師が生徒との人間関係で悩みを経験する"生徒への抵抗感"，"指導上の困難

感"，"生徒からの非受容感"，"生徒との関わり不全感"，という4状況を同定し，教師はこれらの状況での悩みへの対処方略として"認知変容"を用い，生徒に対する見方や接し方を変容させていたことを明らかにした。この研究では，教師の認知（生徒に対する見方）が悩みの経験に対処しながら変容していく過程を捉えていないものの，教師は生徒との人間関係において生起した悩みを持続的に経験しながら，その悩みの経験をエピソード記憶として保持することが示唆される。そして，教師はその記憶を手がかりに実践を省察することで，生徒に対する見方や接し方を変化させ，自らの専門性開発を認識していくと考えられる。

このように，生徒との相互作用から生起する情動は感情経験として主観的に知覚されることにより教師の"省察的実践（reflective practice）"（Schön, 1983）に関与し，より深い省察と専門性開発に寄与することが示唆される。Schön（1983）は，マナチューセッツ工科大学の教師プロジェクトの事例分析から，"実践者は，不確かな独自の状況の中で驚きや困惑，混乱を経験し，自分が直面している現象について，行動の中で暗黙となっていたそれまでの理解について省察する。そして，実践者は現象の新たな理解と状況の変化をともに生み出すために実験を行う"と述べ，続けて"行為の中の省察の大半が驚きの経験とつながっている。直感的で無意識的な行為が予測可能な結果しか生み出していないとき，私たちは特にそれについて考えようとしない。しかし，直感的な行為から驚き，喜び，希望，そして予測しなかった結果が生起するとき，私たちは行為の中で省察することによってそれらに応えていく"と述べている。すなわち，教師が行為の中で省察するとき，まず現象に対する"驚きや困惑，混乱"を経験し，"実践者が実践の中で（in），実践について（on）省察するとき，＜中略＞行為についてある特定の過程をとるように導く状況への情動について"省察するのであり，"ときには自分が抱いた情動を明示化させることで現象についての新たな理論に到達する"のである。実践者の"行為の中の省察の大半が"実践過程で生起する情動と結びつ

いている。

　しかし，いかなる種類の感情経験が実践の変容や改善を促進する深い省察を教師に導くのかは定かではない。つまり，教師が実践を省察する過程で，いかなる感情経験が実践的知識の形成や精緻化を導くのかを検討する必要がある。また，教師の省察的実践は"行為についての省察（reflection on action）"によって授業を振り返り反省する側面だけではなく，"行為の中の省察（reflection in action）"によって授業中の生徒との相互作用で生じる複雑な問題や状況を分析し，瞬間的で即興的な判断を行ってそれらに対処していく側面がある（秋田，1996）。したがって，授業中に教師が行う省察過程において，瞬間的に生起する情動が生徒への働きかけ方に対する意思決定に，あるいは授業方略の選択にいかなる影響を及ぼすのかを検討する必要がある。

　以上より，実践過程で生起する教師の情動と認知との関連を検討した先行研究から，教師個々人の認知評価様式に着目して情動を分析する必要性，そして，授業中に生起する情動と授業後に知覚される感情経験が教師の省察的実践にどのように関与し，瞬間的な意思決定や実践の改善に結びつくのかを検討する必要性が指摘できる。

2．教師の情動と動機づけ

(1) 心的報酬の獲得：教職への内発的動機づけ・自己効力感の高まり

　教師の満足感に関する一連の研究は，生徒との相互作用から生起する快情動が教師にとって最も重要な報酬であることを繰り返し示してきた（e.g., Lortie, 1975; Nias, 1989）。例えば，Lortie（1975）は小学校・中等学校教師94名への面接調査から，(1)病気や学習障害を抱え，教師に困難と見なされる生徒が授業と学びに専心する"劇的な成功例"，(2)卒業生の感謝の言葉，(3)学級全体の成績の向上，という三つの生徒の行為に教師は喜びや誇りを経験し，これらの感情経験を金銭的報酬や地位向上報酬よりも重視することを明らかにした。この結果から，生徒との相互作用から生起する快情動は教師の仕事

への内発的動機づけを高める"心的報酬（psychic reward）"と定義づけられ，教職の継続を支える重要報酬とされている[6]。ただし，この"心的報酬"は教師にとって得難いものである。なぜなら，学校の中で教師は生徒だけではなく，同僚，管理職，保護者とかかわる必要があり，同僚，管理職，保護者とのかかわりに割り当てる時間は，多くの教師たちにとって"生徒とかかわる時間を少なくする干渉"や"影の雑務（シャドウワーク）"として捉えられ，不満足感の要因となりやすいためである。

　また，Nias（1989）は，Lortie の研究では教職歴の相違による教師の満足感を検討していないことから，小学校教師を対象に教職歴 20 年未満の若い教師 99 名，教職歴 20 年以上の中堅教師 50 名に面接調査を実施し，両者の満足感の源（source）を比較検討した。その結果，若い教師も中堅教師も生徒との相互作用から生起する愛情，喜び，楽しさから"感情的報酬（affective reward）"を得ながら，生徒への学習支援を通じて自らの能力や技術の高まり，専門性開発を感じていたという。この結果から，教師は生徒との相互作用から生起する快情動を主観的に知覚することで授業への統制感を経験し，自己効力感を高めていくと示唆されている。ただし，若い教師は満足感と自己効力感の高まりを経験しながらも，中堅教師よりも教師としての自律性を感じていなかったことも示されている。このことから，若い教師よりも中堅教師の方が，教師役割への同化が増し，教授法やカリキュラム開発に関する自らの専門性開発の手応えを得ているため，教師としての自律性を高めていると報告されている。

　このように，教師は生徒との相互作用から生起する喜び，誇り，愛情，楽しさといった快情動を"心的報酬"あるいは"感情的報酬"と捉え職務満足感を経験することで教職への内発的動機づけを高めていく。さらに，教師はこれらの感情経験に伴い，授業への統制感や教師としての自律性を感得して自己効力感を高め，自らの専門性開発を認識していくことが示唆されている。ただし，Nias の研究により，教職経験年数によって教師の満足感に変化が

見られることも示唆されている。この点に関連して，米国で2000年から2001年にかけて行われたTeacher Follow-up Surveyという大規模調査の統計分析を行ったLiu & Ramsey (2008) による教師の職務満足感研究がある。この分析結果では，性別，経験年数，地位の相違によって教師の職務満足感は異なり，特に，経験年数が増加するに従って職務満足感も増加する傾向が示されている。この説明としてLiu & Ramseyは，(1)職務満足感の低い教師は離職の時期が早いこと，(2)教師は"専門的成熟（professional maturity）"に伴って生徒との相互作用から満足感をより多く得るようになること，の二点を挙げている。

それでは，なぜ中堅教師よりも若い教師の職務満足感は低い傾向を示すのだろうか。初任教師の教職への"期待"と教職の継続（retention）との関連を検討したKyriacou & Kunc (2008) によると，離職の危機を乗り越え，教職にとどまる新任教師は"生徒の成功を楽しむこと（enjoy pupils' success）"を重視するようになるが，一方で，離職を選択する初任教師は教職への期待を減退させるほどの失望を生徒との相互作用から経験していると示唆されている。つまり，生徒との相互作用から生起する不快情動が教職の継続を脅かし，初任教師を脱専門職化の過程へと導く可能性が示唆されるのである。しかし，このことが初任教師に限った現象でないことは，教師のストレスやバーンアウトを検討した研究により広く指摘されている。

(2) ストレスとバーンアウト：脱専門職化と再専門職化の過程

Lortie (1975) やNias (1989) は，教師の職務満足感だけではなく不満足感についても分析している。その分析において，授業における生徒の無作法な態度（disruptive behaviours），無返答（unresponsive），課題不遂行といった行為が教師の不満足感の要因として挙げられている。ただし，LotieとNiasは，教師の不満足感の要因の多くは生徒以外，つまり，同僚や保護者とのかかわり，学校を取り巻く地域の状況にあるという。そして，それらがもたらす授

業準備時間不足，生徒とかかわるための時間不足，教育資源不足から生起する不満，罪悪感，怒り，悔しさが教師に慢性的なストレスをもたらし，精神疾患やバーンアウトを導く危険性を Lotie と Nias は指摘した。近年，我が国においても，職務上の多忙化や教育問題の深刻化による教師のメンタルヘルス悪化への関心が高まり（e.g., 久富，1995; 油布，1995），教師のストレス要因やバーンアウトの予防・防止策を考究する数多くの量的研究がなされている[7]。これらの先行研究においても，教師のストレス要因として，学校における職務の多忙感，役割の複線化や職域の無境界性による葛藤，同僚，管理職，保護者との人間関係上のソーシャルサポートの欠如が挙げられている（e.g., 赤岡・谷口，2009; 伊藤，2000; 高木・淵上・田中，2008; 高木・田中，2003; 田村・石隈，2001）。

しかし，教師は授業中の生徒との相互作用において，さらに，自らの教科指導上の能力に関しても不快情動とストレスを経験することが先行研究で指摘されている。例えば，伊藤（2000）は小学校・中学校教師 208 名を対象に，①バーンアウト尺度，②サポートの有無に関する質問，③周りとの違和感を尋ねる SD 尺度，④教師としての能力評価と理想像に関する質問，⑤悩みに関する質問，⑥ TEG（東大式エゴグラム）からなる質問紙調査を実施し，教師のバーンアウト傾向を規定する要因を検討した。その結果，以下四点が主に明らかとなっている。

(1) 教師は同僚関係，生徒との関係でストレスを感じている。
(2) ベテラン教師は若年教師よりも，授業における子どもとのかかわり以上に教科指導を重視し，その能力に自信を持っている。また，ベテラン教師は冷静さや落ち着きがあり，養育性をより強く備える傾向が有る。
(3) 若年教師は，教科指導，生徒とのかかわりに悩みを抱えており，教師としての指導性に対する自信の低さやサポート欠如が彼らの達成感の後退に関与している。

(4)授業指導志向タイプの教師は，自らの能力に対する自信欠如がバーンアウトに関連し，かかわり志向タイプの教師は周囲の人間関係上のつまずきや身近な人からのサポート欠如がバーンアウトにつながる危険性がある。

　これらの知見から，教職歴（年齢）による教師のバーンアウト傾向を規定する要因に差異は有るものの，それは直接要因ではないこと，例えば，教師の達成感の後退は教科指導能力や周囲からのサポートの有無に関連し，消耗感は教師個々人の性格の相違や悩みの有無に関連することが示されている。同様に，教師の職業ストレッサー（ストレス要因）を同定する目的で，精神疾患による病気休職者の発生割合が比較的高い地域の小学校・中学校教師710名を対象に質問紙調査を実施した高木・田中（2003）の研究でも，教師は"児童生徒とパーソナルな関係"を構築，維持することを重視しており，同僚関係や学校文化といった職場環境で生じるストレスよりも，生徒とのかかわりから生じるストレスの方がバーンアウトを導きやすいと示唆されている。つまり，教職生活において，多くの教師は同僚や管理職との関係以上に，授業中の生徒との相互作用や自らの教授能力に悩みや葛藤を抱えていると言える。

　以上より，授業場面で教師に生起する悩みや葛藤が教職継続への意欲を減退させるストレスとなり，バーンアウトを導く可能性が示唆されている。しかし，上記先行研究では，教師のバーンアウトやストレス要因を広く検討する目的のために，質問紙による大規模調査及び量的分析方法が用いられており，教師がバーンアウトに陥る過程や職務意欲を減退させる過程は明らかにしていない。これに対して，Kelchtermans（1996）は，小学校の中堅教師10名を対象に教職生活における"ターニングポイント"と"重要な経験"を尋ねる"クリティカル・インシデント・テクニック"（Franagan, 1954）による面接調査を実施し，教師のヴァルネラビリティ（vulnerability）[8]の起源

(roots）を探究した。その結果，"生徒の学びを統制できない"，"生徒がカリキュラムに沿って学ばない"と教師が感じたとき，失望や無力感が生起し，これら情動の経験が教師に無意識的なシニシズムや自らの専門家能力に関する不信感を導くことが示されている。そして，この過程は"生徒と上手くかかわることができない"，"生徒との関係が構築できない"という語りに象徴され，教師の意識に内化したケアリングの文化と倫理観に基づく感情経験に結びついていたという。つまり，教師のヴァルネラビリティの起源はケアリングの文化にあり，そのケアリングの文化に基づき生起した不快情動が，職務満足感や自己効力感の減退を伴いながら教師をバーンアウトへと導くと示唆されている。

　これらの先行研究から，授業における生徒との人間関係や教科指導上の能力に関して教師が経験する悩みや葛藤やヴァルネラビリティは，早期退職やバーンアウトという脱専門職化の過程へと教師を導く"物語（story）"として位置づけられる（Kelchtermans, 1996）。そのため，先行研究では，教師の悩みや葛藤やヴァルネラビリティ，そしてストレスの要因をいかにして減らすのかが研究目標に据えられることになる。例えば伊藤（2000）は，教師のバーンアウトを予防するためには教師一人ひとりのニーズにあった援助システムを拡充し，教師のメンタルケアに学校全体で理解し取り組んで行く必要性を主張し，Kelchtermans（1996）は教師のヴァルネラビリティの経験を減らすために，その要因となった状況や出来事を同僚に"物語ること（story telling）"，すなわち，学校におけるヴァルネラビリティの協働共有が必要と主張する。教師が学校や教室の中で経験する情動のうち罪悪感に着目したHargreaves（1994）も，教職におけるケアリングの文化は社会的及び道徳的な責任を教師に要請するとし，職務の多忙化や説明責任の増大により生起する不安，恐怖，不満という情動と，"生徒をケアできない"という罪悪感が結びつくと，教師は職務意欲を減退させ，バーンアウト，早期退職，シニシズムに陥ると指摘している。この過程をHargreavesは"罪悪感の罠（guilt trap)"と呼び，"罪悪感の罠"から教師を救うためには，多忙化と説明責任の緩和，ケアリングの責任を教師個人から学校集団へ転換する制度改革を提案している。

しかし，多くの教師は悩みや葛藤やヴァルネラビリティ，そして罪悪感の経験にさらされながらも教職を継続している。Hargreaves（1994）も，教師が学校の中で経験する罪悪感は"罪を償いたい"という意識を一方ではもたらし，個人的な変化を強力に動機づける，と述べている。また，先に検討した都丸・庄司（2005）の研究でも，生徒との人間関係における悩みの経験が教師の専門性開発を促す機会になると示唆されている。つまり，実践過程で教師に生起する不快情動は脱専門職化の過程を導くだけではなく，実践の改善や精緻化，個人的信念や教職アイデンティティの変容を促す再専門職化の過程を導くと考えられる。したがって，教師は実践過程で生起する不快情動をどのように主観的に知覚し，実践の中で意味づけ対処し，職務への内発的動機づけを高めていくのか，言い換えれば，不快情動を実践の改善と専門性開発にどのように結びつけていくのか，その過程を検討する必要がある。

第3節　生徒との社会的関係における情動の役割

1．教師による生徒の情動理解

(1)　情動理解を促す／脅かす生徒との心理的・情動的距離

他者によって意識的にも無意識的にも表出される情動に共感しながら，その情動に含まれる意図や思考を推測し理解することを"情動理解（emotional understanding）"という（Denzin, 1984）。情動理解は，"人が他者の経験の場に入り込み，他者の経験を自らも同じ体験をした者として経験することが要求される間主観的な過程"（Denzin, 1984, p.137）である。すなわち，情動理解は互いの間にある"情動性（emotionality）"[9]を共有することを意味する。も

ちろん，人はそれぞれ独立した存在であり，他者の情動あるいは行動の意図，思考の展開を完全に理解することは不可能である。しかし，情動理解によって例えば，"人は他者の困惑や苦痛を可視化することが可能となり，その他者を哀れんで見ることはしなくなる"（p.144）。つまり，人は自らと他者との間にある情動性を共有し，"他者の世界の見方を我がものとして認めること"（p.145）によって，他者の心情を誤解（misunderstanding）してしまうのを避けることが可能になる。

教師もまた生徒の学びや成長を支え促すために，生徒の行動や発言の背後にある意図や情動状態を推測し，その行動や発言を共感的に理解しようと努めている。そして，教師による生徒の情動理解は瞬間的に起こるものであり，そこで教師は生徒がある活動に従事する様子やそこでの応答の在り方を入念に読み取っている。ただし，生徒の情動に対する読み取りが誤った場合，教師が経験するのは"情動誤解（emotional misunderstanding）"（Denzin, 1984）であり，それが生徒の学びを誤った方向に導いてしまう危険性がある。そのため，教師による生徒の情動理解を促進し，情動誤解を減らすには，"教師と生徒の強固で継続的な関係性"が必要となる（Hargreaves, 2000）。

しかし，この関係性は教師の専門性基準（standards for teachers）の詳細な枠組みや複雑な学校構造によって容易に脅かされるとHargreaves（2000）は主張している。そこでHargreavesは，教師と生徒，同僚，管理職，保護者との関係における心理的・情動的距離の空間的で経験的な近さ／遠さを生み出す要因を分析する"情動地勢（emotional geographies）"という概念を作り上げた。この情動地勢は以下5つの形態からなる。

(1) 社会文化地勢：文化と階級の相違によって教師と生徒，保護者を互いに異質で理解できない関係にする地勢。
(2) 道徳地勢　　：教師と生徒，親との目的が食い違い，その相違を議論，解決するメカニズムが存在しない地勢。

(3) 専門職地勢 ："古典的で (classical)" 男性的なモデルによって教師の専門性が定義され，教師と生徒，親との距離を遠ざける地勢。これは教職のケアリング倫理も阻害する。
(4) 政治地勢 ：階層的な権力関係によって，教師と同僚，管理職とのコミュニケーションが歪められる地勢。
(5) 物理地勢 ：学校の構造が，教師と生徒，保護者，同僚との相互作用機会を断片化し，減らし，形骸化する地勢。

　この情動地勢を分析枠組みとして，Hargreaves は小学校・中等学校教師53名への面接調査から，生徒との相互作用から生起する教師の情動を分析した。その結果，小学校教師の多くは教室内 (in classroom) で，生徒が教師に愛情を示したり，学びへの楽しさを示したりしたときに喜びや満足感を経験し，生徒が課題遂行を拒んだり，教師の発問に故意に返答しなかったりするなどの反抗的態度に怒りや不満を経験していた。つまり，小学校教師は生徒とより近い関係の中で，生徒の情動を理解しようと努めていたのである。
　一方，中等学校教師の多くは教室外 (outside classroom) で，生徒から感謝されたり，尊敬を示されたりしたときに喜びや誇りを経験し，生徒から無視されたり，不当な評価を受けたりしたときに不満を経験していた。もちろん，多くの中等学校教師は"教室の中で生徒の情動に気づき，それに応えようと試みてはいた" (p.821) が，教室における生徒との情動的なつながりを，生徒個々人の学びや教室の秩序を脅かすものとして捉えていた。
　この結果から，(1)小学校の教室は，生徒とのケアリング関係の構築に努める教師の専門職意識（専門職地勢）と，学級担任制による教師と生徒の接触頻度の多さ（物理地勢）のために，教師と生徒の間にある情動性が豊かで，両者の関係の距離が近く情動理解も促進されやすい場である。ただし，小学校では教師と生徒の年齢，身体のサイズ，教養に大きな差異があるため，教師に強い権力が付与される（政治地勢）。この権力差によって両者の互恵的な

情動理解は阻害される可能性がある，(2)中等学校の教室は，生徒と一定の距離を保とうとする教師の専門職意識（専門職地勢）と，教師と生徒の相互作用を分断する教科担任制（物理地勢）のために情動性に乏しく，両者の関係の距離が遠く情動誤解も生じやすい場である，と結論づけられている。

このように，教師による生徒の情動理解は，教師が生徒との関係の距離をどのようにとるのか，すなわち，教室や学校において教師と生徒が創り出す情動地勢の構造によって左右される。教室における生徒との心理的距離が近ければ，教師は快／不快の様々な情動を経験し，生徒に対する情動理解を深めていく。一方，生徒との心理的距離が遠ければ，教師は情動を経験することが少なく，生徒の情動状態を誤解してしまう恐れがある。この研究知見からHargreavesは，"小学校よりも中等学校では，学校の構造，カリキュラム，教職専門職の古典的目的とイメージから，情動的に乾いた教室環境が創られている"(p.824)と論じている。この論に従えば，中等学校教師は，教室における生徒との相互作用から情動を経験することが少ないように思われる。しかし，本章第1節第2項で述べたように，教職が社会文化的に情動的実践としての性格を帯びているのならば，中等学校教師も教室における生徒と相互作用から多種多様な情動を豊かに経験している可能性も考えられる。

(2) **教師による生徒の情動理解の2段階**

Hargreaves (2000) の研究では，教師が生徒に対する情動理解を実践過程でどのように行い，生徒のニーズや関心にどのように応答しているのかは検討されていない。この点についてOplatka (2008) は後述する教師の情動管理方法に関する研究において小学校・中等学校教師50名への面接調査により得られたデータから検討し，教師による生徒の情動理解に相互補完的な2段階があると論じている。

第1は，"注意深さと傾聴 (attentiveness and listening)" の段階である。教師たちは，生徒が自らの情動，ニーズ，問題などを表出できるよう促すため

に,"休憩時間や放課後を費やしてまで"生徒に対して常に注意を払っていた。教師たちはこの注意深さに基づき,生徒が抱える問題や困難を把握,傾聴し,生徒の情動を理解しようと努めていたという。例えば,ある教師は,学習困難や家族とのトラブルを抱える生徒たちに注意を払い,深夜に彼ら／彼女らから電話がかかってきても話を傾聴することによって,生徒を取り巻く状況やそこでの情動状態を推察,理解し,問題の解決策を見つけていったという。このように,教師による生徒の情動理解は,まず注意深さと傾聴という,生徒に対して開かれ(open),利用可能で(available),近づきやすい(accessible)態度や居方によって始められることが示されている。

第2は,"探索と先行する配慮(inquiry and proactive attention)"の段階である。教師たちは生徒の情動的,物理的(身体的),認知的ニーズに対応するために,必要な情報を事前に生徒から集め,生徒への理解を言葉や非言語的なジェスチャーによって示していたという。例えば,生徒が何らかの問題を抱え示す前に,ある教師は生徒に学校と家庭の生活状況を尋ね,その時点における生徒の情動や気分を読み取り,診断し,生徒を常に配慮していることを自らの態度から示していた。つまり,教師は生徒の変化やニーズに敏感であり,それらを積極的に探索,発見するように日々,努めているのである。

このように,教師は生徒の情動を理解するために,まず生徒に対して開かれ,応答的でありながら,生徒が抱える問題や困難を積極的に把握しようと努めることが示されている。ただし,Oplatkaの研究では教師の情動管理方法の探究が主題となっていたため,授業中の教師による生徒の情動理解は検討されていない。すなわち,授業中,教師は生徒の情動状態にどのように注意を払い,生徒の情動をいかに読み取り推察しながら実践にあたっているのか,また,生徒の情動状態を誤解してしまったとき,教師はどのように対処し,生徒はそれにいかなる反応を示すのかも検討する必要がある。

2. 教師の情動管理と情動表出

(1) 教師の情動規則：教師の仕事と情動労働

　他者との相互作用に基づく職業労働者は，あらゆる機会に自らの情動を制御し，その職業に適切な情動を顧客に提示（もしくは演出：display）することが求められる（Hochschild, 1983）。もちろん，人は誰もが私的生活で自らの情動を制御している。例えば，葬式では遺族の哀しみに共感，同調するために同じ哀しみを提示し，結婚式では新郎新婦や親族の幸福を賛美するために喜びを提示するといった"情動規則（emotional rule）"が存在する。このように，その場の状況に埋め込まれた情動規則に基づいて，人は自らに生起した情動の適切性を判断し，その情動が場の状況から見て不適切な場合には排除，隠蔽したり，適切な情動を誘発したりする"情動作業（emotion work）"を行っている。ただし，人は私的生活においてその場の"情動規則に同調したり，それから逸脱したりする"（Hochschild, 1983, p.21）ことが可能である。すなわち，私的生活における個人の情動作業には自由裁量があり，これをHochschild（1983）は"情動管理（emotion management）"と概念定義している。

　一方，私的生活における情動作業，すなわち情動管理が制度や企業によって規定され，個人の情動が労働として売られることを"情動労働（emotional labor）"と呼ぶ。情動労働において，労働者の情動は商品として加工され，金銭を得るために利用される資源としての交換価値を有する。すなわち，情動労働においては，私的生活における個人の情動管理の"変異（transformation：自由裁量の制限や消失）"が起こる。例えば，客室乗務員は乗客から無理難題を押しつけられて怒りや哀しみといった不快情動を経験してもそれらを表出してはならない。このような場合，客室乗務員は自らに生起した不快情動を抑制（suppress）し，逆に笑顔を作って快情動を誘発して自発的に乗客に提示するよう，接客のプロとしての情動作業を企業に求められる。

　本章第1節1項で述べたように，教職もまた他者，特に生徒との相互作用

に基づく職業であり，さらに，教師は生徒の成長を見届けて大喜びするとき，生徒の反抗的な態度に怒りを覚えながら冷静さを保つとき，情動を作ったり（manufacture），隠したり（mask）している（Hargreaves, 2000）。このことから，幾つかの先行研究では，教師が実践過程で自らの情動を抑制，誘発している経験的事実を示すことにより，教職を情動労働と定義づけてきた（e.g., Intrator, 2006; 伊佐, 2009; Isenbarger & Zembylas, 2006; Winograd, 2003; Zembylas, 2005）。

例えば，Winograd（2003）は，自らが小学校教師として1年間，学校に勤務した際に記録した日記の物語分析を行い，教師の情動規則として以下5つを導出している。

⑴ 教師は生徒に愛情を抱く。
⑵ 教師は教科指導に対して熱狂（enthusiasm）し，情熱（passion）をもち，それらの情動を生徒に示す。
⑶ 教師は怒り，哀しみ，困惑，嫌悪といった"暗い情動（dark emotion）"の明白な提示を避ける。
⑷ 仕事を愛する。
⑸ 教師はユーモアのセンスを持ち，生徒の軽い罪（peccadilloes）や自分の失敗を笑い飛ばす[10]。

Winogradはこれら5つの情動規則を学校の文化的期待によって形成されたとみなし，"自らの実際の情動的な経験を変化させる戦略"（p.1656）を用いていたことから，教職を文化的に規定された情動労働と結論づけた。ただし，Winogradは"私の情動労働の多くは私自身によって制御されていた"（p.1668）とも主張することから，Winogradの情動の経験や表出方法を規定していた情動規則は，学校制度からの明確な要求により形成されたものではなく，彼が1年間の教職経験で培ってきた個人的信念や価値観により形成さ

れたと推察される。

　また，Zembylas（2005）は2004年の研究と同じ教師1名（教職歴25年）を対象に学校のフィールドワーク，面接と日記分析からなるエスノグラフィ調査を実施し，"情動は社会文化的に構築される"というポスト構造主義の観点から教職固有の情動規則の形成・変容過程を描出した。その結果，対象教師は初任期から数年間，強い情動（strong emotions）を生徒に表出することは"専門的でない"と考え，フラストレーションや怒りを"非受容的"で"危険な"情動と捉え，生徒に対して"本当に感じたことを表出するのを抑制"しようと努めていた。これは，教師の不快情動の経験とその表出を私的で個人的な問題とみなし抑制対象とする"神話"が学校内に潜在していたためであったという。つまり，学校には明確な情動規則が存在しないにも関わらず，教師が自らの情動を制御できないことを非専門的な振る舞いとみなす文化があり，この文化は客観性と中立性を専門職の行動規範に据える実証主義のイデオロギーによって形成されていたのである。

　ただし，対象教師は感情経験を率直に語り合う同僚たちと出会い，その語り合いに参加して互いの感情経験を共有，比較していく。その結果，対象教師は自らの実践で試行錯誤を繰り返しながら，次第に，中立性の神話によって規定された情動規則と情動表出様式を，自由裁量によって規定されるものへと変容させていった。これらの結果から，教師の情動規則は歴史的・文化的（各時代の専門職像や学校文化）に規定されながらも，実践における試行錯誤を通して社会的に（生徒や同僚との相互作用により）構成・再構成されると示唆される。

　教師の情動規則を規定するのは歴史的に構築された専門職像や専門職の行動規範だけではない。先述したO'Connor（2008）の研究において，教師たちは生徒をケアする目的で快情動を誘発，維持したり，生徒に向けて演技的に快情動を提示したりする経験を語っていたように，ケアリングの文化が教師の情動規則と情動表出様式を規定すると考えられている。小学校2校の職場

文化の分析を通して教師のケアリング文化の内実に迫った Acker（1995）によると，小学校教師の生徒に対するケアリングは女性の性役割と"子育てのディスコース"を基盤としており，"女性の仕事は労働と愛情の区別を曖昧にすべきという社会的期待の結果として見られる"（p.24）という。つまり，"教師は生徒を愛しケアしながら，自己を犠牲にするよう期待され"（p.24），ゆえに，ケアリングという活動は愛情を示すだけではなく労働に従事することも教師に要求する。

この知見を受けて Isenbarger & Zembylas（2006）は，教職におけるケアリングの活動を情動労働と定義づけ，Isenbarger 自身が一人の困難な生徒をケアするために2年間，いかに情動労働に従事してきたのかを描出し，教師の情動労働に内在する否定的／肯定的機能を分析した。その結果，Isenbarger は生徒とかかわる中で生起した哀しみ，失望，罪悪感といった不快情動を抑制する情動労働に従事していたが，これら強い情動を完全に隠すことは難しく，"生徒をケアできない"，"教室にケアリングと学びのコミュニティを創れない"と感じて自己非難に苛まれていたという。しかし一方で，Isenbarger は喜びや興奮といった快情動を意図的に提示する情動労働にも従事し，たとえ快情動を偽って提示したとしても，それが生徒の成長を支え生徒のケアに結びつくとき，満足感を得て自尊心を高めていたという。これらの結果から，教師の"専門的生活"に対して，(1)の情動労働はストレスやバーンアウトを導く否定的影響を及ぼし，(2)の情動労働は自己肯定感や教職への内発的動機づけを高める肯定的影響を及ぼすと結論づけられている。

(2) **教師の情動管理方法**

以上の先行研究により，教師が実践過程で自らの情動を制御し，そこで教職特有の情動規則が潜在的に働いていることが示唆される。しかし，先行研究では以下二点の研究課題を保留したままである。

第1は，研究方法上の課題である。先行研究では面接法や内観法を用い，

教師が実践過程で行う情動管理と情動表出に関する経験的事実を導出した。しかし，面接や内観により教師が語り示す感情経験と，授業中に教師が瞬間的に表出する情動は質的に異なる。例えば，情動表出は意志的な制御が可能である一方で，それが不可能な場合もある（大渕，2005）。すなわち，教師が授業中，自らに生起した情動を生徒に対していかに表出しているのかは，面接法や内観法に加えて観察調査から捉え分析する必要がある。

　第2は，情動労働の概念定義に関する課題である。Hochschild（1983）による情動労働の概念は以下三点の現象で定義づけられている。

① 他者との公的で対面的な接触がある。
② 労働者が他者（顧客）に対して特定の情動状態を喚起する。
③ 労働者の情動管理に対する制度や企業による外的制御がある。

　①と②の現象については教職に明白だろう。教師は教室という公的空間で生徒と対面的な接触を行いながら，生徒の授業参加を促す目的で，授業や学びに対する楽しさ，未知の事柄を知る喜びや驚きを生徒に喚起する働きかけを行っている。それでは，③の現象は教職に明白だろうか。Winograd（2003）やZembylas（2005）などの欧米の研究では"制度や企業による外的制御"を"文化的期待"や"歴史的規範"に置換することで，Hochschild（1983）が描出した客室乗務員や集金人が従事する情動労働と教職における情動的実践を同種のものと見なしてきた。しかし，教師が自らの情動を制御することを文化的，歴史的に期待されていたとしても，それが学校の明確な要請により他律的に統制されていると言えるだろうか。また，客室乗務員や集金人が企業研修で受けるような情動制御のプログラムやマニュアルは（Hochschild, 1983），教職に存在するのだろうか。

　小学校教師10名に対する面接調査から教師の情動規則と情動管理方法を検討した伊佐（2009）は，教師たちが生徒との相互作用において自らの表情

や声のトーンの変化によって情動を装う"教育的演技"という手法を用いる一方で，その演技，あるいは情動制御は"誰かに押し付けられて強制的に行われるものというよりは，教師であるならば行って当然のこととして捉えられて"いたと報告している。この結果から伊佐は，"教師たちは，職務上要請される他律化された情動規則を，教育的価値をもつものとして積極的に読み替えていくことによって，戦略的に情動労働を行っている"と述べている。つまり，教師は自律的に情動を管理しながら，生徒指導や教科指導上の目的を達成するために情動を戦略的に活用していることが示唆される。

また，Oplatka（2008）はZembylas（2005）やNias（1989）の研究知見から，教師の情動管理方法はケアリングの文化と教職専門職の文化，双方の影響を受けて規定され，教師は生徒との個人的関係を築こうとするケアリングの志向性に支えられながら生徒のニーズや関心に応じ，専門職としての自律的な判断に基づいて情動を管理，表出すると想定した。そこでOplatkaは，小学校教師25名と中学校教師25名を対象に面接調査を実施し，教師の役割行動という視点から，教師は自律的な専門職としての役割意識に基づいて情動を管理しているのか，それとも制度的命令に基づいて情動を管理しているのかを検討した[11]。その結果，教師たちの多くが自らの情動管理方法を学校によって公的に定義された役割意識に規定されたものではなく，自由裁量の判断や個人的で道徳的な目的に基盤を置く役割意識に規定されると捉えていたという。つまり，教師は自らの情動を管理し生徒に対して表出することを，学校の命令的職務や義務として認識してはいなかったのである。この結果からOplatkaは，教師の情動管理は教師の専門性を意味づける重要事象として捉え直すことを提起している。

このように，教職をHochschildが描出した客室乗務員や集金人の情動労働と同種と見なすには，教師の専門家としての自律性や教職に内在するケアリングの文化という観点から見て限界があると示唆される。ただし，Oplatkaはイスラエルの教師を研究対象としたことから，欧米と中東の教師

とではケアリングの文化と教職専門職の文化の捉え方に相違があると示唆している。欧米の教師は自らの職域を授業に限定し，日本の教師のように生徒指導や部活指導を行うことは少ないことが知られている（e.g., Rohlen, 1983; 庄井・中嶋，2005）。つまり，欧米の教師の多くは，教師の仕事におけるケアリングの活動を，ある意味では専門職としての実践から乖離した"労働"と捉えやすい可能性がうかがえる。したがって，Oplatka の研究知見に対応して，日本の教師もケアリングの志向性に支えられながら自律的な情動管理を行い，生徒に対して情動を偽ったり演技的に提示したりするだけではなく，自らに生起した情動を自由裁量の判断に基づいて率直に開示する可能性も考えられる。この論題を検討するためには，授業において教師が行う情動表出を観察し，その様式を分析する必要がある。なぜなら，伊佐と Oplatka が示した知見は，教師への面接により得られたデータから導出され，対象教師が授業においてどのように情動を表出していたのかを明らかにしたわけではないためである。

ところで，伊佐が示唆したように，教師の情動表出には生徒指導や教科指導上の目的達成という意図が含まれ，Winograd や Isenbarger も，生徒の授業参加や学習課題への関心を促進する意図で快情動を誘発，提示していたと推察される。それでは，これらの意図を含んだ教師の情動表出は，授業中の生徒の行動や動機づけにどのような影響を及ぼすのだろうか。

(3) 教師の情動表出に内在する機能：ユーモア，賞賛，叱責の効果

授業中，教師は表情や姿勢，発話を媒介として意識的にも無意識的にも情動を表出し，生徒とのコミュニケーションを行っている。例えば Neil（1989）は，中学生を対象に教師の表情と姿勢を描いた線画テストを実施し，生徒は線画に描かれた教師の表情や姿勢からどのように教師の情動を読み取るのかを分析した。その結果，生徒は教師の姿勢よりも微笑みやしかめ面に強い反応を示すことが明らかとなった。つまり，生徒は教師の表情変化に基づいて

教師の情動状態を判断する傾向が示唆されるのである。

　また，Rowe (1974) は小学校の科学の授業観察から，教師の生徒に対する問いかけと指名との間の時間を分析し，教師が問いかけと指名との間に平均0.9秒しか待ち時間を入れず，それが生徒の思考の展開を妨げていたと報告している。一方，教師が問いかけ直後に微笑み，間を置くことで，生徒はその微笑みを受けて問いかけに対する返答を模索していたと報告している。つまり，教師の楽しさや喜びといった快情動表出と捉えられる微笑みは，それを受けとめた生徒の情動状態に肯定的影響を及ぼし（例えば，授業や学びに対する楽しさが生徒に喚起される），生徒の授業参加や学習課題への専心を促進すると考えられる。

　教師の表情研究と平行して，欧米では1970年代半ばから"教室ユーモア"の研究が盛んに行われた（青砥，2007）。そして，本研究領域の諸知見から，授業における教師の笑いや冗談に，生徒の授業や学びに対する緊張を解きほぐす効果や，教師との権力差から生徒に生じる人間関係上の緊張やフラストレーションを発散する効果が示されている（Robert, 1980; Martin & Baksh, 1995）。例えば，小学生397名に教師のユーモア尺度と学校生活享受感尺度の質問紙調査を実施した小林・上田 (2008) では，教師の冗談や笑いといったユーモアに対する認知得点が高いほど，生徒は学校生活享受感が高く[12]，教師のユーモアは生徒の学校生活に対する楽しさや満足感に関連すると報告されている。

　また，教師は生徒との相互作用において冗談や笑いといったユーモアを媒介に楽しさを表出するだけではない。授業中，教師は生徒を誉めたり叱ったりしながら喜びやいらだち，怒りなどの情動を表出する。日本の生徒指導研究では，教師の生徒に対する賞賛と叱責という言葉かけには，生徒の授業や学びへの内発的動機づけに肯定的にも否定的にも影響を及ぼす効果が内在すると繰り返し指摘されてきた（e.g., 石橋，2003; 神村，1997; 中山・三鍋，2007; 坂本，1986; 桜井，1993; 塚田，1997; 吉川・三宮，2007）。例えば，塚田 (1997) によ

ると，教師の賞賛は，生徒の達成や承認の動機を満足させ，生徒に情緒的安定と自尊情動の向上をもたらし，新たな達成や承認の動機を喚起する効果があるという。対して，教師の叱責は，生徒を情緒的に不安定にし，自尊情動を低下させ，その継続的使用が無力感（学習性無力感）を形成すると示唆されている。ただし，教師による賞賛や叱責が常に上記の効果を及ぼすわけではなく，生徒によって"叱責が次の学習に向けての発奮材料"になり，"賞賛がご機嫌とりあるいは皮肉として受け取られ，ますます学習活動から遠ざけるように作用する"場合もあると示唆されている。

このように，教師の賞賛や叱責による喜びや怒りの情動表出は，生徒の授業や学びへの内発的動機づけに肯定／否定の効果を持ちながら，受け手である生徒によりその効果に相違があると示唆される（e.g., 竹内・三宮・遠藤，1991）。この点について中山（1997）は，"高い自己効力感を持つ子どもたちは，他者からのはたらきかけをヒントやきっかけとなる情報としてとらえ，それをもとに自分で自分の行動を組み立てていくことができる"（p.104）と示唆している。つまり，自己効力感の高い生徒ほど教師の不快情動表出を受けて自らの行動を反省し，改善を図ると考えられる。

また，中山・三鍋（2007）は中学生188名への質問紙調査から，生徒指導場面での教師の注意言葉に対する生徒の受けとめ方を検討した。その結果，"学級集団場面"と"一対一場面"によって教師の注意言葉に対する生徒の受けとめ方が異なるため，教師の注意言葉が生徒の問題行動をやめさせる場合とそうでない場合があると示唆されている。つまり，教師のいらだちや怒りといった不快情動表出（叱り言葉や注意言葉）に対して，個々の生徒の性格特性によって受けとめ方が異なるだけではなく，教師が不快情動を表出する状況の相違によっても生徒の受けとめ方が異なると考えられる。

以上のように，情動はある状況や出来事に対する個人の評価の現れである以上，教師が自らに生起した快／不快の情動を生徒に対して表出することは，教師が生徒に肯定／否定の評価を示すことと同義である（Zembylas, 2004）。

したがって，生徒に対する教師の情動表出は，生徒のある行為に対する正負の評価としての意味を有し，生徒の授業や学びに対する内発的動機づけに影響を及ぼすことが示唆される。ただし，教師のユーモアや誉め言葉，叱り言葉に関する研究知見は生徒への質問紙調査から得られたものであるため，実際の授業場面において教師が行う情動表出と，教師の情動表出を受けて生徒がどのような反応を示すのかを質的に分析，検討してはいない。

このことから，授業観察に基づいた事例研究により，教師の情動表出を受けて生徒が示す授業参加行動を分析し，教師の情動表出に内在する機能を検討する必要がある。ただし，先行研究から，教師は授業において自らが望ましいと考える行動あるいは情動状態を生徒に喚起するという意図でもって，生徒に対して半ば戦略的に情動表出を行うとも考えられる（e.g., 伊佐, 2009）。この戦略的という意味で，情動表出は教師の専門的授業方略と捉えられる。

第4節　本研究の課題

1．先行研究の知見と課題

以上，第1節から第3節において，教職は生徒との相互作用と人間関係に基づく職業であり，ケアリングの倫理と責任に基盤を置くため，社会文化的に情動的な性質を有することが明白となった。さらに，授業において教師に生起する情動は認知の諸側面や思考や知識と共に教師の実践に不可欠な構成要素であり，教師の専門性や専門性開発過程を議論する上で重要な視座を提供することが示された。また，教師が授業において行う情動表出は教師の専門的授業方略の一つと捉えられる可能性も示唆された。以上を踏まえ，本節ではまず先行研究の知見と残された課題を整理し，本研究の対象と検討課題の範囲について示す。

(1) **研究対象の選定方法**

　第2節1項(1)で検討した情動の認知評価理論を用いた先行研究の概観から，教師に生起する情動を分析することで，教師の授業や生徒指導に関する目標，個人的信念や価値観が導出されることが示された。この知見は，授業における教師の情動を分析する際には，教師個々人が授業に設定する目標に配慮する必要性を示唆するものであった。つまり，個々の教師が授業に設定する目標が異なれば，授業中の同じあるいは類似した状況でも生起する情動の種類は異なるのである。したがって，授業における教師の情動と認知，思考，動機づけ，行動，及び実践の省察や改善との関連を分析するには，共通あるいは類似した授業目標を設定する教師を選定し，対象教師の属性を可能な限り限定する必要がある。

　また，第3節では，生徒との社会的関係における教師の情動の役割を検討し，1項において，教師は常に生徒に対する応答的な態度を示しつつ，生徒の情動状態や行動の意図を理解しようと努めていることを示した。しかし，この情動理解が"教師と生徒の強固で継続的な関係性"（Hargreaves, 2000）を必要とするため，教師－生徒間の心理的距離が学校の構造や教師の専門家意識により遠ざかってしまうと，教師は生徒の情動状態を誤解し，生徒の学びを誤った方向に導いてしまう可能性が指摘された。この可能性は，教師と生徒の物理的距離を遠ざける教科担任制の学校構造で，教師と生徒の心理的距離の近さが生徒の学びにとって否定的な影響を及ぼすという専門職意識を持った中等学校教師に高まりやすいとされた。しかし，中等学校教師は教科担任制だからこそ授業外よりも授業内で生徒と相互作用を行うことが多いとも推察され，中等学校教師も授業における生徒との相互作用の中で情動を豊かに経験している可能性がある。したがって，教師の情動的実践を探究する上で，中等学校教師を研究対象に選定し，授業において中等学校教師に生起する情動を分析することが望ましいと考えられる。

(2) **情動と心理的事象との関連性，実践の省察過程における情動の役割**

第2節において，実践過程で教師に生起する情動は，教師自身の認知，思考，動機づけ，行動と密接に関連しており，相互に影響を及ぼし合うことが示された。特に，教師の専門性として説明されてきた授業中の意思決定や即興的思考の展開を情動が促進したり，阻害したりすると示唆された。また，第2節2項(2)において，生徒との相互作用から教師に生起する不快情動は，一方では教師の仕事に対する内発的動機づけや自己効力感を減退させるが，他方では教師による実践の改善と専門性開発を支え促すと示唆された。また，この点に関連して第2節1項(2)において，情動は教師による実践の省察過程に深く関与することも示唆された。"行為の中の省察"という進行中の思考過程においては，情動は教師の実践的知識の検索と実行を支え，"行為についての省察"においては，感情経験が教師の実践的知識の形成に寄与することが示唆された。

ただし先行研究では，教師が学校や教室で経験する特定の情動を分析する目的から，教師の学校生活全般を研究対象場面としてきた。そのため，授業中の教師の情動と認知，思考，動機づけ，行動との関連は詳細に検討されていない。したがって，教師の仕事の中核であり，教師の専門性が最も発揮される授業において，教師にいかなる情動が生起し，その情動が授業中の教師の認知，思考，動機づけ，行動にどのように関連するのかを検討する必要がある。そして，教師は授業中に経験する情動をどのように意味づけながら実践の改善に活かしていくのか，すなわち，授業中及び授業後の教師の省察過程において，情動がいかなる実践的知識の検索や精緻化を導くのかを検討する必要がある。

(3) **教師間で生起する情動の比較**

また，情動の"認知評価理論"が示す情動生起過程モデルから，異なる授業目標を設定する教師間で類似状況に対する認知評価の仕方と生起する情動

が異なる可能性が示唆された。したがって，共通あるいは類似した授業目標を設定する教師の情動を分析するだけではなく，異なる授業目標を設定する教師間の情動を比較し，その相違点を検討する必要が課題として残されている。この分析を行うことによって，授業中に生起する情動やその基盤となる認知評価様式の特徴から，教師個々人の実践の固有性，専門職としての自律性が描出され，さらに，教師個々人の主観的経験である情動を分析するための研究方法上の留意点が示されると考えられる。

(4) 快情動に焦点を当てた研究の必要性

　第2節1項(3)では，授業において教師に生起する情動の種類，快／不快の質の相違によって教師自身の認知，思考，動機づけ，行動に及ぼす影響は異なり，特に，快情動は実践過程における教師の認知，思考，行動の範囲を拡張させる肯定的な機能を有することが示唆された。教師の情動研究のレビューを行ったSutton & Wheatley（2003）は，快情動の経験が教師の仕事への内発的動機づけを高めると改めて指摘した上で，特に教師が授業中に楽しさを感じるとき，"フローを体験している"と示唆する。"フロー"は"最適経験"とも呼ばれ，"一つの活動に深く没入しているので他の何ものも問題とならなくなる状態，その経験それ自体が非常に楽しいので，純粋にそれをすることに多くの時間や労力を費やす状態"（Csikszentmihalyi, 1990, p.5）をいい，フロー体験の中で人は活動に対する集中，自己統制感などを高めるとされている。このフロー理論は，"現代の無秩序状況からわれわれを解放し，楽しさや喜び，生きがいを回復させようとする理論"（今村・浅川，2003, p.ii）であり，人間の幸福を追求しその心理的過程を明らかにすることを目指すポジティブ心理学研究の流れに位置づく。

　近年の教師の情動研究では，生徒との人間関係における悩みの経験（都丸・庄司，2005），生徒指導場面で教師が経験する不快感（河村・鈴木・岩井，2004），教師のヴァルネラビリティの起源（Kelchtermans, 1996），罪悪感の罠

(Hargreaves, 1994) など，教師の不快情動に焦点を当てた研究が多くなされてきた。これらの研究に対して，教師が授業中に経験する喜びや驚き，興奮や楽しさといった快情動に焦点を絞り，その実践的意義をフロー理論やポジティブ心理学研究の知見から明らかにすることが必要である。

(5) 情動表出様式の検討

第3節2項では，教職における情動労働の側面を探究した先行研究の知見を概観した。欧米の研究では，教師は生徒の授業参加や学びへの没頭を促すために快情動を自発的に提示し，不快情動の表出を専門職の振る舞いとしては不適切な行動と捉えて抑制する傾向が示された。しかし，教師の情動規則と情動管理方法は教職専門職の文化とケアリングの文化によって規定されながら，教師は専門職としての自律性に基づいて自らの情動を管理していることが示唆された。そして，教師の情動表出には演技的な情動提示や情動抑制といった客室乗務員や集金人などのサービス業に従事する者が行う情動労働だけではなく，生徒の成長や自己実現を支え，生徒との人間関係を形成しようと努めるケアリングの文化的規範に基づいて自らに生起した情動を率直に表出，開示するという側面も見出される可能性が示唆された。このことから，教職をサービス業に類する情動労働と定義した先行研究には限界があり，授業における教師の情動表出様式を分析し，教職特有の情動労働を明らかにする必要が示された。

なお，情動は他者との相互作用や関係性，それらの中で起こる状況や出来事に対する認知評価を通して生起する社会認知的構成物であった（Lazarus, 1991）。このことから，情動を他者に表出するということは自己の欲求状態や評価的判断を示すことと同義であり，自己に生起した情動を他者に対して率直に表出することは典型的な"自己開示"と定義できる。自己開示とは，"自分自身をあらわにする行為であり，他人たちが知覚しうるように自身を示す行為"（Jourard, 1971, p.24）をいい，発話による言語的開示と表情や姿勢，

情動を含んだ非言語的開示も含む。したがって，授業における教師の情動表出様式を分析する際には，社会心理学の"自己開示"の概念を分析枠組みに措定し，教師が授業中に情動を開示する可能性と，情動の開示に含まれる意図を検討する必要があるだろう。教師が授業中，生徒に対して発話を媒介にして自己開示を行うならば，その発話に伴う表情や姿勢によって，あるいは発話内容それ自体に情動を含み，開示している可能性が示されることになる。さらに，授業において教師が発話を媒介として行う自己開示に含まれる意図は，情動の開示に含まれる意図と整合する可能性もある。

(6) 情動表出に内在する社会的機能の検討

また，日本の生徒指導研究において，教師は賞賛や叱責を通して生徒に快／不快情動を表出し，生徒は教師の情動表出を受けて授業や学びに対する内発的動機づけを高めたり減退させたりすることも示唆された。ただし，これらの研究知見は，教師への面接調査や生徒への質問紙調査から導出されたデータに基づき，教師が授業中に行う情動表出を質的に捉えたものではいない。したがって，授業観察によって教師の情動表出様式とそこに内在する意図を捉えながら，事例研究に基づいて教師の情動表出を受けて生徒が示す授業参加行動を分析する必要がある。この分析により，授業における教師の情動表出に内在する社会的機能を明らかすることが可能となる。

2．本研究の課題と構成

以上，先行研究の知見から，授業における教師の情動と認知，思考，動機づけ，行動といった心理的事象との関連，及び教師の情動の社会文化的性質を示したのが Figure 1.2 である。なお，Figure 1.2 には，本研究課題とそれに対応する各章及び各部を示した。

教師の情動は，生徒との社会的相互作用とそこでの状況や出来事に対する認知評価を通して生起し，その際に授業目標や個人的信念や価値観が評価の

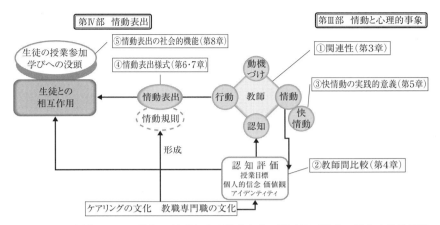

Figure 1.2　授業における教師の情動と心理的事象との関連及び情動の社会文化的性質

基準として用いられる。これらは，学校文化や学級文化に依拠しながらも，個々の教師の意識に内化したケアリングの文化と教職専門職の文化によって形成される。また，教師は授業における生徒との相互作用の中で自らの情動を管理，表出しており，教師の情動管理と情動表出の方法及び様式を規定する情動規則もまた，ケアリングの文化と教職専門職の文化の影響を受けて形成される。

　本研究ではこの Figure 1.2 に基づきながら，教師の専門性における情動の布置と情動的実践の意義を明らかにするために，授業における教師の情動と心理的事象との関連についての三点の研究課題，教師の情動表出に関する二点の研究課題を措定し，それぞれ第Ⅲ部と第Ⅳ部で検討していく。なお，本研究で用いる方法論については続く第Ⅱ部で論じる。

　まず，第Ⅲ部では，授業における教師の情動と心理的事象との関連について以下三点の課題を検討する。

　第1の課題は，授業において教師が経験する情動の生起状況と，情動・認知・動機づけ・行動との関連，さらに情動が実践の省察と改善に及ぼす影響

を検討することである（図中①関連性）。教師の情動を分析した先行研究は先述のように数多くあるが，授業場面に限定して教師の情動を詳細に分析したものはない。教師が授業中の生徒との相互作用からどのような情動を経験しているのか，そして，その情動が認知，動機づけ，行動とどのように関連しながら教師の専門性として説明されてきた瞬間的な情報処理や意思決定とそれらに基づく即興的思考を導くのか，以上の過程を明らかにする必要がある。また，先行研究により，教師は悩みや罪悪感の経験から自らの実践を改善していくと示唆されていることから，教師が授業中あるいは授業後に行う省察過程において，いかなる情動が教師の省察を促進する／阻害するのかを検討する。授業実践の省察は，教師が自らの実践的知識を精緻化し，教科指導上の能力や技術を高め，専門性開発を遂げていくのに必要不可欠な行為であり過程である。特に，授業中に教師が行う省察は，生徒との相互作用という複雑な状況に対する即興的な分析や，PCKといった実践的知識の検索と使用を支え促していると考えられている（坂本，2007）。これらの検討課題を第3章で考究する。

　第2の課題は，異なる授業目標を設定する教師たちが授業中に経験する情動とその主観的な意味づけ方を比較することである（図中②教師間比較）。教師は生徒との相互作用から生起した情動を主観的経験として知覚することで，授業に設定する目標や個人的信念，価値観といった自己に関する事柄を理解し，自らの教職アイデンティティを維持，形成しながら専門性開発を遂げていく（Golby, 1996; O'Connor, 2008; Zenbylas, 2004）。このことから第4章では，授業目標という視座に立って教師間で生起する情動を比較し，その相違を検討することで，教師はそれぞれ固有で多様であること，そして，自律的に実践を行い，専門性開発を遂げて行くことを明らかにする。また，先行研究の多くは，大多数の教師が特定の情動を経験する共通あるいは類似状況を同定する手法を用い，その情動が教師の認知や動機づけにどのような影響を及ぼすのかを検討してきた。しかし，情動の認知評価理論から全ての教師が共通

あるいは類似状況で同質の情動を経験するわけではないと示唆される。すなわち，個々の教師が授業に設定する目標，個人的信念や価値観によって，特定の状況や出来事に対する認知評価の仕方は異なり，その帰結として生起する情動も異なる可能性がある。そこで第4章では，教師の情動を研究する際に必要な対象選定に関する方法論上の示唆を導出することになる。

第3の課題は，授業中の教師の快情動に焦点を絞り，快情動が教師の認知，動機づけ，行動とどのように関連しているのか，そして，教師が授業中に快情動を強く経験するとき，生徒といかなる相互作用を行っているのかを検討することである（図中③快情動の実践的意義）。ここでは，"フロー理論"（Csikszentmihalyi, 1990）を分析枠組みに措定する。まず，フローを体験するには，個人の活動に対する挑戦水準と自己の能力水準が高い均衡状態にあることが条件とされる（Csikszentmihalyi, 2003）。そこで，(1)教師が知覚する授業の挑戦水準と自己の能力水準が高いとき，教師は楽しさや喜びを強く経験し，(2)快情動の経験と共に教師の認知能力，活動性，動機づけが同時に高まる，という二点の仮説を検証する。そして，強い快情動が教師に生起する授業において，教師が生徒といかに相互作用を行っているのか検討し，授業における教師のフロー体験に内在する実践的意義を明らかにする。

第Ⅳ部では，授業における教師の情動表出に関する第4と第5の課題を検討する。

第4の課題は，授業における教師の情動表出様式を検討することである（図中④情動表出様式）。教職特有の情動規則や情動管理方法を検討した先行研究から，教師は授業中，生徒との相互作用から生起した不快情動を抑制したり，生徒の授業参加や学びへの内発的動機づけを高めるために快情動を自発的に提示したりすることが示唆された。その一方で，教師は生徒の成長や自己実現を支え促すというケアリングの文化的規範や専門職としての自律性に基づいて，自らに生起した情動を生徒に対して開示する可能性が示唆された。

そこで，第6章では研究課題4-1として，まず授業において教師が生徒に

対して行う自己開示を発話という言語的側面から捉え，教師の自己開示に含まれる意図や機能の分析を行う。そして，教師が授業中，自らに生起した情動を発話に伴って生徒に開示する可能性を示すと共に，発話の内容それ自体で情動的出来事を生徒に物語るのか否かを検討する。そして，第7章では研究課題4-2として，教師が授業のどのような状況，どのような様式で情動表出を行うのか，その情動表出にはいかなる意図が内在するのかを分析し，教職特有の情動労働を考究していく。

第5の課題は先の課題を踏まえ，教師の情動表出を受けて生徒はいかなる授業参加行動を示すのかを検討することである（図中⑤情動表出の社会的機能）。教室ユーモアや教師の誉め言葉と叱り言葉の研究から，教師による笑いや冗談あるいは賞賛には，生徒の学習意欲を高める効果が内在すると指摘されている。また，教師の叱り言葉には，生徒の問題行動への反省を促し，学びへの内発的動機づけを高める効果が内在するものの，生徒によっては教師の叱り言葉に対する受けとめ方が異なると示唆されている。しかし先行研究では，教師の表情や発話を媒介とした情動表出が，生徒の行動にいかなる影響を及ぼすのかを実際の授業場面から分析していない。この点を授業観察に基づく事例研究により検討することが第8章の目的である。

以上5つの研究課題から，第Ⅲ部では教師の情動経験にかかわる課題1から3までを検討し，第Ⅳ部では教師の情動表出にかかわる課題4・5を検討する。以下，第Ⅱ部第2章では，本研究の5つの研究課題を検討するために採用した方法を述べる。

第Ⅱ部　本研究の方法

第2章　本研究の方法と協力者

　本章では，第1章第4節で示した5つの研究課題を検討し，教師が授業中に経験し表出する情動を捉えるために採用したデータ収集方法と研究協力者の選定理由について述べる。なお，課題1・2・3では，授業中に教師が主観的に経験する情動を捉え，情動と心理的現象との関連を検討する目的から，面接法を主要なデータ収集方法として採用する。課題4・5では，授業中に教師が表出する情動を捉え，その様式と社会的機能を検討する目的から，観察法を主要なデータ収集方法として採用する。そこでまず，課題1・2・3の検討のために採用した方法を述べ，次に課題4・5の検討のために採用した方法を述べる。なお，収集データの分析過程は研究課題に該当する各章で詳しく説明する。

第1節　教師の情動と心理的事象との関連に対する研究方法

1．研究協力者と理論的サンプリング

　授業における教師の情動と心理的事象との関連を検討する研究課題1・2・3では，授業中に教師が経験する情動の種類とその生起状況を同定する必要がある。ただし，第1章で論じたように情動の"認知評価理論"の知見から，個々人の目標の相違によって同じ状況でも異なる情動が生起する可能性がある。つまり，授業において教師が経験する情動とその生起状況を分析する際には，研究協力者である教師がいかなる目標を授業に設定しているのかに配慮する必要がある。そこで，研究課題1では，生徒間の学び合う関係形成を授業目標に設定し，協働学習や話し合い形式で授業を行う高校教師を対象に

面接調査を実施する。このような高校教師を研究対象としたのは以下の理由による。

　多くの教育研究者や実践者が指摘してきたように，従来の高校の授業は講義形式が支配的であり，生徒は主体的に活動して自由に意見を述べるには困難な受動的立場に追い込まれる傾向があった（e.g., 二谷・和井田，2007; 佐藤，1996）。そのため，生徒は知識社会で必要とされる学力（主に"思考力・判断力・表現力・人間関係形成力"）を獲得するのが困難であり（高木，2008），さらに，自己のアイデンティティを他者に表明し確立するための機会も制限されるとの指摘がなされてきた（佐藤，1996）。例えば，高浦（1997）が高校教師420名（英語科106名，理科103名，社会科104名，数学科107名）を対象に行った"個に応じた指導"実施状況調査では，協働学習を授業に導入していた教師は1割以下で，中でも社会科では1%という最も低い割合を示していた。しかし，現在では協働学習・話し合い形式で授業を行う高校教師は増えつつある（和井田，2008）。特に社会科では"暗記主義"への反省から，教師-生徒間の対話，生徒間の協働学習や討論で構成される授業の在り方が検討され，その実践記録も蓄積されてきている（二谷・和井田，2007）。この動向から，講義形式から協働学習や話し合い形式に授業を転換した高校・社会科教師は，生徒間の学び合う関係を形成するという目標への指向性が高く，授業中に経験する情動とその生起状況の分析に適していると考えた。

　また，高校・社会科の授業において教師は生徒の現実生活の問題を中心に話をすることが多く，さらに協働学習や話し合い形式になると生徒間の協働を組織し，議論を展開させるために，様々な働きかけを生徒に対して行う必要がある（木村，2008）。したがって，協働学習や話し合い形式の高校・社会科の授業では教師と生徒の相互作用が多く，相互のやりとりが複雑化するため，授業中に教師が経験する情動とその生起状況をより豊かに把握できると考えられるのである。さらに，協働学習や話し合い形式の授業では生徒の主体的な活動に沿って授業が進行するため，教師は常に生徒の活動に合わせて

授業展開を改善することが必要になる。このことから，授業において教師が経験する情動と授業実践の改善との関連を明確に捉えられると考えた。

　研究協力者の選定及びデータ収集と分析方法にはグラウンデッド・セオリー・アプローチ（grounded theory approach: 以下，GTA，戈木クレイグヒル，2006）を用いた。GTA ではデータ収集と分析が交互に行われ，その過程でデータから生成するカテゴリーが洗練されていく（理論的サンプリング）。そして，現象を構成するカテゴリーが十分に出そろい，カテゴリー同士の関連が明らかになった段階で理論的飽和に達し，現象モデルの生成が可能となる。この現象モデルから，授業において教師に生起する情動と認知や思考，動機づけ，行動，及び省察過程とそれが導く実践の改善との関連を動的に示すことが可能になると考えた。

　以上を踏まえ，2008 年 4 月から 2009 年 10 月にかけて，高校・社会科教師 10 名を理論的にサンプリングし（Table 2.1），次節以降で示す調査を実施した。理論的サンプリングでは豊かなデータ収集とカテゴリーの洗練を目的

Table 2.1　課題1の研究協力者一覧

ステップ	教師	性別	教職歴	担当教科(観察授業)	学校	協働学習・話し合い形式の授業経験年数	選択基準
1	菊地先生	男性	23年	地理	公立高校	4年	協働学習・話し合い形式の授業を日常的に行う
1	新川先生	男性	40年	日本史	私立高校	5年	
2	藤巻先生	男性	19年	現代社会・世界史	公立高校	3年	教職歴15年以上，協働学習・話し合い形式の授業経験3年以上
2	中山先生	男性	18年	日本史	公立高校	3年	
3	小松先生	女性	10年	日本史	公立高校	1年	性別，協働学習・話し合い形式の授業経験の浅さ
3	松山先生	女性	27年	日本史	私立高校	1年	
4	田辺先生	男性	37年	地理	私立高校	1年	教職歴15年以上，協働学習・話し合い形式の授業経験の浅さ
4	矢崎先生	男性	17年	世界史	私立高校	1年	
5	織田先生	男性	9年	日本史	私立高校	1年半	教職歴10年未満，協働学習・話し合い形式の授業経験の浅さ
5	若平先生	男性	3年	政治経済	私立高校	1年半	

Note.　教職歴と協働学習・話し合い形式の授業経験年数は調査時点での記録。

に，Table 2.1 に示した5つのステップを踏んでいった。なお，本稿では倫理的配慮から，以降に記載する研究協力者の教師及び学級生徒の名前は全て仮名で表記している。

まず，和井田（2008）や二谷・和井田（2007）から，協働学習・話し合い形式で授業を行う高校教師が増え始めたのは 2007 年前後と考えられる。そこで，ステップ1では 2004 年から協働学習・話し合い形式で授業を行い，それらの経験を多く積んできた菊地先生と新川先生を選定した。この選定理由は，菊地先生と新川先生は協働学習・話し合い形式の授業経験年数の多さから，そこで経験する情動とその生起状況を豊かに語っていただけると考えたためである。続くステップ2では新たなカテゴリーの生成とステップ1で生成したカテゴリーの洗練を目的に，菊地先生と新川先生に次いで3年以上，協働学習・話し合い形式で授業を行い，それらの経験を多く積んできた藤巻先生と中山先生を選定した。

ここまでの分析から生成，洗練したカテゴリーを基礎とし，ステップ3では協働学習・話し合い形式の授業経験年数1年の女性教師2名，小松先生と松山先生を選定した。この選定理由は，協働学習・話し合い形式の授業経験の浅い教師は授業中に不快情動を多く経験すると予測し，不快情動にかかわるカテゴリーを洗練するため，また，性別の相違により異なるカテゴリーが生成されるのかを検討するためである。

次に，ステップ3の小松先生は教職歴 10 年で中堅にさしかかる若い教師，松山先生は教職歴 27 年でベテラン教師と捉えられる。教職に就いてから最初の数年間，若い教師の多くは教科指導や生徒指導に悩みを抱え，教師としての自己の能力に対する自信が低く，中には早期退職を決断する者もいる（Kyriacou & Kunc, 2007）。しかし，生徒との人間関係における悩みへの対処経験や授業実践の積み重ねなど，教師は経験を積むにつれて自信を高めていくとされる（e.g., Hargreaves, 2005; 都丸・庄司, 2005）。教師のバーンアウト傾向を規定する要因を検討した伊藤（2000）の研究も，20 代・30 代の若い教師

の中には教科指導上の悩みを抱える者が多く，それに比べて40代以上のベテラン教師は教科指導上の自己評価が高く，教職に対する"充実感"を感じていたと報告されている。そこで，続くステップでも協働学習・話し合い形式の授業経験の浅い教師を対象としながら，ステップ4では特に快情動にかかわるカテゴリーの洗練を目的に教職歴15年以上の中堅教師，田辺先生と矢崎先生を選定し，ステップ5では特に不快情動にかかわるカテゴリーの洗練を目的に，教職歴10年未満の若い教師，織田先生と若平先生を選定した。

このように，ステップ1からステップ5に至る過程で，研究協力者である教師の協働学習・話し合い形式の授業経験年数，性別，教職歴という各属性を拡大し，データ間の比較からカテゴリーを生成，洗練していった。ただし，ステップ3までの分析で現象を構成するカテゴリーが出そろい，ステップ4，5は各カテゴリーを構成するデータの再検討，精緻化が行われる段階であった。

次に，異なる授業目標を設定する教師間で授業中に生起する情動を比較検討する研究課題2のために，研究課題1の教師と異なる授業目標を設定する教師をサンプリングする必要があった。このサンプリングのために，まず研究課題1の協力者の中から，協働学習・話し合い形式の授業経験を多く積んできた菊地先生を選定した。Table 2.1に示したように，菊地先生は教職歴23年の社会科男性教師で，協働学習・話し合い形式の授業を日常的に行っていた教師であった。なお，菊地先生は首都圏にある1学年生徒数180名程の公立の中堅高校に勤務していた。次に，菊地先生と同性，同年代，同教科，学校規模と生徒の学力水準が類似した高校に勤務するが，異なる形式で授業を行う教師をサンプリングした。ここで授業形式に着目したのは，教師の授業目標は授業形式に反映されると考えたためである。サンプリングの結果，上記条件に適合した石川先生に研究協力を依頼し快諾いただいた。石川先生は首都圏にある1学年生徒数160名程の私立の中堅高校に勤務し，教職歴21年の社会科男性教師で，講義形式を中心に授業を行っていた。ここでは，

石川先生に研究課題1と同様の面接調査を行い，菊地先生と石川先生が授業において経験する情動とその生起状況を比較した。

研究課題3では，上記11名の教師の中から小松先生を除いた10名を対象に授業観察と質問紙調査を行った[13]。以下，後述する面接，授業観察調査から得られたデータを「　」で引用し，それぞれの教師の教科指導方法の特質について述べる。

まず，石川先生は主に自らの説明と発問で構成される講義形式で授業を行っていた。特に，石川先生は教科の知識や概念を「できるだけ生徒にわかりやすく噛み砕いて説明する」ことが必要と考え，抽象的な歴史的事実を「現代ではこうって置き換えて説明する」方略を用いており，実際に他9名の教師たちと異なる授業目標を掲げていた。しかし，第4章で詳細を論じるが，授業目標によって教師たちの情動の生起状況に相違が見られたとしても，情動が生起した後の過程は類似していた。また，松山先生と中山先生も講義形式で授業を行いながら，松山先生は「私が力入れても生徒が引くだけ」，中山先生も「一斉でやっていたときは生徒が喋ることなく，ただ聴いて思ったことを頭の中で巡らせるだけ」と考え，生徒の個人学習に偏ってしまう講義形式に限界を感じ，授業内容に応じてグループ活動による協働学習を取り入れていた。

新川先生，田辺先生，矢崎先生，織田先生は主に協働学習形式で授業を行い，菊地先生，藤巻先生，若平先生は協働学習に加えて生徒同士の討議を行うことが多かった。教師7名がこれらの授業形式を採用する理由として，例えば，織田先生は「一斉授業だと結局，学習の対象が個人個人になっちゃう」と述べており，松山先生と中山先生と同様に講義形式の授業に対する限界への認識があった。また，例えば，藤巻先生は「1人の発言した子の色々な知識をバンと全体へ出して，他の生徒はそれを聴いて色々と考えなきゃいけない」と考え，協働学習場面では「活発でないグループにはちょっと行って，それぞれが何を考えているかを尋ねる」方略を用いていた。討議場面におい

第2章　本研究の方法と協力者　55

Table 2.2　課題1・2・3に対応する研究協力者と選定理由

研究課題	人数	研究協力者						選定理由
課題1 〈関連性〉	10名	菊地先生 	新川先生 中山先生	藤巻先生 松山先生	小松先生 矢崎先生	田辺先生 若平先生	織田先生	協働学習・話し合い 形式の授業実践
課題2 〈教師間比較〉	2名	菊地先生 石川先生						協働学習・話し合い 形式の授業実践 講義形式の授業実践
課題3 〈快情動〉	10名	菊地先生 石川先生	新川先生 中山先生	藤巻先生 松山先生	 矢崎先生	田辺先生 若平先生	織田先生	授業形式の多様性

ては，藤巻先生は「生徒が発言したときにそれをうまく繋げて色々と編み込んで行く」ように議論を組織し，生徒から学習内容に関する質問が出された際には「誰か分かる人いる」などと返答し，「教師が説明する所を生徒に任せる」方略を用いていた。なお，他教師6名も同様の方略を用いていた。

以上，それぞれの研究課題に即して研究協力者を選定し（Table 2.2），以下に示す半構造化面接，授業観察，質問紙調査をそれぞれ実施した。

2．教師への半構造化面接調査

本研究では，授業観察により教師の実践の特徴や生徒が示す行為（授業参加行動）を把握した上で，面接により授業中に経験した情動を教師に尋ねる段階的な方法を用いた。この質的方法によって，授業中に教師が主観的に経験する情動とその生起状況を詳細に同定することが可能になると考えた。したがって，面接での一部の質問内容とそれに対する教師の回答には，観察により得られた情報が含まれる。

後述する授業観察の記録から，各学級で教師が用いる授業方略（例えば，説明や生徒への声かけの仕方など）と生徒が示す行為の特徴（例えば，発言内容，私語，居眠りなど）を把握した。それから，観察終了後，教師に半構造化面接を約1時間実施し，ICレコーダーで記録した。面接ではTable 2.3に示した授業目標，授業方略，情動の経験に関する6項目の質問を教師に提示した。また，項目③と⑤の質問中，授業観察から把握した具体的な教師の働きかけ

Table 2.3 面接調査における質問項目一覧

項目番号	質問内容
①	先生はどのような目標を持って授業に臨んでいますか。
②	その目標を達成するためにどのような方略を授業で用いていますか。
③	授業中，快情動（例えば喜びや楽しさ）をどのような状況で経験しますか。
④	授業中の快情動の経験が先生自身にどのような影響を及ぼしますか。 →快情動が先生自身の授業中の認知，行動，思考に何か影響を与える感覚はありますか。 ＋例えば，喜ばしい生徒の行為から力が湧く，励まされるような感覚はありますか。
⑤	授業中，不快情動（例えばいらだちや哀しみ）をどのような状況で経験しますか。
⑥	授業中の不快情動の経験が先生自身にどのような影響を及ぼしますか。 →不快情動が先生自身の授業中の認知，行動，思考に何か影響を与える感覚はありますか。 ＋例えば，授業中に不快情動を経験するとき，疲れる感じはありますか。また，生徒の状況が見えなくなる，集中力が低下するなどの感覚はありますか。 ＋例えば，苦しみや困惑といった情動を経験したとき，授業中に状況を打開する方法を考え，実行しますか。

Note. 質問内容の「→」は調査過程での変更（修正），「＋」は追加（例示）を示す。

や生徒の行為，反応を適宜例示し，そこでいかなる情動を経験するのかを尋ねた。なお，ステップ1で最初に面接を行った菊地先生と同時期に研究課題3の石川先生への面接などの調査も行った。ここで，菊地先生，石川先生，新川先生との対話から，質問内容の曖昧さ，追加すべき質問項目が見出されたため，新川先生への面接から項目④の質問内容を修正し，例示を一つ加えた。項目⑥も項目④に合わせて質問内容を修正し，例示を二点加えた。面接中は教師の回答に応じて発展的な質問を行ったり，質問の順番を変えたりするなど，柔軟に対応した。この面接記録を文字化し，分析に使用した。

3．授業観察調査

　授業観察は教師の授業時間割や観察時期の学校業務・学校行事に合わせ，教師によって2回から6回実施し（小松先生2回，菊地先生と石川先生は予備調査2回を含め6回，他8名の教師は4回），ビデオカメラ，ICレコーダー，フィールドメモで記録しプリント教材も補助資料として収集した。ビデオカメラ及

びICレコーダーによる授業記録については，あらかじめ研究協力者と学校長に許可をいただいた。また，各学級生徒に対しては，教師から観察と記録の趣旨を説明いただき，筆者（調査者）について例えば，"私の授業を観て教育の研究をしにきた大学院生です"と紹介いただいた。初回観察では，数人の生徒がビデオカメラやICレコーダーに興味を示し，笑顔を向けたり声をあげたりする学級もあったが，2回目の観察以降はそのような行動を示す生徒はいなくなった。また，例えば授業中にビデオカメラに興味を示した生徒に"何を撮っているの，見せて"と要求された場合には毅然とした態度で"ダメ"と拒否し，生徒の学習活動を中断しないよう配慮した（藤江, 2007）。このような拒否に対して，生徒は不満を示すことなく，多くの場合，笑顔を浮かべて"そうだよね"と返答し，筆者の存在とビデオカメラによる撮影を受容していた。

　授業記録の際，筆者は教師の表情や姿勢，発話を捉えるだけではなく，教師の働きかけに対する生徒の反応，表情，姿勢，発話を捉えるために教室前方に位置した。ただし，グループによる協働学習が始まった際には，筆者は教師の動き（グループへの働きかけ）に応じて，教室の前方から中央壁側や後方に移動することもあった。以上の観察記録からフィールドノーツを作成し，プロトコルデータとして文字に起こし，分析に使用した。

　各教師の授業時間は全て50分であったが，藤巻先生の授業2（数字は観察順序番号）で5分37秒間，授業3で5分49秒間のビデオ視聴時間，中山先生の授業2で4分40秒間のCD視聴時間があった。これらの場面では，教師と生徒は共にビデオやCDを視聴しており，生徒に対する教師の働きかけも観られなかったため，文字化の対象からは除外し，分析対象からも除外した。また，観察記録の文字化にあたって，本研究では教師が授業中に経験する情動を検討する目的から，教師の発話，表情や姿勢，動きは全て文字化の対象とし，教師がかかわっていない生徒の発話などについては文字化の対象から除外した。

また，授業観察終了直後に各教師の授業や学校業務に予定が入っていない場合に，当該観察授業の目標，感想（振り返り），経験した情動を尋ねる面接調査も実施した。この面接は，休み時間の約5〜10分間で行った場合もあれば，次限に教師の授業予定が入っていないときに約20〜30分間で行った場合もあった。

4．教師へのESM質問紙調査

教師が授業中に経験する快情動と認知や思考，動機づけ，行動との関連をフロー理論に基づき数量的に分析，検討する研究課題4の目的を達成するために，Csikszentmihalyi & Larson（1987）が開発した経験抽出法（Experience Sampling Method，以下ESM）による質問紙を授業終了直後4回，教師10名に実施した。典型的なESMの手続きは，ポケットベルなどで1日8回，1週間56回のシグナルを研究協力者に送信し，研究協力者はシグナルが鳴るたびに質問紙に回答する。しかし，授業中に教師が質問紙に回答するのは実質的に不可能であるため，本研究ではESM質問紙調査を授業終了直後の休み時間に実施した。なお，平均回答時間は約5分であった。本調査で使用したESM質問紙をTable 2.4に示す。

ESM質問紙は活動内での情動，活動性，認知能力，動機づけの状態，の4因子26項目，活動に対する挑戦水準と自己の能力水準の2因子2項目，加えて活動内での思考を尋ねる自由記述1件で構成される。評定尺度は，項目1〜7と項目22〜29が"0（全然）"から"9（非常に）"の数値で評定する10件法で，項目8〜22は情動，活動性，認知能力，動機づけに関する対照的な二つの語句（例えば項目8：幸せな－哀しい）を対比して示し，"非常に"，"かなり"，"やや"，"どちらでもない"，"やや"，"かなり"，"非常に"で評定する7件法である。Csikszentmihalyi & Larsonにより尺度の妥当性，信頼性，安定性が実証されているため，本研究では項目及び評定尺度をそのまま用いた。ただし，項目21は佐橋（2003）の"時間感覚"1因子1項目（7

Table 2.4　ESM質問紙項目と評定尺度

Ⅰ．活動・意識全般について（10件法）
1. 先生自身は授業にどの程度，集中していましたか．
2. 授業に集中するのは難しかったですか．
3. 自己に関する意識は高かったですか．
4. 自分自身の活動に満足していましたか．
5. 状況を自分でコントロールしていたと思いますか．
6. 自分自身の期待に応えていたと思いますか．
7. 生徒たちの期待に応えていたと思いますか．

Ⅱ．情動，活動性，認知能力，動機づけについて（7件法）

8. 幸せな	哀しい	（幸福感）	情動
9. 楽しい	イライラした	（楽しさ）	
10. 孤独な	社交的な	（孤独感）	
11. 誇らしい	恥じている	（誇り）	
12. 緊張した	リラックスした	（緊張）	
13. 競争的な	協調的な	（友好性）	
14. 力強い	弱い	（力強さ）	活動性
15. 積極的な	消極的な	（積極性）	
16. 熱中した	退屈な	（活気）	
17. 機敏な	ぼんやりした	（注意）	認知能力
18. 明確な	混乱した	（明確さ）	
19. 没頭した	引き離された	（没頭）	動議付け
20. 前向きな	後ろ向きな	（乗り気）	

Ⅲ．時間の経過について（7件法）
21. 遅い　　速い

Ⅳ．授業に対する挑戦水準，能力水準について（10件法）
22. 先生自身の授業の難易度（授業の挑戦のレベル）はどの程度でしたか．
23. 本授業に先生自身はどの程度の能力・技術を持っていると思いますか．

Ⅴ．授業の重要度，順調さ，満足感につい（10件法）
24. 本授業は先生自身にとって重要でしたか．
25. 本授業は生徒たちにとって重要でしたか．
26. 本授業は順調に進みましたか．
27. 授業以外に何か他のことをしたかったですか．
28. 授業方法について満足しましたか．
29. 全体的な目標に関連して本授業は重要でしたか．

Ⅵ．自由記述
① 本授業において先生自身の気持ちや情動に影響を与える生徒の言動，あるいは先生自身の活動は何かありましたか．

② 本授業全体を通しての感想をお願いします．

Note. Csikszentmihalyi & Larson（1987）より筆者が作成．項目文の変更（修正）として，Ⅰ-4以外は"活動（activity）"を"授業"に，"あなた（you）"を"先生"に，"他者（other）"を"生徒"とした．また，Ⅲに佐橋（2003）の"時間感覚"1因子を，Ⅳ-②に自由記述1件を追加した．

件法："遅い"から"速い"）で，授業1時限における教師の時間感覚を検証するために追加したものである．

　ESM質問紙の表記については，対象とする活動を授業に限定することから項目文の"活動（activity）"を"授業"に改訂した．また，質問紙への回答後，次限に教師の授業予定が入って面接を行えない場合を想定し，観察授業の感想を尋ねる自由記述1件を追加した．最後に，予備調査として石川先生と菊地先生に授業後2回，ESM質問紙を実施し，表現が不明瞭な項目文を指摘いただき，修正した．このESM質問紙の結果は統計により処理，分

析した。

第2節 教師の情動表出に対する研究方法

1. 研究協力者と学級の特徴

　本研究課題4・5では，教師が授業中に行う情動表出を分析対象とする。その際，第1章第3節2項における先行研究の概観から，教師は授業中，自らに生起した情動を生徒に対して開示する可能性が示唆され，教師が授業中に行う自己開示を分析する必要が見出された。授業における教師の情動と心理的事象との関連を分析するために選定した研究協力者は高校・社会科教師であったが，教師の"自己開示"，情動の開示を実践研究により分析，検討するためには，高校教師よりも中学校教師の授業実践の方が対象として適していると考えた。以下ではその理由を，自己開示の概念的意味を簡潔に素描して論じる。

　先述したように，自己開示とは"自分自身をあらわにする行為であり，他人たちが知覚しうるように自身を示す行為"(Jourard, 1971)で，具体的には"自分がどんな人物であり，いま何を考え，何を感じ，何を悩み，何を夢見ているか，などを相手に"（榎本，1997）伝えることと定義されている。そして，自己開示は開示される内容の"広がり"と"深さ"の2次元から捉えられ，"広がり"とは人が他者に個人的事柄をどれだけ多く示すのかを捉える次元，"深さ"とは内容の程度の深浅を示す次元をいう。例えば，所属する社会の中で一般的と見なされる内容やある行動の表層的な内容よりも，個人の性格にかかわる内容や行動の動機に関する内容を開示する方が深く，他者に明らかにすることがためらわれる弱点や社会的に望ましくない内容の開示は深いとされる（榎本，1997)[14]。そして，この自己開示を捉える2次元が対人関係の親密化過程を表す。"社会的浸透理論"(Altman & Taylor, 1973)によると，

2者間の関係形成初期には自己開示量は少なく，浅い内容しか現れないが，関係が持続すると自己開示の返報性が進み，内容の広がりと深さが増す。自己開示の返報性とは，人がある自己開示を行うと，その受け手である他者が同質の内容の自己開示を返すことを意味する。つまり，人と人は自己開示を返報し合うことで互いの"不透明さ"を低減し（Jourard, 1971），親密な関係を形成し易くなるのである。

　この対人関係の親密化過程に鑑みると，教師の自己開示の内容と量，教師の自己開示に内在する意図や機能を検討するためには，生徒との関係形成初期である学年の初めの時期での教師の自己開示を捉える必要が指摘できる。さらに，生徒の発達段階を考慮するならば，中学校教師を対象とした自己開示の分析を行う必要がある。なぜなら，中学生は他者の存在を意識することで自己の存在を確立する思春期におり（村瀬, 1996），小学生のように教師を"先生"としてだけではなく"私"と同じ一人の"人間"として見るようになる（松平, 1994）。そのため，中学校教師は生徒に自己を示す必要性を強く意識しており，そこで自己開示及び情動の開示が重要な役割を担うと予測されるためである。

　また，専門職が自己開示を行うにはその内容，様式，文脈に注意を払う必要が指摘されている（榎本, 1997）。この指摘は，専門職が熟達化していくに連れて自己開示を特定の状況や場に適して行うことが可能になることを示唆している。このことから，教師の実践的知識に熟達化過程があるように（佐藤・岩川・秋田, 1990），教師の自己開示にも熟達化過程が関連すると考えられる。また，この熟達化過程は自己開示に関することだけではなく，教師の情動管理と情動表出方法にも見出される。例えば，第1章第3節2項で検討したZembylas（2005）の研究協力者は，初任期から数年間は学校の文化的期待に沿って"本当に感じたこと"，すなわち，自らに生起した情動を生徒に表出しないように抑圧していたが，教職経験を積むに連れて情動管理を自由裁量で行うようになった。つまり，教師は実践の中で試行錯誤を繰り返しながら

専門性開発を遂げ，自律的に情動管理を行うようになり，生徒の学習状況や生活状況に応じて必要と判断すれば自らに生起した情動を率直に開示するようになると考えられる。

以上の点から，研究課題4・5を検討するための協力者を中学校教師と定め，選定にあたっては，(1)教職歴10年以上の中堅もしくは熟練教師であること，(2)調査時の授業担当学級が1学年で，観察が1学期開始期に可能であること，の二点を条件とした。条件(1)は上述したように，教師の自己開示には熟達化過程が関連すると考えられるため，条件(2)は，教師が知り合ったばかりの生徒にどのように自己開示（情動の開示）を行うのかという時期的特徴を捉えた質的検討を行うために設定した。本研究では上記条件に適合する桜井先生（教職歴35年，男性，社会科（歴史・地理）），小野先生（教職歴20年，女性，英語科），桑田先生（教職歴13年，女性，英語科）に協力いただき，次節以降で示す授業観察を中心とした調査を実施した。以下，教師3名の基本情報と学級生徒の特質を簡潔に示す。

教師3名は首都圏のそれぞれ異なる公立中学校に勤務し，1学年の授業を担当していた。桜井先生の勤務校は住宅地域にあり，学級生徒の構成は男子16名，女子20名であった。後述する授業観察から，桜井学級には桜井先生に文句を言う，授業中に私語を続ける，ふざけて遊び出すなど，消極的授業参加行動を頻繁に示す生徒が1名いた。ただし，上記のような消極的授業参加行動を示す生徒数は他2学級に比べて少なかった。小野先生は商業地域にある中学校に勤務し，1学年の少人数英語授業の学級を担当していた。学級生徒の構成は男子8名，女子13名であった。なお，小野先生は学年主任という立場のために学級担任を受け持っておらず，教科授業のみの観察となった。桑田先生の勤務校は住宅地域にあり，学級生徒の構成は男子15名，女子13名であった。小野学級と桑田学級には，教師2名共に"困難な生徒"と見なす男子生徒が複数名（4, 5名程）おり，観察中，彼らの消極的授業参加行動が頻繁に見受けられた。

2．授業観察調査

　本研究では，教師が授業中に行う自己開示及び情動表出を，教師の発話と表情変化から捉える。そのために，調査者が教室の日常的状況に身を置き，教師と生徒の発話のやりとり，相互作用を記録可能な参与観察法を研究方法に用いた。2005年4月初旬から7月中旬の1学期間にかけて，筆者は教師3名それぞれの勤務校に月2～5回の頻度で学校行事や学校業務の合間に赴き，教科授業と道徳・学活の時間を観察した。教科授業の観察は桜井学級10回，桑田学級7回，小野学級7回で，道徳・学活の時間の観察は桜井学級8回，桑田学級7回であった。小野先生は学級担任を受け持っていなかったため，小野学級では教科授業のみの観察となった。筆者の教室への居方については，本章第1節3項で示したものと同様である。授業記録の方法としてビデオカメラによる撮影も考えられたが，観察時期が生徒の中学校入学直後であったこと，各学校・学級の事情を考慮し撮影は行なわなかった。そこで，ビデオ撮影の代わりにICレコーダーを用いて教師と生徒の発話を記録し，レコーダーでは拾いきれない小さな声，呟き，表情や姿勢，動きをフィールドメモに記録した。ICレコーダーの使用については研究協力者である教師，及び学校長に許可をいただき，さらに学級通信を通じて各家庭に調査趣旨をお知らせいただいた。なお，観察記録に際しては，特に表情変化が情動表出を捉える重要指標であるため（Ekman & Friesen, 1987），筆者は教師の表情変化が読み取れる教室中央壁側から後方に位置し，教師の表情を詳細にフィールドメモで記録した。ここではまた，授業で用いられたプリント教材も併せて収集した。以上の観察記録を文字に起こし，トランスクリプトを作成して分析に使用した。

　各学級の通常授業時間は50分であったが，朝礼や運動会などの学校行事の都合で授業時間が短縮されることもあった。桜井学級では4/25道徳の時間（観察授業6）が30分，7/8学活の時間（観察授業15）が45分，7/11道徳

の時間（観察授業 16）が約 35 分で，小野学級では 5/17 英語授業（観察授業 3）が 40 分，桑田学級では 5/20 学活の授業（観察授業 6）が 30 分であった。また，桜井学級では 4/22 地理授業（観察授業 3）の約 40 分間，桜井先生から学級生徒に対して教科の意義や生徒に求める学習態度に関する語りかけがあり，さらに 6/17 地理授業（観察授業 8）の約 30 分間でテスト返却と答え合わせ，7/13 歴史授業（観察授業 18）の約 40 分間で 1 学期の学級・学校生活を振り返り反省する活動が行われた。そのため，これらの授業は道徳や学活の時間に準じた活動が主で，教科学習はほとんど行われなかったが，桜井先生は自己に関する事柄を生徒に対して語っていた。そこで，上記 3 授業を，教師が生徒に対して行う自己開示を発話という言語的側面から捉える研究課題 4-1 で分析対象に含み，授業における教師の情動表出様式を検討する研究課題 4-2，及び教師の情動表出を受けて生徒が示す授業参加行動を検討する研究課題 5 で分析対象から除外した。

　また，授業における教師の情動表出を検討する研究課題 4-2 及び研究課題 5 のために，教師 3 名が授業中に情動表出を行うのか否か，あるいは情動表出回数が多いのか少ないのか，を測る必要があった。そこで，初回教科授業観察調査から抽出したプロトコルデータから，各教師の情動表出回数を算出したところ（教師が表出した情動の種類の判断及びその回数算出方法は第 7 章で詳しく説明する），桜井先生は 16 回（快情動 16 回，不快情動 0 回），小野先生は 27 回（快情動 27 回，不快情動 0 回），桑田先生は 13 回（快情動 7 回，不快情動 6 回）の情動表出を行っていた。筆者が探索した限り，1 回（1 時限）の授業における教師の情動表出回数を算出した研究は見つからなかったが，例えば，授業進行から外れた子どもの発言への教師の対応を検討した岸野・無藤（2005）では，小学校 2 年生の授業 44 時限で教師は生徒に 28 回の "受け入れ"（生徒の発言を受けとめ，評価し，積極的に取り入れること）と 116 回の "注意" を行っていた。この "受け入れ" を快情動の表出，"注意" を不快情動の表出と仮定して平均回数を算出すると，対象教師は 1 回の授業で 0.6 回以上の快情動

を表出し，2.6回以上の不快情動を表出していたと推察される。このことから，教師3名が1回の授業で行う情動表出回数は少なくないと判断した。なお，筆者は各教師と授業観察の合間や学校外研究会で対話，交流する機会を積極的に設け，ラポールの形成に努めた。

3．教師への半構造化面接調査

授業観察終了後，各教師に対して約1時間の面接調査を行った。この面接では，(1)自己開示に対する教師自身の考え方と意図，(2)情動表出に対する教師自身の考え方と意図，の二点を捉えることを主眼とした。

(1)では，教師に対して"教師が生徒に対して自らの私的な事柄，例えば個人的情報，そのときどきに考えていることや感じていること，あるいは過去の体験などを話すことについて，先生はどのようにお考えになりますか"と質問した。この質問に対する教師の回答から発展的に質問を繰り返しながら，話題に応じて教師が自己開示を行ったと同定可能な発話が含まれる事例場面をフィールドノーツから参照した。これにより，授業の特定場面で教師が行った自己開示を教師自身に想起してもらい，その開示理由（意図）について尋ねた。

(2)では，まず，第7章で詳細を述べる観察データの分析過程で行った情動の種類の判断結果を教師に示し確認を求めた。その結果，情動の種類の判断は教師に概ね支持されたが，小野先生から"怒り"とコード化した4データで"これは怒りよりは弱い，不愉快な感じを出した"との指摘を受けた。そこで，当該データの情動の種類を"怒り"から"いらだち"に修正した。それから，情動表出に対する教師自身の考え方と意図を捉えるため，"授業中に教師が情動を表出すること，あるいは情動的になることについて，先生はどのように考えますか"と尋ね，教師の回答に沿って質問を繰り返した。また観察データの分析結果から，1学期前半と後半の情動表出回数を示し，各時期での快／不快情動の表出意図を尋ねた。さらに，教師が情動を表出した

と同定可能な抽出事例を示し，事例内で行われた情動表出の意図を教師に尋ねた。ここでの回答から，教師の情動表出に含まれる意図を導出した。

4．生徒への自由記述式調査

　授業における教師の自己開示と情動表出を生徒はどのように受けとめ，評価しているのかを検討するため，各学級の授業観察最終日，授業終了後の休み時間に以下の項目からなる自由記述式調査を生徒に対して実施した。なお，本調査は教師及び学校長に対して事前に実施許可をいただいた。

　まず，教師の自己開示に対する生徒の受けとめ方を導出するため，(1)"これまで〇〇先生が授業の中で話してくれたお話の中で，あなたにとって一番，印象に残っているお話を教えてください"，(2)"(1)で回答した〇〇先生のお話に対して，あなたはどのように感じましたか。また，その理由を教えてください"，の二つの質問を生徒に提示した。次に，教師の情動表出に対する生徒の受けとめ方を導出するため，(3)"〇〇先生が授業中に喜んだり，楽しそうに話したりするのを見て，あなたはどのように感じますか"，(4)"また，〇〇先生が怒ったり，イライラしたりするのを見ると，あなたはどのように感じますか"，の二つの質問を生徒に提示した。生徒には全ての質問に記名式で回答を求めた。

　以上の研究方法に基づき，本研究課題1～5を検討するためのデータ収集を行った。続く第Ⅲ部から，授業における教師の情動と心理的事象との関連について多角的に分析し，その後の第Ⅳ部で授業における教師の情動表出に関する分析を行い，教師が授業中に経験し表出する情動が実践過程でいかなる役割を果たしているのかを検討していく。

第Ⅲ部　授業における教師の情動と心理的事象

第3章　協働学習授業における教師の情動と認知・思考・動機づけ・行動との関連

第1節　本章の目的

　第1章第1節で論じたように，生徒との相互作用から教師に生起する情動は，教師自身の認知や思考，動機づけ，行動と密接不可分な関係にあることが先行研究により示されている。そのため，教師の専門性を議論する上で，実践過程において教師に生起する様々な情動に着目する必要が指摘されてきた（e.g., Hargreaves & Goodson, 2005; Nias, 1996; Oplatka, 2008）。しかし，多くの先行研究では，教師が経験する特定の情動を分析，検討する目的から，教師の学校生活全般を研究対象場面としてきた。そのため，授業中に教師に生起する情動と認知や思考，動機づけ，行動との関連は詳細に検討されていない。つまり，教師の仕事の中核であり，教師の専門性が最も発揮される授業において，教師がどのような情動を経験し，その情動が授業中の教師の認知や思考，動機づけ，行動といかに関連するのかを検討する必要がある。また，仕事の改善，生徒に対する見方や接し方の変容を促す罪悪感や悩みといった情動が，授業中にも教師に生起するのか，そして，それらの情動が授業実践の改善にも即時的に寄与するのかを検討することも課題として残されている。

　また，第1章第2節で検討した研究知見やSchön（1983）の論考から，授業中に教師が経験する情動が実践の省察過程に深く関与しており，ある特定の情動が省察を支え促すのに重要な役割を果たしていることが示唆されている。しかし，先行研究では，どのような情動を経験することで教師は生徒の見方や自らの授業実践を変容させる深い省察を行うのかは検討されていな

い。したがって，授業における教師の"行為の中の省察"過程で，いかなる情動が実践的知識の検索と実行に寄与するのか，さらに，"行為の中の省察"それ自体を実践後に教師が省察する過程において，主観的に知覚された情動としての感情経験がいかなる実践的知識の形成や精緻化を導くのかを検討する必要がある。

　さらに，先行研究では，情動が教師の認知や思考，動機づけ，行動にいかなる影響を及ぼし，教師は自らに生起した情動をどのように意味づけているのかを究明するために，多数の教師がある情動を共通して経験する状況を同定する手法を用いてきた。しかし，情動の"認知評価理論"によると，状況が個人の目標と関連して初めて情動は生起し，生起した情動の快／不快の質は，状況が個人の目標に一致するか否かの評価によって決定される。つまり，ある状況下で個々人の目標が異なれば，たとえ"共通"とされる状況であっても異なる情動を経験する可能性があり，教師の情動とその生起状況を分析する際にも，個々の教師が授業や生徒指導に設定する目標に配慮する必要がある。

　そこで本章では，生徒間の聴き合う，学び合う関係形成を授業目標に掲げ，協働学習・話し合い形式で授業を行う高校教師を対象に面接調査を実施し，以下二点の課題を検討する。第1の課題は，授業中に教師が経験する情動とその生起状況を同定し，授業における教師の情動と認知，思考，動機づけ，行動との関連を検討することである。第2の課題は，授業中に教師が経験する情動と省察との関連に焦点を絞り，教師が授業中に行っている"行為の中の省察"と，授業後に行われる省察の両過程において情動がどのような役割を果たし，教師の専門性として説明されてきた実践的知識や思考様式に情動がいかに寄与するのかを検討することである。以上の課題検討から，授業中に教師が行う瞬間的な意思決定，省察過程，教師の実践的思考様式，授業実践の改善に情動がどのように関わっているかを考究していく。

第2節　方法

1．研究方法

　本章では，授業中に教師が経験する情動とその生起状況を検討する。そこで，授業観察から教師の実践の特徴や生徒が示す行為（授業参加行動）を把握した上で，授業における情動の経験を教師に尋ねる面接法を用いた。研究手続きとデータ収集及び分析方法にはGTAを用い，研究協力者は，第2章第1節で示した高校・社会科教師10名を理論的にサンプリングし(Table 2.1)，2008年4月から2009年10月にかけて授業観察及び面接調査を実施した。なお，理論的サンプリング（データ収集）の過程については第2章第1節で示した通りである。以下，面接データの分析手続きの詳細を述べる。

2．分析手続き

　GTAによる面接データの分析は，まずプロトコルデータが示す意味内容に応じて一文もしくは内容ごとにデータを切片化した。それから各切片を構成するプロパティとディメンション[15]を抽出し，切片の内容を適切に表現するラベル（名前）をつけた。次に内容が類似するラベルを統合してカテゴリーを生成し，各カテゴリーを"現象の構造とプロセスを把握するための枠組み"（戈木クレイグヒル，2006）である"パラダイム"の3層，"状況（条件）"，"行為／相互作用"，"帰結"に分類した。ここまでの作業から，ラベルが極端に少ないカテゴリーや，プロパティとディメンションから見たときに関連が不明瞭な複数のカテゴリーを把握し，データ収集と分析のステップを繰り返すことでカテゴリーの生成と洗練，カテゴリー同士の関連づけを行った。例えば，先のステップでラベルが不足するカテゴリーに次のステップで新たなラベルが追加され，カテゴリーの再編成やカテゴリー名の修正が行われた。

また，カテゴリー同士を関連づけるプロパティの存在を想定し（理論的比較），それを次のステップで確認して適合データが収集されれば，カテゴリー同士は関連づけられていった。ここでカテゴリーの再編成が行われたり，新たなカテゴリーが生成されたりすることもあった。この一連の作業は現象を構成するカテゴリーとそのプロパティやディメンションが出そろい，カテゴリー同士の関連が詳細に把握できる状態（理論的飽和）に近づくまで行った。以上の分析からカテゴリー関連図を描出し，現象モデルを生成した。

最後に筆者と大学院生1名でデータとラベルの評定を行い，データ解釈の確認（プロパティとディメンションの判断も含む），ラベルのカテゴリーへの分類の修正を繰り返し行った。最終的な評定者間一致率は97.3%で，評定が一致しなかったデータについては評定者間の協議を重ね，分類を決定した。

第3節　結果と考察

1.《情動の生起》現象とその背景

　面接データの分析から，現象の中心概念（コアカテゴリー）として《情動の生起》が見出された。これは教師自身の行為と生徒の行為を介して《快情動の生起》と《不快情動の生起》に分岐していた。データからは，教師が授業中に経験する快情動として喜び，驚き，楽しさ，心地良さ，満足感の5種が，不快情動としていらだち，哀しみ，不安，退屈感，落胆，苦しみ，困惑，罪悪感，悔しさの9種が抽出された[16]。そして，《情動の生起》現象は生起した情動の種類とその強さの程度[17]，情動の対象によって異なる5つの過程を辿ることが分析から示された（Figure 3.1）。ここではまず，現象の背景（"パラダイム"の"状況"）にあたる教師の〈授業目標〉，〈協働学習形式を用いる理由〉，〈教師主体授業の抑制〉について説明する。なお，本章では以下，コアカテゴリーを《　》，サブカテゴリーを〈　〉，プロパティを"　"で表記

第 3 章　協働学習授業における教師の情動と認知・思考・動機づけ・行動との関連　73

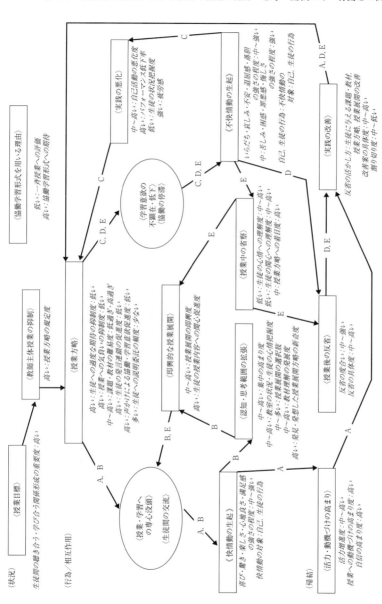

Figure 3.1　授業における教師の情動と認知・思考・動機づけ・行動にかかわる概念の関連

Note.《》はカテゴリー、〈〉はサブカテゴリー、〇は生徒の行為。斜字は各カテゴリーの主なプロパティとディメンションで、《情動の生起》、現象の5過程の動き。A：心的報酬の即時的獲得、B：未熟さを認知と創造性の高まり、C：悪循環、D：反省と改善、E：省察と軌道修正、と示した。図左端の（）には以下の各カテゴリーが属するパラダイムを示した。

し，面接データの一部を本文中に挿入する際には「　」で表記した。

本研究の教師は共通した〈授業目標〉を設定し，授業で〈協働学習形式を用いる理由〉を語った。そして，それらから〈教師主体授業の抑制〉という

Table 3.1　教師の授業目標と協働学習形式を用いる理由，教師主体

カテゴリー	ラベル	語りのプロ
授業目標	生徒の知的関心の促進	直接見えないけれども知の世界っていうのが奥行き深くあっ そういう知的な関心をもちろん3年間かけて育てていきた 地先生） 生徒が知識を詰め込むんじゃなくて，それを使えるようにし れを社会や生活の中で使えるようにしたい。（田辺先生） 歴史を学ぶことによって生徒一人ひとりの知的な関心を開い ね。（矢崎先生）
	生徒間の聴き合う・学び合う関係の形成	特に生徒同士を繋いでいく。たとえ仲のいい同士じゃなくて い。それが一番の目標。（菊地先生） やっぱり生徒同士が聴き合って話し合う関係をつくるってい よね。（織田先生） 生徒同士を繋いで聴き合う関係を作るっていう大事な目標が
協働学習形式を用いる理由	一斉授業の弊害・限界	一斉授業だと生徒がわかりたいと思う前に教師が先に教え ます。傍若無人っていうか。（新川先生） 板書や講義調の授業だと生徒がなぞるような学び方になって 自分で何か素材を見つけながら考えて行くってよりは，僕の が僕の中では昔からひっかかっていたんです。（藤巻先生） 一斉でやっていたときは生徒が喋ることなく，ただ聴いて思っ で，隣とも話さない。（中山先生）
	生徒間の意見の交流・形成が可能	大人が教えるんじゃなくて，友達の意見を聴いて発見するこ か，「あっ，この子こんなふうな考え方してるんだ」とか，そ 見ができる。（松山先生） 協働でやることによって，自分から「ここは聴こう」とか， 話だから聴こう」っていうふうになる部分が利点かなって感
教師主体授業の抑制	教師による概念・知識の説明の抑制	社会科は教師が説明しようと思えばできちゃうんだよね。例 そういうのは極力しない。生徒たちが互いに考えながら知識 る。（菊地先生） できるだけ僕の説明は減らさなきゃいけないっていう目標が
	黒子としての役割の徹底	先生は黒子じゃないですけど，どれくらいそれに徹していら で，それが課題であり目標ですよね。それがどのくらいでき すよね。（小松先生）

第3章 協働学習授業における教師の情動と認知・思考・動機づけ・行動との関連　75

自らの実践の在り方を規定する考えを示した。Table 3.1 に各カテゴリーのラベルと語りのプロトコルデータ例を示した。

教師10名が授業に設定する目標は，(1)生徒の知的関心の促進，(2)生徒間

授業の抑制という考え方：概念とそのプロトコルデータ例

トコルデータ例	主なプロパティとディメンション
て非常に面白いんだっていう，いっていうのがありますね。(菊	生徒の知的関心促進の重要度：中
たい。地理に関心をもって，そ	生徒の知的関心促進の重要度：中
ていきたいっていう目標ですよ	生徒の知的関心促進の重要度：中
も聴き合う関係を作っていきた	生徒間の聴き合う関係形成の重要度：高い（「一番」から）
うのは僕の中で大きな目標です	生徒間の聴き合う関係形成の重要度：高い（「大きな」から）
あります。(若平先生)	生徒間の聴き合う関係形成の重要度：高い（「大事な」から）
ちゃう。そこが不自然だと思い	一斉授業の問題点：教師が先に教える 一斉授業への評価：低い
いっちゃうんですよね。どうも追った後を追うっていう。そこ	一斉授業の問題点：生徒の受動的な学び方 一斉授業への評価：低い
たことを頭の中で巡らせるだけ	一斉授業の問題点：生徒は聴くだけ 一斉授業への評価：低い
とがいっぱいあるじゃないですういう聴き合うことで自分の意	協働の利点：生徒間意見交流可能 協働学習形式への期待：高い
そこまでいかなくても「仲間のじますね。(若平先生)	協働の利点：生徒間聴き合い可能 協働学習形式への期待：高い
えば「概念はこう」って。でもを獲得していく。発想を転換す	授業（説明）方略の規定度：高い（「極力」から）
ある。(藤巻先生)	授業（説明）方略の規定度：高い（「できるだけ」から）
れるか。私はそれがすごく下手るかが勝負，授業の分かれ目で	授業方略の規定度：中

Table 3.2 授業における教師の《情動の生起》現象：5過程

過程	カテゴリー	ラベル	語りのプロ
A	授業方略 【授業・学習への専心没頭】 快情動の生起 活力・動機づけの高まり 実践の改善	適度な水準の課題・教材の提示 【学習への専心没頭】 生徒の学習への専心がもたらす楽しさ 活力の増進 生徒に与える課題の改善	課題の設定の段階で，絶対に食いつくで最後の授業であのとき，ほとんどの生徒ものがあるんだなぁ。 あの文章でグッと見れるっていうのは，ういう意味で面白かったっていうのはあ あの状況を見ると「じゃあ次は」って。 そういう生徒の様子を見てたら「じゃあ松先生）
B	授業方略 【生徒間の交流】 快情動の生起 認知・思考範囲の拡張 即興的な授業展開	声かけによる協働促進 【生徒間の聴き合い】 生徒間の協働に対する喜び 教室の状況把握 授業展開の即興的変更	具体的に言えば「教科書を読む順番を決たが読んだら次の人を当ててね」とか，んです。 グループでやると生徒はやっぱり「どこよ。 一番嬉しいと感じるのは，生徒たちがみ上手くいっているとき，機嫌がよくなるっいて教室の上，隅から見るとどうなるのことが正しいのかと。 事前方針で考えていたことを生徒の状況
C	授業方略 【学習意欲の不顕在・低下】 不快情動の生起 実践の悪化	期待・気負いの抑制 【授業への集中低下】 状況統制意識の強さがもたらす苦しみ 自己活動の悪化	生徒に期待したり気負わないようにしてテンションですよね，他の教師に比べると。 だから，期待をしたりしていると僕の身の期待を感じて授業に身がなかなか入ら あんまり教室の状況をコントロールしよ 教室をコントロールしようと思えば思う
D	授業方略 【協働の停滞】 不快情動の生起 授業後の反省 実践の改善	適度な水準の教材・課題の提示 【グループ活動の停滞】 生徒に与えた課題・教材の欠陥に対する苦しみ 生徒に与えた課題・教材の反省 生徒に与える課題・教材の改善	課題を投げかけるんだけど，それが難しグループで黙っちゃっているのは，まずありますね。 そういう課題が不十分で，考えてくれな 例えば観てもらった授業では，年号をで，戦争の原因がいつからかっていうのに入っちゃったのかなって思いました。 そういうときはこちらが出す課題が弱しないと。（中山先生）
E	授業方略 【協働の停滞】 不快情動の生起 授業中の省察 即興的な授業展開	生徒の発言を繋げる授業展開 【友人の意見不傾聴】 授業展開失敗に対する悔しさ 新たな授業展開方略の構想 授業展開の即興的変更	生徒が発言したときにそれをうまく繋げけど，それがうまく繋げられないと話しだから学習の中でもそれ［生徒間の聴き手く行かないことがあります。 展開の失敗に対する悔いはよくあります 苦しいとか悔しいとか感じたときは，何すよね。 だから失敗して悔しいと思って，それで言ったように次の展開をすぐに修正しよ
	授業中の省察 授業後の反省	生徒による友人の意見不傾聴原因の見積もり 声かけ方略の反省	ただ，何が原因で生徒間で聴き合うことばあるクラスでやってダメで，次のクラすけど。 もう少し上手く声をかければそういうこ起きなかったかもしれないって，授業が

Note. プロトコルデータ例の［ ］は直前の教師の語りからの引用，｜ ｜は表情，＜ ＞は調査と創造性の高まり，C：悪循環，D：反省と改善，E：省察と軌道修正，を示した。概念を分かり易タを引用した教師名を（ ）内に示した。

第3章 協働学習授業における教師の情動と認知・思考・動機づけ・行動との関連

の動きを示す概念とそのプロトコルデータ例

トコルデータ例	主なプロパティとディメンション
あろう話にするというふうにはしますね。	課題の難易度：中
が文章を見てましたよね。何かしら自分で感じ取る	生徒の行為：学習への専心没頭
本質的なところできちんとわかっているんだな。そりますね。	楽しさの強さの程度：中 快情動（楽しさ）の対象：生徒の行為
そういう，次へのエネルギーが貰えるっていう。	活力増進度：中
もうちょっと難しくしよう」って思いますね。（小	課題の改善を導くもの：生徒の反応の良さ 改善案の具体度：中
めてね。一番最初にあなたが読んでね。それであなそして「当てられたらちゃんとやろうね」って言う	声かけによる協働促進度：高い（声かけ内容の多さから）
に書いてあるの」とかって周りの友達に聴くんです	生徒の行為：聴き合い 喜びの強さの程度：強い（「一番」から） 快情動（喜び）の対象：生徒の行為
んなで協力して教科書をちゃんと読んでくれている。ていうかな，楽しくなるんですけど，授業をやってかって考えてますね。自分も含めて。今やってい	教室の状況把握度：中
を見てパッと変えることはあります。（新川先生）	授業展開の即興度：高い（「パッと」から）
いるね。テンション下げているでしょ。かなりロー	生徒への過度な期待の抑制度：高い
体から発散するものってあるんだろうね。生徒はそなくなっちゃうというか。	生徒の行為：授業への集中低下 苦しみの強さの程度：強い（「すごく」から）
うとする気持ちが強くなると，すごく辛くなる。	不快情動（苦しみ）の対象：自己の行為
ほど，あんまりいい授業できなくなる。（菊地先生）	自己活動の悪化度：中
すぎたりするとそんなに話し合いにならない。課題の内容が分からなくて黙っているっていうのが	課題の難易度：高過ぎ 生徒の行為：グループ活動の停滞 苦しみの強さの程度：中
いとか，すぐに終わっちゃったとかは辛いかな。	不快情動（苦しみ）の対象：自己の行為
バーって書いて答えさせてからグループにしたんが，どうしても「ペリーから」っていう意識が生徒反省しましたね。	反省の度合い：中 反省の具体度：高い
いってこと。資料を持って来て皆で読ませるとかに	反省の活かし方：生徒に与える課題の改善 改善案の具体度：高い
て，色々と編み込んで行かなくちゃいけないんです合うってことが難しくなるんですね。	生徒の発言連鎖の促進度：低い
合い］がうまくいけたらいいと思うんですけど，上	生徒の行為：友人の意見不傾聴
ね。「こうすればよかった」って。	悔しさの強さの程度：中
が展開するための突破口になるんだろうって考えま	不快情動（悔しさ）の対象：自己の行為 授業方略への着目度：高い
授業中に生徒が何を考えているのかわかれば，今うとしますよ。	授業展開の即興度：高い（「すぐに」から）
が出来なかったかわからない場合もあるので，例えスでもダメなら，これはダメなんだってわかるんで	生徒の心情への理解度：低い 生徒の関心への理解度：低い
と［生徒間で聴き合うことが出来なかったこと］も終わった後に思うんです。（藤巻先生）	反省の度合い：中 反省の具体度：高い

者の質問，「……」は発話の間を示す。過程の欄には，A：心的報酬の即時的獲得，B：柔軟な認く示すため，生徒の行為を現すラベルとカテゴリーは【 】で表記した。また，各過程の最後にデー

の聴き合う・学び合う関係の形成，という二つの相互補完的な内容であった。生徒が教科内容に関心を持ち，将来，自立して生きていくための知識や能力を身につけるよう促すことは，教師一般の〈授業目標〉と言える（丸野,2005）。教師たちはこの目標を達成するために，生徒たちが互いの意見を聴き合い，学び合うことができる関係を形成することをもう一つの〈授業目標〉に掲げ，重視していた。このような〈授業目標〉を教師たちが重視するのには，彼ら自身がこれまで行ってきた一斉授業に内在する弊害や限界についての認識があった。それは，一斉授業では生徒の関心に配慮せずに「教師が先に教え」てしまい，生徒は教師の説明を「ただ聴いて思ったことを頭の中で巡らせるだけで」，教師が学んだことを「なぞるような学び方」に収斂してしまうという認識である。教師たちはこのような経験的認識から，生徒間の意見の交流・形成が可能な協働学習と話し合いを授業に取り入れ，「生徒たちが互いに考えながら知識を獲得していく」ために教師が「黒子」となり，教師による教科の概念や知識の説明を可能な限り減らすなど，〈教師主体授業の抑制〉[18]に努めていた。

2．《情動の生起》現象の5つの過程

以上の〈授業目標〉と〈協働学習形式を用いる理由〉，そして，それらから導かれる〈教師主体授業の抑制〉という考えが教師たちの〈授業方略〉を規定していた。教師たちが用いる主な〈授業方略〉は，まず，授業前に授業展開の見通しを立てて生徒の活動を予測しながらも，授業に臨む際には，(1)授業前の予測に沿って生徒が活動するよう期待し過ぎないようにする，(2)その予測と期待から生じる授業への気負いを可能な限り抑える，であった。授業進行中には，(3)生徒間の協働探究を促進し得る水準（難し過ぎず，易し過ぎない）の課題・教材を提示する，(4)協働学習場面では生徒の活動を見て回り，活動が停滞しているグループには声をかけ，生徒同士の協働，あるいは個々の生徒の学習意欲を促進する，(5)話し合い場面では生徒の発言を繋げて授業

を展開する，(6)授業内容に関する生徒の質問に対しては，「何だと思う？」などと生徒に問い返し，教科の概念や知識の説明を可能な限り生徒に任せる，であった。なお，協働学習場面では，生徒は4名程でグループを作り，各グループで課題を協働で遂行，探究していた。話し合い場面では，教室の机がコの字型に配置され，生徒はグループで遂行，探究した課題や教師によって新たに提示された課題について学級全体で話し合いを行っていた。

　そして，これら〈授業方略〉の成否と生徒が示す反応，あるいは生徒が自発的に示す行為によって教師に快／不快情動が生起し，生起した情動は異なる5つの過程で教師の認知や思考，動機づけ，行動，そして実践の改善に関連していた。次節から，まず《快情動の生起》とそれが導く過程について説明し，次に《不快情動の生起》とそれが導く過程について説明する。Table 3.2 には各過程の動きを示すプロトコルデータ例を示した。

(1)《快情動の生起》現象とその過程

　教師が用いる〈授業方略〉のうち，授業に臨む際の"生徒への過度な期待の抑制度""授業への気負いの抑制度"が高く，授業進行中では生徒に提示する"課題・教材の難易度"が適度に高く，"生徒への説明委託の頻度"が多く，"声かけによる協働・学習意欲促進度"が高ければ，生徒は授業への集中，自発的発言，教師の説明傾聴などの〈授業・学習への専心没頭〉や，友人との意見の交流，友人の意見の傾聴などの〈生徒間の交流〉に該当する行為を示すことになる。このような状況で，教師たちは生徒の行為もしくは自己の行為に喜び，驚き，楽しさ，心地良さ，満足感を経験していた。そして，生起した快情動は以下二つの過程で教師の認知，動機づけ，行動，実践の改善に関連していた。《快情動の生起》とそれが導く二つの過程にかかわる概念のプロトコルデータ例を Table 3.3 に示した。

(A) 心的報酬の即時的獲得　　生徒が「自発的に発言してくれるとき」，生徒

Table 3.3 《快情動の生起》とそれにかか〔語りのプロ〕

カテゴリー	ラベル	語りのプロ〔トコル〕
快情動の生起	消極的生徒の授業参加に対する喜び	消極的な子が、こちらが「とにかくやろうよ」って言ったこと〔…〕（川先生）
	生徒の自発的発言に対する喜び	私が投げかけたことに対して「自分はこういう関心があるんで〔…〕ばり嬉しいですね。（松山先生）
	生徒による予想外発言に対する驚き	僕が予想もしないような発言が出て来た時には「あっ、そうい〔…〕ね。（織田先生）
	生徒による教師の説明傾聴に対する喜び	私が説明しているときに見ている人がいれば嬉しいは嬉しいで〔…〕
	生徒間の意見の交流に対する喜び	やっぱり嬉しいのは「4人で話し合ってください」って言った〔…〕松先生）
	円滑な授業展開がもたらす心地良さ	授業の展開が上手くいってるってときは気持ちいいですよね。〔…〕
	生徒との協働探究がもたらす楽しさ	子どもと一緒に考えることが一番面白い所ですよね。（菊地先生）
	生徒間の発言連鎖成功に対する満足感	生徒の発言を上手く繋げたときは満足感はありますよね。「切られそうだな」とかね。（藤巻先生）
	即興的対応の成功がもたらす心地良さ	|笑顔で| 即興的な判断ですよね、それが上手くいったときは〔…〕平先生）
活力・動機づけの高まり	活力の増進	嬉しい、楽しいときは元気が出るかな。ワって、こう。生徒か〔…〕
	授業への動機づけの高まり	やっぱり気持ちが乗って来ると授業をやる気がグッと出ますよ〔…〕
	自信の高まり	時間が無い中でプリントを作ったりするじゃないですか。それ〔…〕自分で自信がつきますね。（新川先生）
実践の改善	生徒に与える課題・教材の改善	上手くいったとか、生徒の予想外の発言から嬉しいとか、そう〔…〕授業の課題に繋がりますよね。（若平先生）
	授業展開の改善	真剣に学べる子たちだから、もうちょっと膨らませて、難しく、色々なアイデアが出てくる。（小松先生）
認知・思考範囲の拡張	授業への集中の高まり	生徒の行動から嬉しいと思ったときは授業に集中している感覚〔…〕
	生徒の状況把握	気持ちが乗っていて、生徒を見て「何か思っているのかな」っう思うんですけど、」って言うときはあります。それはやっぱりです。（中山先生）
	授業展開選択肢の増加	やっぱり気持ちが乗っているときは生徒に任せたとき、次の作グループが結構いい討論しているなとか、それを引き出すには〔…〕川先生）
	教材理解の発展	道が開けていくっていうか、「あー、こういうふうにやればいいみたいなことがわかる。（菊地先生）
	新たな授業展開方略の発想	例えばその嬉しい生徒の発言から「これをやってみよう、あれが出てくることはありますよね。（松山先生）
即興的な授業展開	授業展開の即興的変更	そういう瞬間の判断っていうの、面白く授業をやっていて、う、軌道修正しちゃう。生徒もそういう方が楽しみますよね。（小松先生）
	生徒の発言への即興的対応	集中してるときって僕も生徒も乗り始めて、そこではあんまりや考えが真っ直ぐの軌道からずれたらちょっと入っていくってね。（若平先生）

Note. プロトコルデータ例の | | は教師の表情を示す。

第3章　協働学習授業における教師の情動と認知・思考・動機づけ・行動との関連　81

わる概念のプロトコルデータ例

トコルデータ例	主なプロパティとディメンション
で授業に参加してくれることが嬉しいですね。(新	喜びの強さの程度：中 快情動（喜び）の対象：生徒の行為
す」みたいに自発的に発言してくれるときはやっ	喜びの強さの程度：強い（「やっぱり」から） 快情動（喜び）の対象：生徒の行為
う見方もあったか」って，いい意味で驚きますよ	驚きの強さの程度：中 快情動（驚き）の対象：生徒の行為
すね。(中山先生)	喜びの強さの程度：弱い（「嬉しいは嬉しい」から） 快情動（喜び）の対象：生徒の行為
とき，生徒たちが真剣に自分の意見を話す。(小	喜びの強さの程度：強い（「やっぱり」から） 快情動（喜び）の対象生徒の行為
(田辺先生)	心地良さの強さの程度：中 快情動（心地良さ）の対象：自己の行為
	楽しさの強さの程度：強い（「一番」から） 快情動（楽しさ）の対象：自己の行為
り口が見えたな」とかね，「この子の意見に繋げ	満足感の強さの程度：中 快情動（満足感）の対象：自己の行為
その瞬間はかなり気持ちがいいと思います。(若	心地良さの強さの程度：強い（「かなり」から） 快情動（心地良さ）の対象：自己の行為
ら元気をもらいますね。(矢崎先生)	活力増進：高い（「ワッて」から）
ね。(織田先生)	授業への動機づけの高まり度：高い（「グッと」から）
を授業でやりきれたってときは楽しいし，すごい	自信の高まり度：高い（「すごい」から）
いうことから教材の深みが分かって，それが次の	課題の改善を導くもの：生徒による予想外発言 改善案の具体度：高い
比較させたりしたらもっと面白かったなって。	授業展開の改善を導くもの：生徒の学習への専心没頭 改善案の具体度：高い
はありますよね。(田辺先生)	集中の高まり度：中
てときはヒュって当ててみて，それで生徒が「こ 生徒を見れることによって気づくことができるん	生徒の状況把握度：高い
戦を考える。これからどうやるかって。あそこの どうしたらいいか，色々な選択肢が広がる。(新	授業展開の選択肢：多い
いんだ」って。「それが教材の一番の醍醐味か」	教材理解の発展度：高い
をやって展開してみよう」って本当に新しい発想	発想した授業展開方略の新奇度：高い（「本当に」から）
「あー今日はそれでいこう」って，すぐに変えちゃ 与えられた料理だけ順番に持ってこられてもね。	授業展開の即興度：高い（「すぐに」から） 生徒の授業内容への関心促進度：高い
僕の力って必要ないっていうか，生徒たちの意見 いうか，そこで即興的な判断と対応をしてるんで	授業展開の即興度：中 生徒の授業内容への関心促進度：高い

から「予想もしないような発言が出てきたとき」，教師たちは喜びを経験すると共に「次へのエネルギーが貰える」，「元気が出る」，「授業へのやる気がグッと出る」など，授業への活力や動機づけが高まると語った。さらに，教師たちはそのような生徒の反応から自らの〈授業方略〉の成功を見取って楽しさ，心地良さ，満足感を経験すると共に，「自信がつきます」など，教師としての自己効力感が高まることについても語った。これらの語りから，授業中に生徒が示す〈授業・学習への専心没頭〉や〈生徒間の交流〉から生起する快情動，特に喜びが教師の授業への〈活力・動機づけの高まり〉[19]に寄与することが示された。つまり，教師は日常の授業で自らの〈授業目標〉に関連，一致した生徒の行為から即時的に心的報酬を獲得していたと言える。そして，この心的報酬としての快情動経験が授業をより良くしようという意識を教師たちにもたらし，生徒に与える教材・課題や授業展開の改善など，「次の授業」に向けた〈実践の改善〉に結びつくことも示された。

（B）柔軟な認知と創造性の高まり　また，教師たちは授業中に快情動を経験すると同時に「授業に集中している感覚」を抱き，さらに教室全体の状況や個々の生徒の活動や心情を把握できると語った。また，教師たちは自らの予想を超えた生徒の発言から喜びや驚きを経験すると「教材の醍醐味がわかる」など教材理解を発展させ，授業展開の「色々な選択肢が広が」ったり，新たな授業展開方略を発想したりしていた。したがって，授業中の快情動経験が教師の授業への〈活力・動機づけの高まり〉を導くだけではなく，教師の授業への集中や注意を高めて柔軟な認知を導き，授業展開や教材理解に関する創造的思考を引き出す〈認知・思考範囲の拡張〉をもたらすことも示された。そして，《快情動の生起》とそれに伴う〈認知・思考範囲の拡張〉により教師の「瞬間の判断」が促進され，「事前方針で考えていた」授業展開を柔軟に「パッと変え」て「軌道修正」を行ったり，生徒の発言を「即興的な判断と対応」でもって繋げながら授業を展開したりするなどの〈即興的な

授業展開〉が可能となっていた。

(2)《不快情動の生起》現象とその過程

次に,《快情動の生起》現象の過程とは逆に,教師が授業に臨む際の"生徒への過度な期待の抑制度""授業への気負いの抑制度"が低く,授業進行中では生徒に提示する"課題・教材の難易度"が低過ぎたり高過ぎたり,あるいは"生徒への説明委託の頻度"が少なく,"声かけによる学習・協働促進度"が低い場合,生徒は私語,居眠り,教師の説明不傾聴,退屈表明,課題不遂行などの〈学習意欲の不顕在・低下〉や,グループ活動の停滞,友人との関わり拒絶,友人の意見の不傾聴などの〈協働の停滞〉に該当する行為を示すことがある。ただし,これらの生徒の行為は,教師が用いる〈授業方略〉の成否に関わらず生起する場合もある。

教師たちはこのような状況で生徒の行為もしくは自己の行為にいらだち,哀しみ,不安,退屈感,落胆,苦しみ,困惑,罪悪感,悔しさを経験していた。そして,生起した不快情動は以下三つの過程で教師の認知,行動,実践の改善に影響を及ぼしていた。《不快情動の生起》とそれから派生する三つの過程にかかわる概念のプロトコルデータ例を Table 3.4 に示した。

(C) 悪循環 教師たちは授業前の予測に沿って生徒が活動してくれるよう「もの凄く期待」し,さらに,その予測と期待を持って気負って授業に臨むと実際の生徒の活動に落胆し易く,「すごく疲れる」などと語った。情動心理学研究の知見から,不快情動が,「たとえば悲しみならばひきこもりや抑鬱,怒りならば攻撃性や心臓欠陥の病のように,種々の問題と結びつきやすい」(遠藤,2007)ことが示されている。このことから,授業における《不快情動の生起》は教師の身体的消耗を引き起こすと考えられる。さらに,教師たちは特にいらだち,悲しみ,不安,落胆を強く経験し,これら"不快情動の対象"が生徒の行為であるほど,「何をやっても『これもダメだ,これもダメだ』っ

Table 3.4 《不快情動の生起》とそれにかか

カテゴリー	ラベル	語りのプロ
不快情動の生起	生徒の学習意欲不顕在に対するいらだち	生徒の「眠い」とか「面倒くさい」とかはそんなに強いイラで，結構冷静に。（新川先生）
	生徒の私語に対するいらだち	生徒のお喋り，私語は少しイライラしますよね。（矢崎先生）
	生徒の居眠りに対する哀しみ	せっかくこの時間，わざわざ学校来て寝ちゃったのって「もっ
	教材研究不十分がもたらす不安	教材研究が十分でないと授業の中で手探りでやらなければい
	授業展開失敗がもたらす退屈感	＜生徒が出した違いはその後に取り上げたのですか？＞うん。いんだよね。なんか，遠い昔の話みたいに。（菊地先生）
	生徒による授業内容に無関係な発言がもたらす落胆	「昨日のテレビでさ」とか，そういうので突然ガッって変えらがっかり，落ち込みますね。（小松先生）
	授業展開失敗がもたらす苦しみ	授業の展開が上手く行かなかったときは苦しいし，反省しま
	生徒間の協働停滞に対する困惑	グループの中で一人で別の世界に入っているとか，そうやっ感じ。（松山先生）
	生徒に与えた課題・教材の欠陥に対する罪悪感	教材の質ですよね。どんな資料が用意できたかとか，どんなのは実際にやっていてもそうなりますね。生徒の反応でわか
	説明過多に対する悔しさ	子どもから発言が出て来ないとつい僕が喋ってしまう。それ
実践の悪化	自己活動の悪化	ネガティブスパイラルになりますよね。ぐるぐるぐるぐる回っイライラしていると「次はこういうふうにしていこう」って
	パフォーマンスの低下	ムカっと来たときがあって，その子にだけ意識が集中しちゃマンスが落ちて余計な一言を言いかねない。（松山先生）
	生徒の状況把握不可	結構，気持ちが不快なときって生徒を見ていないんだと思う
	疲労感の生起	もの凄い期待してわーって落ちるとか，ちょっと気持ち入り先生）
授業後の反省	生徒に与えた課題・教材の反省	やっぱり生徒が協働で学ぶために上手いテーマが設定できな
	授業展開の反省	授業展開の仕方に失敗したときはひたすら反省ですね。「あーた」とかって，そういうことになりますよね。（若平先生）
	説明方略の反省	だから僕が説明し過ぎちゃった授業では，「もっと何で生徒に
実践の改善	生徒に与える課題・教材の改善	失敗から反省したときは今度はこういう課題を出そうとかし
	授業展開の改善	考えることは，プリントに記述することはもっと減らしたりらってやりつつっていうのが効率よく進むのかな。（中山先生）
	割り切り	でも，自分もそういうこと［違う勉強をすること］やった記とはいかなくてもいいいいのかな……ちょっと。（小松先生）
授業中の省察	生徒の授業参加促進方略の思案	「この子は今，どういう気持ちなんだろう」って考えますね。手だてがいるかって思いますね。（新川先生）
	生徒の関心の見積もり	困ったときはまず生徒の状況を見ますね。「何で関心をもっちゃ」って考えます。でも問題の原因が把握できないと次に

第 3 章 協働学習授業における教師の情動と認知・思考・動機づけ・行動との関連   85

わる概念のプロトコルデータ例

トコルデータ例	主なプロパティとディメンション
イラじゃない。「こういう場合はこうか」みたいな感じ	いらだちの強さの程度：弱い（否定形の使用から） 不快情動（いらだち）の対象：生徒の行為
	いらだちの強さの程度：弱い（「少し」から） 不快情動（いらだち）の対象：生徒の行為
たいないなぁ」っていう哀しさですかね。（若平先生）	哀しみの強さの程度：中 不快情動（哀しみ）の対象：生徒の行為
けないのでかなり不安は出て来ますよね。（織田先生）	不安の強さの程度：強い（「かなり」から） 不快情動（不安）の対象：自己の行為
次の授業で取り上げたけど、やっててあまり面白く無	退屈感の強さの程度：中 不快情動（退屈感）の対象：自己の行為
れたりだとかすることはたまにありますね。「はぁ」と	落胆の強さの程度：強い（「落ち込み」から） 不快情動（落胆）の対象：生徒の行為
すね。（中山先生）	苦しみの強さの程度：中 不快情動（苦しみ）の対象：自己の行為
て活動が停滞しているっていうのは「困ったな」って	困惑の強さの程度：中 不快情動（困惑）の対象：生徒の行為
切り口で見えたかとか，「これはダメだろう」っていう りますね。「ごめんね」っていう感じです。（藤巻先生）	罪悪感の強さの程度：中 不快情動（罪悪感）の対象：自己の行為
は本当に後悔します。（田辺先生）	悔しさの強さの程度：強い（「本当に」から） 不快情動（悔しさ）の対象：自己の行為
て何をやっても「これもダメだ，これもダメだ」って。 いうのには繋がりにくくなる。（織田先生）	自己活動の悪化度：高い（「何をやっても」から）
うじゃないですか。そうなっちゃうとグッとパフォー	パフォーマンス低下率：高い（「グッと」から）
んですよ。（小松先生）	生徒の状況把握度：低い
ながら行って落ちるっていうのはすごく疲れる。（菊地	疲労感：強い（「すごく」から）
かったんだなって反省しますよ。（矢崎先生）	反省の度合い：中 反省の具体度：高い
終わっちゃった」とか「空欄の穴埋めで終わっちゃっ	反省の度合い：強い（「ひたすら」から） 反省の具体度：高い
任せないんだろう」とか，反省しますよ。（新川先生）	反省の度合い：中 反省の具体度：高い
ますね。（田辺先生）	反省の活かし方：生徒に与える課題の改善 改善案の具体度：中
とか，生徒にやってきてもらって授業の中で答えても	反省の活かし方：授業展開の改善 改善案の具体度：高い
憶もあるし，大した意味もないのかな。だから 100％	割り切り度：低い（「ちょっと」から）
そして，その子が少しでも授業に参加するにはどんな	生徒の心情への理解度：中 授業方略のへの着目度：高い
て聴いてくれないんだろう」とか。「なんとかしなく 繋がらないっていう感覚はありますね。（織田先生）	生徒の関心への理解度：低い 授業方略への着目度：中（問題点が不明）

カテゴリー	ラベル	語りのプロ
	授業展開の省察	あと、進め方の順序で「こういうやり方じゃダメなんだ。こっ（中山先生）
	生徒に与えた課題・教材の省察	苦しい気持ちが課題の問題を気づかせてもらう。授業をやっ
即興的な授業展開	授業展開の即興的変更	情動でいうと、「あー苦しい苦しい苦しい」で、生徒が聴いててなる。そこですぐに切り替えてしまう。（若平先生）
	生徒に与える課題の即興的変更	ダメなときはすぐ「こっちやって」って。それはもう授業やっの仕方が悪いんだろうな」って思って変えてしまう。（新川先生）
	生徒の発言への即興的対応	だから、上手く行かないなって思ったときはある程度、生徒すね。（藤巻先生）

Note. プロトコルデータ例の［　］は直前の教師の語りからの引用，＜　＞は調査者の質問，「……」は発話の

てなる」，「パフォーマンスが落ちて余計な一言を言いかねない」，「生徒を見ていない」などと語った。これらの語りから，《不快情動の生起》は教師の認知や行動に関する能力を減退させ，授業中の教師の集中，パフォーマンスを低下させるなどの〈実践の悪化〉を導くことが示された。

　教師に不快情動を導く生徒の〈学習意欲の不顕在・低下〉や〈協働の停滞〉という行為は授業の進行を妨げ，さらにそのような行為を示した生徒自身，あるいは周りで授業に集中している生徒の学びを阻害する可能性があり，教師にとって看過できるものではない。そこで，教師は生徒の〈学習意欲の不顕在・低下〉や〈協働の停滞〉を改善するために授業内容に応じて様々な〈授業方略〉を駆使することになる。しかし，生起した不快情動が教師の身体的消耗や認知能力の低下などの〈実践の悪化〉を導いている場合には教師が用いる〈授業方略〉の精度が落ち，織田先生が「ネガティブスパイラル」と比喩したように，教師が「何をやっても」生徒の行為が改善されない場合がある。その結果，教師は授業中に不快情動を繰り返し経験する悪循環に陥る可能性が示唆される。

（D）反省と改善　教師が生徒の〈学習意欲の不顕在・低下〉や〈協働の停滞〉から経験する不快情動のうち，特にいらだち，悲しみ，不安，落胆が〈実践

トコルデータ例	主なプロパティとディメンション
ちなんだな」って気づいたときにはメモをするんです。	授業方略への着目度：高い
ている中で。(小松先生)	授業方略への着目度：高い
くれない。「じゃあ説明をやめてグループにしよう」っ	授業展開の即興度：高い（「すぐに」から）
ていて，生徒の反応や活動が鈍かったら，「課題の提示	授業展開の即興度：高い（「すぐ」から）
の発言に沿って自由にその場で攻略していこうとしま	授業展開の即興度：中（「ある程度」から）

間を示す。

の悪化〉を導く一方で，苦しみ，困惑，罪悪感，悔しさが〈授業後の反省〉を促していた。例えば，教師たちは，グループ活動中に生徒同士で私語を始めたり，課題に協働で取り組まなかったりしたときに苦しみや困惑を経験し，その原因を自らが生徒に与えた「課題の水準」にあると反省していた。また，教師たちは授業内容の説明をし過ぎたり，生徒間の協働を促進するには不適切な水準の課題を提示したり，協働が停滞したグループへの声かけを怠ったりしたとき，自己の行為に苦しみ，罪悪感，悔しさを経験していた。特に，生徒がこれら〈協働の停滞〉を示す状況で不快情動を経験することは，生徒間の聴き合う・学び合う関係形成を〈授業目標〉に設定する教師の特徴と考えられる。

　教師たちはこのような状況で経験する苦しみ，困惑，罪悪感，悔しさから，生徒に与えた課題・教材や授業展開の仕方，説明や声かけ方略を反省し，その反省を次の〈実践の改善〉に活かしていた。ただし，教師が授業を反省した際，生徒の〈学習意欲の不顕在・低下〉や〈協働の停滞〉への“割り切り度”が中から低い場合に限って〈実践の改善〉が可能となっていた。つまり，そのような生徒の行為が生起したのを生徒側の問題と割り切ってしまうと〈授業後の反省〉は活かされず，教師は〈授業方略〉を改善したり，新たな〈授業方略〉を構想したりするのが困難になると考えられる。

(E) 省察と軌道修正 先の分析により，教師は苦しみ，困惑，罪悪感，悔しさの経験から〈授業後の反省〉と〈実践の改善〉を行うことが示された。しかし，教師は行為についての省察から授業を振り返り反省するだけではなく，行為の中の省察により授業中に生じる複雑な状況に対処し，瞬間的な判断を行うとの指摘がある（秋田，1996）。この指摘から，苦しみや困惑などの経験は〈授業後の反省〉だけではなく，授業中に教師が行う省察過程にも関連していると推察される。この推察に基づいた質問を第2章第2節で示したステップ1の後半から提示したところ，教師たちは生徒の〈学習意欲の不顕在・低下〉や〈協働の停滞〉に苦しみ，困惑，罪悪感，悔しさを経験した際，生徒の心情や関心，グループ活動が停滞した原因を見積もるなど，まず生徒の情動状態や活動状況を把握しようと努めていたことが示された。そして，教師たちはこれらの見積もりから，生徒の授業参加を促進する方略を思案したり，提示した課題・教材や授業展開の問題点を理解したりしていた。したがって，苦しみ，困惑，罪悪感，悔しさという経験が教師の生徒に対する情動理解を伴う〈授業中の省察〉[20]も促すことが示された。

そして，教師たちは〈授業中の省察〉により生徒の心情や関心を理解し，〈授業方略〉の問題点に気づくことで，事前に計画した授業展開や生徒に与える課題を即座に変更したり，「生徒の発言に沿って」授業を展開したりするなどの〈即興的な授業展開〉が可能となっていた。しかし，生徒の心情や関心，〈授業方略〉の問題点を教師が十分に理解できない場合には〈即興的な授業展開〉は行われないことも示された。ただし，授業中に省察した事柄を教師は〈授業後の反省〉に繋げ，それを〈実践の改善〉に活かすことは可能であった。

このように，苦しみ，困惑，罪悪感，悔しさといった情動が教師の〈授業中の省察〉と瞬間的な意思決定を促進し，〈即興的な授業展開〉を導くことが示された。このような現象が起こるのは，苦しみ，困惑，罪悪感，悔しさが"自己意識情動"であるためと思われる。Lewis（1992）によると，半ば

無意識的に生起する喜び,怒り,哀しみに比べて,苦しみ,困惑,罪悪感,悔しさは"内省"を必要とする自己意識的で複雑な情動とされる。この自己意識情動の生起過程で行われる内省が,教師の"省察的実践"(Schön, 1983)を支えているといえよう。

以上より,授業中に教師が経験する快情動,不快情動及び自己意識情動は,それぞれ異なる過程で教師の認知,思考,動機づけ,行動に関連することが示された。このことから,授業中に教師が経験する情動の種類によって特異な省察過程が展開することが示唆される。そこで以下,類似した過程で教師の省察に関連する情動を,快情動,不快情動,自己意識情動の三点に分類し,データの再分析からそれぞれの情動が導く省察過程の特徴を検討していく。

3. 情動が教師に導く授業の省察過程

(1) 快情動が導く新たな実践的知識の創造・再構成・実験的実行

面接データの再分析から,授業中,教師に生起した快情動のうち,特に喜びと驚きが新たな実践的知識の創造と再構成を導くことが示された。さらに,新たに創造された実践的知識は,特に楽しさと心地良さの経験によりその実験的な実行を授業中に導くことが示された。これらの現象の構造と過程の動きを示す概念と,それを表す典型的な語りのプロトコルデータ例を Table 3.5 に示す。

まず,喜びや驚きの経験が教師の創造的思考とそれに基づく〈実践の再構成〉を導いていた。例えば,小松先生は生徒の自発的発言に喜びを感じ,この喜びは,生徒が〈授業・学習への専心没頭〉を示し,同時に課題に対する自らの理解も「深まった」ために生起していた。小松先生はこの喜びから生徒の授業に臨む態度に感心し(驚いて),生徒に与える新たな教材や課題を発想し,授業展開に新たなアイデアを加え,「もうちょっと膨らませて,もうちょっと難しく」課題を洗練しようとしていた。また,若平先生も自身が「気づかなかった」ことを生徒が教材から見出し,発言することに驚きを感じ,

Table 3.5 《快情動の生起》が導く省察過程：概念と語りのプロトコルデータ例

カテゴリー	ラベル	語りのプロトコルデータ例
快情動の生起	生徒の自発的発言に対する喜び	自由に生徒の方から色々な課題とか考えを言ってくれる場面がよくあって，それは私の方でも深まったので，嬉しく思う。私も「ああ，流石だな」って。やる方はやり易いっていうか，「じゃあ次これ持ってこよう」とか「この課題読ませよう」とか，どんどん思うじゃないですか。真剣に学べる子たちだから，もうちょっと膨らませて，もうちょっと難しく，比較させたりとかしたら「もっと面白かったな」って。だから色々なアイデアが出てくる。　　　　（小松先生）
創造的思考の展開	新たな教材・課題の発想	
実践の再構成	授業展開の再構成	
快情動の生起	生徒による新視点・解釈の提起に対する驚き	資料集を読んで「ここにこう書いてあるから私はこう思った」って生徒が言うとき，「僕その資料ちゃんと見ていなかったな，気づかなかったな」とかって，いい意味でドキッとしますね。そういう，ドキッとするような生徒の発言から自分も授業の進め方に関して新しい発見ができる。僕はもう既存の知識があるんで，「こういう見出しだったらここが有名だからこう見ればいいんでしょ」っていうのがあるんですが，なんか「他のところから見ようかな」っていうように，次にも使えるようになってくると思います。　（若平先生）
創造的思考の展開	新たな授業展開方略の発見	
実践の再構成	授業展開の再構成	
快情動の生起	生徒による新視点・解釈の提起がもたらす楽しさ	あと，生徒の方から「なぜなんだろう」って言ってくれたりとか，授業の展開の中で新しい発言，視点をしてくれたときは楽しいかな。
創造的思考の展開	教材理解の発展	そういう予想外の，感心する発言が出たときは「あー，それは僕も考えてみなかった」って思いますね。そこから教えられることがありますよね。僕自身も気づいてなかった教材の面白さを教えられるなって。
認知範囲の拡張	教室全体の状況把握	まぁ，楽しい中で，より自分に入り込まないときに教室全体の生徒たちの様子が見えるってことですよね。
即興的な授業展開	新たな課題の即興的提示	そういう面白い発言が出て来たときは「じゃあ，みんなで考えてみようか」とか「なんでだろうね」，「どう思う」って聴いたりしますね。　　　　　　　　　　　　　　　　　　　（矢崎先生）
快情動の生起	円滑な授業展開がもたらす心地良さ	やっぱり生徒にとっていい授業，生徒が学ぶ授業をやりたいじゃないですか。それを妥協しないで，きちんとやってって，[笑顔で] 結構快感ですね。それはすごい気分いいですね。
創造的思考の展開	授業展開選択肢の増加	やっぱり気持ちが乗っているときは生徒に任せたとき，次の作戦を考える。「これからどうやるか」って。「あそこのグループが結構いい討論しているな」とか，それを引き出すにはどうしたらいいか，色々な選択肢が広がる。
認知範囲の拡張	授業への集中の高まり	やっぱり自分の気持ちが乗っているときってすごい集中するんでしょうね。
即興的な授業展開	授業展開の即興的変更	それで，プリントになっていても，プリントを上からやっていくじゃないですか。その順序でやらせない方がいいって判断して，もうプリント刷っちゃっているんだけど，生徒に「ここやったらこっちやって」って変えちゃう。それはやりますね。　　　　　　　　　　　　　　　　　　　　　　　（新川先生）

その発言から「授業の進め方に関して新しい発見ができる」と語った。そして，生徒が示した「発見」は，教科内容（教材）に関する「既存の知識」からでは見えない「他のところから」の視点を若平先生にもたらし，「次にも使える」授業展開の創発に寄与していた。このように，授業における《快情動の生起》は教師自身に新たな教材・課題の発想や授業展開方略の発想を導く〈創造的思考の展開〉に寄与し，そこで，生徒に関する知識，教科・教材や教育方法に関して教師が既に持つ知識に新たな知識を加えることを促す。したがって，この過程の帰結は，教師が自らの実践の問題点を把握し，その改善を目指す〈実践の改善〉に結びつくというよりは，実践をよりよく洗練していく〈実践の再構成〉に結びつくと捉えられる。

　また，この省察過程は授業中にも生じていた。授業中の快情動，特に楽しさと心地良さは教師の思考だけではなく認知過程に肯定的な影響を及ぼす。例えば，生徒が「授業の展開の中で新しい発言，視点を」提示すると矢崎先生は楽しさを経験し，その発言から「僕自身も気づいてなかった教材の面白さを教えられ」，自らの教材理解を発展させていた。この楽しさの経験から「教室全体の生徒たちの様子が見える」と矢崎先生が語ったように，教室全体の状況把握と教材理解の発展に基づいて，生徒に与える新たな課題を発想し，それを実験的，即興的に提示することが可能となっていた。そして，「みんなで考えてみよう」と声をかけたり，「なんでだろうね」，「どう思う」と聴いたりすることで，矢崎先生は学習課題を生徒と共に探究していくと語った。同様に新川先生は，グループ活動や学級全体の話し合いで構成される授業を「妥協しないで」行い，「生徒に任せたとき」に心地良さを経験していた。この心地よさから新川先生は「次の作戦を考え」，生徒たちがグループにおける協働探究から導き出した知識を「引き出すにはどうしたらいいか」と思案しながら，授業展開の「色々な選択肢が広がる」と語った。同時に，心地良さの経験は新川先生の授業への集中を高め，生徒の活動を詳細に把握するのを促していた。そして，心地よさの経験から広がった授業展開の選択肢から，

新川先生は生徒の活動に沿った授業展開を見出し，事前に準備したプリント教材の「順序でやらせない方がいい」という判断を行い，授業展開を即興的に変更することが可能となっていた。

このように，《快情動の生起》は授業中の教師の柔軟な認知と創造的思考の展開を導きながら，教師が新たな実践的知識を獲得し，それを即座に実験的に実行することをより可能にすると考えられる。ただし，小松先生は「『ああ今日，気持ちいい』とか自分で思っていたけど，授業が終わって『でも待てよ』って，実はあんまり見てなかったりとか，自己中心的な持って行き方ってときがあるって気がしてならないんです」と語り，続けて「そういうときって割と自分の気持ちがハイになっているときで，結構見えてなかったりする。＜中略＞なんか社会って自分で上手く説明したりとか，そういう時間が結構あったりして，見えてないと思うんですよね」と語っていた。この語りから，教師自身の行為のみを対象とした授業中の強過ぎる快情動の経験は，〈授業後の反省〉の対象となりうることが示唆され，教師には「自己中心的」，言い換えれば"自己陶酔的"な経験として捉えられる可能性がうかがえる。

また，このような快情動の経験に対する慎重な捉え方は，省察的実践に従事する教師に特有の思考様式とも考えられる。すなわち，教師は省察的実践家として，自らの実践を常に改善していかなくてはならない。そのため，教師は約50分間の授業過程を振り返る中で，自らが喜び，楽しさを経験した実践だけを捉えるよりは，困惑し，悔いの残った実践の方を捉え分析すると考えられる。

(2) 不快情動が導く中期的・長期的な省察と変容過程

授業中のいらだち，哀しみ，落胆，不安といった《不快情動の生起》は，教師に〈実践の悪化〉を導くため，授業後及び授業中の省察に結びつきにくいことが示唆された。この現象の構造と過程の動きを示す概念と，それを表す典型的な語りのプロトコルデータ例をTable 3.6に示す。

第3章　協働学習授業における教師の情動と認知・思考・動機づけ・行動との関連　　93

Table 3.6 《不快情動の生起》が導く省察過程：概念と語りのプロトコルデータ例

カテゴリー	ラベル	語りのプロトコルデータ例
不快情動の生起	教材研究不十分がもたらす不安	やっぱり僕が準備不足っていう不安があるんですよ。例えば最後の授業では割と資料を探すことだけに執着しちゃったので、ニクソンショックが 71 年なんだけど 73 年なんて言っちゃったりね、そういう抑えどころがね、足りないとこって結構あるんですよ。
実践の悪化	情報の喪失	これ触れられたら答えられないなって不安。「あーまずい」って思って。体制が崩壊したのは 71 年なんですけど、スミソニアン協定が始まるのは 73 年だから、どっちだったけなって、ちょっと頭の中で聴かれた情報が無くなっちゃって。（藤巻先生）
不快情動の生起	生徒への期待の高さがもたらす落胆	「できるはずだー！」って思い込んでいくと、気持ちは高ぶっているわけでしょ。それで「えー、ダメかよやっぱり」ってガッカリする。
実践の悪化	疲労感の生起	もの凄い期待して「わー」って落ちるとか、ちょっと気持ち入りながら行って落ちるっていうのはすごく疲れる。（菊地先生）
不快情動の生起	生徒の授業内容に無関係な発言に対する哀しみ	本当にとんちんかんな無関係な発言が出てきたときには逆に哀しくなりますね。
実践の悪化	集中力の低下	哀しいとき、集中がガクンと落ちる感覚はあります。（織田先生）
不快情動の生起	生徒の沈黙に対するいらだち	決して気が短いわけじゃないんだけど、生徒がずっと沈黙して発言がでないと少しイライラするのね。
実践の悪化	生徒への対応の軽薄化	で、もしイライラが募ってそれが長続きしちゃったら冷たい授業になりますよね。僕の対応が淡々となって。（田辺先生）
不快情動の生起	生徒の居眠りに対するいらだち	生徒の居眠りに対して情動を表すとしたら、「この野郎、何やってんだ」っていうイライラはありますね、言いませんけど。
過去の経験の想起	生徒の居眠りに対する過去の見方の想起	それはね、僕はちょっと考え変わったのね。眠いのはそいつがたるんでいるからとか、授業を受けようとしないんじゃなくて、今の日本の時間の流れの速さ、そういう中で大人だけじゃなくて高校生も疲れていると思うようになったんですよ。
実践の変容	注意の仕方の変化	そこの所を僕自身もそうだから、そこをわかってあげなければ何か怒ってもだめだなって。（新川先生）
不快情動の生起	生徒の私語に対するいらだち	正直、生徒のお喋りにはイライラはします。けど、今はそんなに強くはないですね。
過去の経験の想起	生徒の私語に対する過去の見方の想起	いい意味で割り切るようになったのかもしれない。昔だったら生徒のお喋りはすごい目について、そればっかりイライラしていた。で、授業が上手く立ち行かなくなってとかあったと思うんですけど。
実践の変容	注意の仕方の変化	あのクラスで何か、「厳しく注意してそこから授業を再開できるか」っていったらちょっと難しいと僕は思うようになってきたんです。（若平先生）

例えば，教師たちは，授業の準備や教材研究が不十分な場合に不安を抱えながら授業に臨み，その準備不足から生起する不安が授業における教師の認知能力の低下を導いていた。その典型例として，Table 3.6 に示した藤巻先生の語りにある授業場面を説明する。

藤巻先生は面接で，ニクソン・ショックが起きた年を「1973年」と生徒に説明してしまった世界史の観察授業の1場面を語った。この場面では，藤巻先生によるニクソン・ショックの説明に対して生徒から「73年だったっけ？金－ドル交換停止」との質問が出された。この質問に対して，藤巻先生は「えっとね～，73年だっけ？71年だっけ？」と返答したが明確な回答を出せなかった。その直後に他生徒が「先生，調べる！」と言い，正答である「1971年」を藤巻先生に教えたため，藤巻先生はすぐに説明を修正することはできた。この場面について藤巻先生は，事前の準備で生徒に提示する「資料を探すことだけに執着し」てしまい，「準備不足」から「これ触れられたら答えられないなっていう不安」があったと語った。そして，まさに不安を感じていた事柄を生徒から質問されたことで，藤巻先生は「頭の中で聴かれた情報が無くな」ってしまったという。

また，菊地先生は授業前の準備を充実させたとしても，それによって生徒の活動を予測し，その予測に沿って生徒が活動するよう過度な期待を抱いて授業に臨むことがあると語った。しかし，実際には事前の予測に沿った活動を生徒が行わないことがあるため，期待が高過ぎるとその分，落胆し，「すごく疲れる」と語った。このように，授業準備不足が教師に不安を生起させる一方で，準備充実からもたらされる生徒への過度な期待は教師に落胆を生起させてしまう。そして，これら不安や落胆といった情動が，授業内容に関する情報の喪失や疲労感の生起といった〈実践の悪化〉を教師に導く。

また，上で引用した藤巻先生と菊地先生の語りのプロトコルデータは，自己の行為に対して経験した不快情動に関する語りだが，教師は自己の行為だけではなく生徒の行為にも不快情動を経験していた。例えば，織田先生は生

徒の授業内容に「無関係な発言」に哀しみを経験し，田辺先生は「生徒がずっと沈黙して発言が出ないと少しイライラする」と語った。そして，これら哀しみといらだちの経験から，織田先生は授業への集中が「ガクンと」低下し，田辺先生は生徒への対応が「淡々と」なって「冷たい授業になります」と語った。

このように，授業中に生起する不快情動は教師の認知能力の低下，身体的消耗，活動の悪化などの〈実践の悪化〉を導くため，授業中の深い省察，あるいは授業直後の反省には結びつきにくいことが示された。つまり，教師が授業方略の問題点を即座に把握し，生徒の「無関係な発言」や「沈黙」の意味を瞬間的に理解するのを，いらだち，哀しみ，落胆，不安が妨げる可能性が示唆される。ただし，矢崎先生は「イライラを感じてそれをそのまま生徒にぶつけちゃいけないから，なにか話し合いをするような方向に持っていきたいですよね。だから少し間をとったりしますよね。『いけないところにはまりつつあるなー』と思ったときにはちょっと黙ってみたり，冷静にっていうか，落ち着かせるように自分で配慮するってことはありますね。少し間をとって次の展開をどうするか考えますね」と語っていた。このことから，《不快情動の生起》も《自己意識情動の生起》よりは関連の度合いが弱いものの，〈授業中の省察〉を導くことがうかがえる。

また，教師たちは，授業中にいらだちを経験する状況を面接で語った直後，過去の同じ状況におけるいらだちの経験を想起し，自らの〈実践の変容〉について語った。例えば，新川先生は数年前には授業中の生徒の居眠りにいらだちを感じていたが，「僕はちょっと考えが変わった」と述べた。新川先生は数年前，生徒の居眠りを「そいつがたるんでいるからとか，授業を受けようとしない」と受けとめていたが，「日本の時間の流れの速さ」から「高校生も疲れていると思うようにな」り，生徒の居眠りに対する見方や注意の仕方が変容したと言うのである。また，若平先生は初任期の頃，生徒の私語に対していらだちを感じていたが，「今はそんなに強くない」と語った。それから，

若平先生は「昔だったら生徒のお喋りはすごい目について，そればっかりイライラしていた」と想起し，生徒の私語に対する過去の見方と対応の変化を現在の状況に即して語ることで，いらだちの弱さの理由を述べた。

このように，授業中の《不快情動の生起》は教師の〈実践の悪化〉を導き，"行為の中の省察" とそれ自体の反省には即座に繋がりにくいものの，いらだちに関してはそれを生起させたのと同じ〈過去の経験の想起〉を教師に導き，中・長期的な過程で〈実践の変容〉を促すことが示された。このような現象が起こるのは，いらだちという不快情動の強さと記憶との関連によるものと推察される。つまり，いらだちを強く経験した出来事は教師の記憶に強く定着するため，その記憶は類似した出来事からいらだちを経験すると想起されやすくなると考えられる。その結果，教師は過去の自分と対面して現在の自分を対比的に捉え省察することが可能となり，そこで過去と現在に相違があれば自らの〈実践の変容〉を認識し，教師としての成長・発達を確認していくと推察される。

(3) 自己意識情動が導く実践的知識の検索・実行・改善

先述したように，教師たちは，困惑，悔しさ，罪悪感，苦しみという自己意識情動を経験することで，〈授業後の反省〉と〈授業中の省察〉を行っていた。この省察過程を再分析したところ，教師たちは既有の実践的知識を検索，実行し，その問題点の把握と改善を行うことが示された。これらの現象の構造と過程の動きを示す概念と典型的な語りのプロトコルデータ例を Table 3.7 に示す。

まず，授業中の《自己意識情動の生起》が教師の〈授業後の反省〉と〈実践の改善〉を導く。例えば，グループ活動中に生徒たちが話し合いを進めず，「お喋り」に興じてしまうことに菊地先生は困惑を感じていた。この困惑の経験から，菊地先生は生徒の私語が増え，グループ活動が停滞してしまった原因を自らが提示した「課題の水準」に見出し，その課題を「考え直してい

第 3 章　協働学習授業における教師の情動と認知・思考・動機づけ・行動との関連　　97

Table 3.7 《自己意識情動の生起》が導く省察過程：概念と語りのプロトコルデータ例

カテゴリー	ラベル	語りのプロトコルデータ例
自己意識情動の生起	生徒の私語の多さに対する困惑	<話し合いじゃなくてお喋りになっちゃうとき、菊地先生はどう感じているのですか？>お喋りは困ったなーって。困った。あるいね、そういうグループは。
授業後の反省	生徒に与えた課題の反省	そういう[お喋り]グループが多すぎるのであれば、課題の水準が低すぎるのでしょ。それか高すぎるか。
実践の改善	生徒に与える課題の改善	そういうふうに課題の水準を考え直していくしかないですね。 （菊地先生）
自己意識情動の生起	授業展開失敗に対する悔しさ	授業の展開が上手くいかなかったときはやっぱり悔しいし，反省しますね。
授業後の反省	授業展開の反省	例えば観てもらった授業でいうと，もうずっとあそこを終わらせなくっちゃいけないと思っていたので，人，首相のエピソードじゃないけど，人柄とかに触れに行っちゃったし，本当は一つひとつの出来事を細かくやろうと思えばたくさん出来るけど年表の通りに行っちゃったのはちょっと反省していますね。
実践の改善	授業展開の改善	プリントに記述することはもっと減らしたりとか，生徒にやってきてもらって授業の中で答えてもらってやりつつ，っていうのが効率よく進むのかなって考えているんだけど，試行錯誤ですね。 （中山先生）
自己意識情動の生起	生徒による友人の意見不傾聴に対する苦しみ	完全に友達の意見を聴いてない子がいますよね。授業から離れちゃってるんですよね。そういうときは、[強い口調で] 辛い，ですよね。本当に辛いですよね。
授業中の省察	生徒の心情・関心の見積もり	まあでも友達の意見を聴けない理由は分かるんですよね。今この子はこれをやりたくて中断できない理由があって、たぶんその子は追いつこう追いつこうとしているんだろうなと思うことがあるので。
	生徒への発問方略・授業展開方略の思案	あとは発問をどういうふうにしたらいいかとか，結構，色々なことを考えながらやっているんですよね。苦しいとか悔しいとか感じたときは「何が展開するための突破口になるんだろう」って考えますよね。
即興的な授業展開	授業展開の即興的変更	それで，授業中に生徒が何を考えているのかわかれば次の展開を修正しようとしますね。ただ，何が原因だったかわからない場合もあるので，例えばあるクラスでやってダメで，次のクラスでもダメなら，これはダメなんだってわかるんですけど。 （藤巻先生）
自己意識情動の生起	生徒の退屈表明に対する罪悪感	生徒が退屈そうにしているのを見ると「申し訳ない」、「しまった」って気持ちになりますね。
授業中の省察	生徒の活動促進方略の思案	「しまった」って思って，「なんとか生徒が動くことをしてやらなきゃ」って考えますよね。
即興的な授業展開	新たな課題の即興的提示	そこで生徒が動くような作業，課題を入れてあげて「はい、ちょっとグループでやってみよう」ってしますね。 （松山先生）

くしなかない」と語っていた。また，中山先生は「授業の展開に失敗したとき」に悔しさを経験すると語り，その失敗例として筆者が観察した授業の展開について語った。この授業は第二次世界大戦の展開に関する1単元で，学期末最後の授業であった。そのため，日中戦争の開始から日本の敗戦までを学習する必要があり，中山先生はこの単元を「終わらせなくっちゃいけないと思って」，個々の人物の「エピソード」を丁寧に扱わず，「年表通りに」歴史上の出来事や知識を説明して授業を展開した。このような教師主体の一方的な授業展開に中山先生は反省し，生徒が主体的に授業参加可能な展開に改善する必要を感じることで，どのようにプリント教材を工夫したり，生徒に発問したりすれば「効率よく進むのか」を「試行錯誤」していた。このように，授業中に生起する自己意識情動は，〈授業後の反省〉を通して教師が既に持つ教科内容（教材）の知識や教育方法の知識，技術の問題点を把握するのに寄与し，それらの改善を導くと言える。

　また，この過程は授業後だけではなく授業中にも生起していた。教師たちは，授業における《自己意識情動の生起》を受けて"行為の中の省察"を行い，その生起原因となった状況を見積もり，打開しようと努めていた。例えば，藤巻先生は，生徒が「友達の意見を聴いて」おらず「授業から離れ」てしまっていることに苦しみを感じていた。しかし，生徒が「友達の意見を聴けない理由」を「その子」なりに「追いつこうとしているんだろう」と藤巻先生は見積もり，半ば肯定的に評価していた。そして，藤巻先生は自らの発問方略や授業展開方略に問題点がないか考え，生徒が「友達の意見を聴け」るようにするための「突破口」を模索し，「授業中に生徒が何を考えているのかわかれば次の展開を修正」すると語った。また，松山先生も「生徒が退屈そうにしているのを見ると」罪悪感を経験し，この罪悪感の経験から「生徒が動く」ことができる授業方略を考え，即興的に新たな「作業」や「課題」を提示し，グループ活動を始めると語った。

　このように，《自己意識情動の生起》は教師の〈授業中の省察〉も促し，

そこで教師は《自己意識情動の生起》原因となった状況を分析，把握するために，既に持っている知識，例えば，個々の生徒に関する知識や教育方法の知識を検索し，生徒の特性や授業展開に適した〈授業方略〉を選択，実行する〈即興的な授業展開〉が可能となっていた。ただし，藤巻先生の語りが示唆するように，「何が原因だったかわからない場合」に〈即興的な授業展開〉は行われないことが示唆されるのだが，そのような場合でも，授業中に省察した事柄は〈授業後の反省〉に結びつくことで〈実践の改善〉を導くこともあった。また，藤巻先生は「苦しいときにはパフォーマンスが落ちて来て歯切れが悪くなります」，矢崎先生は「困って『なんとかしなくちゃ』って思いますね。それでちょっと焦り気味になりますね。あんまり焦っちゃうとよくないんですが」と語っており，《自己意識情動の生起》が《不快情動の生起》と同様に教師の身体的消耗や認知能力の低下といった〈実践の悪化〉にも少なからず結びつくことが示されている。

4．混在した情動

　《情動の生起》現象モデルは，教師が生徒もしくは自己の行為に対して情動を経験することを示すと共に，授業中のある特定の状況では，自己と生徒の行為に対して異なる情動を混在して経験することも示唆している。このような混在した情動状態は Table 3.8 に示したプロトコルデータ例から読み取れる。

　例えば，菊地先生は授業内容に関して自らが説明を行う状況で，生徒が説明を傾聴してくれることに「嬉しい」と語ったが，続けて「でも・・・」と逆説の言葉を用いた。そこで筆者が「説明をし過ぎると悔いが残る？」と尋ねたところ，菊地先生は「その通りですね。嬉しいけどやり過ぎるとちょっと」と語った。このことから，自ら（教師）が説明する状況で，菊地先生は生徒による説明傾聴に喜びを経験すると共に，自身の説明が多くなると悔しさを混在して経験することがうかがえる。他データは全て《不快情動の生起》

Table 3.8 授業の特定状況における教師の混在した情動状態を示すプロトコルデータ例

状況(場面)	対象行為		情動	語りのプロトコルデータ例
教師の説明	生徒の行為	説明傾聴	喜び	嬉しいは嬉しい。話を聴いてくれるっていうのは。それはすごく嬉しいですよ。でも……。
	教師の行為	説明過多	悔しさ	＜説明をし過ぎると悔いが残る？＞うん，その通りですね。嬉しいけどやり過ぎるとちょっと。(菊地先生)
協働学習	生徒の行為	協働への抵抗	困惑	やっぱり一番最初の，机をつけるときのあの抵抗は困りますよね。
	教師の行為	声かけによる対応方略	不安	ただね，声をかけて上手く行かなかったら「どうしよう」っていうね，「どういうふうに対応したらいいんだ」っていう不安もあるんですね，やっぱり。(新川先生)
話し合い	生徒の行為	友人の意見不傾聴	苦しみ	完全に友達の意見を聴いてない子がいますよね。授業が離れちゃってるんですよね。そういうときは辛いですよね。本当に辛いですよね。
	教師の行為	声かけ不十分	悔しさ	でも半ば，ちょっとうまく聴くってことに誘導できなかった悔しさもあるんですよね。(藤巻先生)
協働学習	生徒の行為	集中欠如	いらだち	やっぱり生徒がグループ活動に集中していないときに少しイライラします。
	教師の行為	課題の提示	苦しみ	ただ，そういう考えてくれないとか，集中してないとかは課題の問題なので，辛いかな。(中山先生)
授業全般	生徒の行為	授業不参加	哀しみ	違う勉強をされてしまうと相当ショックですね。聴くに値しない，やるに値しないって感じで。イライラではない。自分をこう全否定された感じで哀しいですね。
	教師の行為	教材の提示	罪悪感	態度はよくはないけど自分が出した教材にも半々ですね。申し訳ないって気持ちになります。(小松先生)
授業全般	生徒の行為	ふざけ	いらだち	生徒がふざけて遊んでいるのには頭にきます。「なぜに」ってイライラしますよね。
	教師の行為	授業展開の失敗	苦しみ	でもそのふざけが，自分の授業の展開の仕方によってそういうふうな結果になってしまっている，例えば退屈しちゃっているとかだと苦しいですよね。(織田先生)
授業全般	生徒の行為	居眠り	いらだち	居眠りね，机に伏せる，うん，「残念だなぁ」って。哀しいですよ。
	教師の行為	課題の提示	罪悪感	でも寝ちゃうのは一方で「僕の出した課題が興味をくすぐってないなぁ」っていう，申し訳ない気持ちもあります。(若平先生)

に関するものであるが，教師9名も授業中の特定の状況で生徒と自己，双方の行為に対して異なる不快情動を混在して経験していたと示唆される。

　また，菊地先生は，生徒が問いかけに対して「関係ねーよ」などと言って学びへの抵抗を示すことに「それは面白いなと思う」と楽しさを経験すると語った。本研究のデータから，このような生徒の行為は菊地先生に困惑や苦しみを導くと推察される。しかし，菊地先生は続けて「それを彼らがどうやって破っていくのかなっていう感じですね」と語ったことから，生徒が授業に参加すること，学びに没頭することに抵抗を示すことを，生徒の成長という長期的視点から楽しみな行為と捉えていたと推察される。したがって，菊地先生は生徒の学びへの抵抗に苦しみや困惑を経験するが，それらの情動よりも強く楽しさを経験すると考えられる。

　また，喜びや哀しみは瞬間的に生起し消失し易い情動であるが，楽しさや心地良さ，苦しみや悔しさは喜びなどと比較すると持続的な情動，あるいは気分とも捉えられる（北村，2006）。このことから，授業中，教師は持続的な情動を経験しながら瞬間的に生起する情動を混在して経験すると推察される。例えばTable 3.3に示したデータを参照すると，教師たちは，話し合い場面で生徒と協働で課題を探究することに楽しさを強く経験していた。この協働探究の際，生徒が教師にとって予想外の発言を行い，新たな視点や解釈を提示し，生徒間で意見の交流が活発になされれば，教師は楽しさを持続的に経験しながら，瞬間的に喜びを混在して経験していた可能性がある。

第4節　本章の総合考察

　本章では，生徒間の学び合う関係形成を授業目標に設定する高校教師10名への面接調査により得られたデータから，授業中に教師が経験する情動とその生起状況，教師の情動と認知や思考，動機づけ，行動との関連を分析した。そして，教師の専門性として説明されてきた授業中の意思決定，省察過

程，実践的思考様式，さらに実践の改善に対して情動がどのような役割を担っているかを検討した。その結果，以下の知見が得られた。

　第1に，プロトコルデータの分析から，教師は生徒の行為に対して情動を経験するだけではなく，自らが用いた授業方略の成否という，自己の行為に対しても情動を経験することが明示された。また，情動の生起過程において，教師は授業中に生じた状況（生徒が示した行為，自らが用いた授業方略の成否）を授業目標に基づいて評価・判断しており，この評価・判断によって教師が主観的に経験する情動の快／不快の質が決定されると示唆された。

　第2に，教師は授業中の特定状況で異なる情動を混在して経験することが示された。これは，以下三点のいずれかの理由によると推察された。

(1)教師は生徒の行為に対して情動を経験しながら，生徒の行為を媒介にして自らが用いる授業方略の成否を判断するため。
(2)教師が授業に設定する目標に不一致な行為を生徒が示しても，生徒の成長という長期的視点からそのような行為を肯定的に評価することがあるため。
(3)教師が経験する情動の種類による持続時間の相違のため。

　これらの理由から，教師は授業中に混在した情動を経験することで，生徒の様々な行為を"日常的な学ぶ姿"としてステレオタイプ化した一元的，あるいは一時的な見方で評価し判断するのではなく，自らの実践の在り方との関連や生徒の変容可能性など，多元的，あるいは長期的な見方で評価，判断することが可能となる。このような評価と判断によって，教師は生徒の活動状況や情動状態を誤解してしまうのを避けることが可能となり，さらに自らの実践を洗練，省察，改善する機会を得ると考えられる。

　第3に，分析から生成された現象モデルにより，教師が授業中に経験する多種多様な情動は，心的報酬の即時的獲得，柔軟な認知と創造性の高まり，

第 3 章　協働学習授業における教師の情動と認知・思考・動機づけ・行動との関連　103

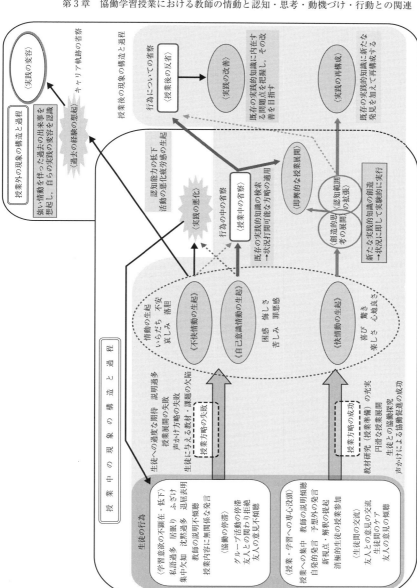

Figure 3.2　授業における情動の経験が導く省察過程モデル

Note. 《 》はカテゴリー、〈 〉はサブカテゴリーで、カテゴリーを構成する主なラベルを一部要約して明示体で示した。矢印は現象の過程の動きと各カテゴリーの関連を示す。太矢印はカテゴリー同士の関連の明確さを、点線矢印は関連の不明確さを示す。なお、モデルを簡潔に示すため、プロパティとラベルは省略した。

悪循環，反省と改善，省察と軌道修正，という5つの過程で教師自身の認知や思考，動機づけ，行動，実践の改善に関連することが示された。さらに，教師が授業中に経験する情動の種類によって，それぞれ異なる省察過程が展開することが示された。そこで，Figure 3.1 から，情動が導く教師の省察過程とそこで行われる実践的知識の検索・創造・改善・再構成を描出した Figure 3.2 を作成し，現象モデルの知見を以下に示す。

　教師は自らの授業目標に一致する生徒の行為に喜び，驚き，楽しさ，心地良さ，満足感を経験し，これら快情動の経験が教師の授業への活力と動機づけを高め，実践をより良く改善していこうとする意識をもたらしていた。Lortie (1975) の研究では，教師が喜びや誇りを経験する事例として学級全体の成績の向上や卒業生の感謝という授業外の出来事が主に挙げられ，授業中では教師に困難と見なされた生徒が授業や学びに関心を示す"劇的な成功例"のみが挙げられていた。本研究の教師も普段の授業で"消極的"と思われる生徒，あるいは個人的問題を抱える生徒の授業参加に喜びを経験していたが，それ以上に日常の授業で生徒が示す行為，例えば自発的な発言，授業に集中する態度に喜びを経験し，さらに生徒間で意見を交流して議論が活発に展開すること，生徒と共に課題を探究することなどに楽しさや心地よさを経験していた。この結果から，教師は授業中に生徒が示す様々な行為から即時的に，そして多くの心的報酬を獲得していると考えられる。

　また，教師は快情動の経験に伴って授業への集中を高め，生徒と自分自身を含めた教室全体の状況，あるいは個々の生徒の心情を把握したり，教材理解を発展させて新たな授業展開の方略を発想したりすることが示された。このことから，授業中の快情動の経験は教師に柔軟な認知と創造的思考をもたらすと考えられる。そして，教師は快情動の経験から実践を再構成しながら，生徒の活動状況を柔軟な認知でもって分析し，それに適した新たな授業方略を実験的に実行し，即興的に授業を展開することが可能となっていた。例えば，教師は快情動の経験に伴って生徒の発言や反応の意味を授業内容に結び

つけて理解，解釈し，それらに即興的に対応しながら授業を展開したり，ときに授業前に立てた計画と異なる授業展開を新たに創造し，それを柔軟に実行したりしていた。すなわち，快情動の経験は教師の実践的知識に新たな知識を加え，再構成し，その実験的で即興的な実行に寄与すると考えられる。

一方，教師は自らの授業目標に不一致な生徒の行為に不快情動を経験し，特にいらだち，哀しみ，落胆が教師の身体的消耗，活動の悪化，生徒の状況が見えなくなるなどの認知能力の低下を引き起こすことが示された。さらに，この不快情動経験がもたらす身体，行動，認知への否定的影響から教師の授業方略の精度も低下し，その結果，生徒は教師の授業目標に不一致な行為を示し続け，教師は授業中に不快情動を繰り返し経験してしまう悪循環に陥る可能性が示唆された。したがって，不快情動経験は教師による授業中の省察を阻害し，教師が既に持つ実践的知識の検索，実行を困難にすると示唆された。ただし，教師は授業中のいらだちの経験を振り返る中で，過去に同質の情動を経験した出来事の記憶を想起し，その記憶から過去と現在の生徒に対する見方や指導方法を対比して自らの実践の変容や教師としての成長を認識していた。都丸・庄司（2005）も，教師は生徒との人間関係上の悩みへの対処経験を通じて，生徒に対する見方や接し方を変容させていくと述べている。したがって，授業中の強い不快情動の経験は，瞬間的には教師の認知や行動に悪影響を及ぼしうるものの，その生起原因となった出来事と共に記憶に深く定着するため，中・長期的な省察過程を導き，教師が自らのキャリア軌跡を振り返って過去の実践を意味づけ直し，教師としての専門性開発を明確に認識するのに寄与していると考えられる。

教師が経験する不快情動のうち，苦しみ，困惑，罪悪感，悔しさという自己意識情動が授業中の"行為の中の省察"とそれ自体の授業後の反省の過程に関連することが示された。授業後には，教師は自己意識情動の経験から授業中の生徒との相互作用を振り返り，既存の教科内容の知識や教育方法の知識，あるいは生徒に対する見方や接し方に関する知識の問題点を把握しよう

と努め，それらの改善を目指す思考を展開していた。一方，授業中には，自己意識情動の生起原因となった状況を打開するため，教師は既存の実践的知識の検索を行い，打開可能な方法が見つかればそれを即興的に適用することが可能となっていた。したがって，授業中に教師が経験する自己意識情動は，教師が既に持つ実践的知識の検索，実行，改善に寄与することが示唆される。

　また，本研究の教師はみな，授業目標に不一致な行為を生徒が示す際，生徒の行為に対して不快情動を経験するよりも，生徒もしくは自己の行為に対して自己意識情動を経験する方が多かったと言える。これは，教師たちが困惑や苦しみを経験するきっかけとなった出来事や状況を，生徒の問題から生じたと捉えるよりはむしろ自らの授業方略の失敗や欠陥から生じたものとして捉える傾向があったためと考えられる。Schön（1983）は，"技法をもつ教師は子どもの困難を子どもの欠点としてではなく，自分自身の教授の欠点としてみる"と述べている。このことから，本研究の教師たちは"省察的実践家"としての教師の専門性と"技法"を兼ね備えた教師と言えよう。

　したがって，教師が授業を深く省察し，実践の問題点に気づきそれを改善していくためには，授業目標に不一致な行為を生徒が示した際，その原因を生徒の問題ではなく自らが用いた授業方略の問題と捉え，そこで生起する自己意識情動を実践の改善に寄与するものと意味づけ，活用することが有用であると考えられる。

　以上より，高校・社会科教師10名の語りの分析によって生成された現象モデルから，教師が授業中に経験する情動はその種類によって，教師自身の認知，思考，動機づけ，行動にそれぞれ異なる過程で関連しながら，授業実践の省察を促すことが示された。ただし，この現象モデルは，本研究で対象とした高校・社会科教師に適合するモデルであり，特に，生徒間の意見の交流，友人の意見不傾聴といった生徒の行為から情動を経験することは，生徒間の学び合う・聴き合う関係形成を授業目標に設定する教師固有の現象と捉えられる。しかし，第1章で示したSchön（1983）の"省察的実践"に関す

る議論に鑑みれば,情動生起後の省察過程については本研究の教師に限らず,省察的実践に従事している多くの教師に共通して見られる現象と推察される。つまり,教師個々人の授業目標の相違により,授業における情動の生起状況は異なる可能性があるものの,省察的実践に従事している教師は同様に授業中の情動を手がかりにして実践の改善を行っている可能性も考えられる。そこで,続く第4章では,異なる授業目標を設定する教師間の授業における情動とその意味づけ方を比較し,教師たちがそれぞれ自律的に固有の専門性開発を遂げて行く過程を分析,検討していく。

第 4 章　授業における情動が教師の
自律的な専門性開発に及ぼす影響

第 1 節　本章の目的

　第 1 章で論じたように，授業目標の異なる教師間では授業中の同じ状況（例えば，生徒の私語や居眠り）であっても，そこで経験する情動が異なる可能性がある。これは，教師個々人の授業目標の相違によって，授業中の特定状況に対する認知評価様式が異なるためと考えられた。第 3 章ではこの点に配慮し，生徒間の聴き合う，学び合う関係形成を授業目標に設定する高校教師 10 名を理論的にサンプリングし，授業における彼ら，彼女らの情動生起状況に限定して議論を進めた。

　その結果，教師は授業中に生起した情動を手がかりにして自らの実践を省察しながら即興的に授業を展開し，実践を改善し再構成することが示された。この結果から，異なる授業目標を設定する教師間で情動の生起状況に相違があっても，両者が授業中の情動を手がかりにして実践の省察と改善を行う"省察的実践"に従事しているならば，情動生起後の過程，すなわち，情動が導く認知，思考，動機づけ，行動の変化，省察過程に共通現象が見出される可能性が示唆された。また，教師の情動に関する先行研究の多くが，標本抽出した多数の教師が特定の情動を経験するであろう共通状況を措定する分析手法を採ってきた（e.g., Lortie, 1975; Nias, 1989; 都丸・庄司, 2005）。しかし，この分析手法によって，先行研究では，"共通"とされる状況で異なる授業目標を設定する教師たちが主観的に経験する情動の相違についての微視的な検討が捨象され，教師個々人の専門性と専門性開発を意味づける重要経験として

の情動が，データの1事例として扱われていた。

そこで本章では，第3章の研究協力者である菊地先生と，菊地先生と同性，同年代，同教科，学校規模と生徒の学力水準が類似した高校に勤務するが，異なる授業目標を設定する教師を選定して面接調査を実施する。そして，語りのプロトコルデータから，授業中に生起する様々な状況，出来事に対する認知評価様式に着目して，異なる授業目標を設定する高校教師2名が経験する情動とその生起状況を比較し，その相違点と共通点を分析する。さらに，情動が生起した後の認知，思考，動機づけ，行動の変化が，異なる授業目標を設定する教師2名でも類似するのか，それとも相違が見られるのかを分析する。これらの比較分析から，教師たちがそれぞれ情動を手がかりに実践を改善，洗練していく過程を描出し，教師の専門職としての固有性や自律的な専門性開発過程を明らかにすると共に，教師の情動を研究するための方法論上の課題を示す。

第2節　方法

1．研究方法

本章では，授業目標の視点から授業において教師に生起する情動を検討するため，性別，担当教科が同じで，教職歴，勤務校の特性が類似するが，授業形式の異なる高校教師2名，石川先生と菊地先生を研究協力者として選定した。教師2名の各情報を Table 4.1 に示す。選定の際に授業形式に着目したのは，授業目標が授業方略を規定する一要因となると推察され，さらにこの推察が第3章で生成した現象モデルからも支持されるためである。石川先生は講義形式を中心に，菊地先生は協働学習形式を中心に授業を行っていた。

Table 4.1 研究協力者の情報

	性別	教科	教職歴	勤務校	主な授業形式
石川先生	男性	社会科(世界史)	23年	私立中堅校	講義形式
菊地先生	男性	社会科(地理)	21年	公立中堅校	協働学習形式

教師2名の授業を4回ずつ観察し（両者とも予備観察を2回行い，主な授業形式が異なることを確認した），それぞれが用いる授業方略や学級生徒の特徴を把握した。授業はビデオカメラ，ICレコーダー，フィールドメモで記録し，プリント教材も補助資料として収集した。この観察に基づいて，授業観察終了後に半構造化面接を約1時間，教師2名に実施した。面接における質問項目は，第2章のTable 2.2に示したものであるが，項目④，⑥は修正前である。この面接では主に，(1)授業目標と授業方略，(2)授業中に経験する快／不快情動とその生起状況，(3)情動の経験の意味づけ方（情動と認知，動機づけ，行動との関連性），の三点について教師に尋ねた。また，4回の観察授業終了直後，当該授業の目標，感想（振り返り），情動の経験を尋ねる面接調査を実施した。

2. 分析手続き

授業観察終了後の面接データは，第3章で用いたGTAの手法を援用し，各教師の語りのプロトコルデータの切片化からラベルの抽出，カテゴリーの生成までを行った。次に，各教師の語りのプロトコルデータ及びラベル，カテゴリーから，同様の問題を有すると考えられる情動の生起状況を"類似状況"として抽出した。その結果，教室の対話状況，生徒の授業参加・情動状態，教師の授業準備・授業展開，の三つの類似状況が抽出され，これらの状況で教師2名が経験する情動を比較，検討した。なお，このデータ分類についても2者間で評定を行った結果，一致率は92.7%であった。評定が一致しなかったデータは2者間の協議により分類を決定した。

第3節　結果と考察

1. 教師2名の授業目標の共通点と相違点

　教師2名は，相互補完的な二つの〈授業目標〉を設定して授業に臨んでいた。それぞれの〈授業目標〉，〈授業目標〉から導かれる授業実践に臨む際の考え方としての〈沈黙と対話のバランス〉（石川先生）と〈教師主体授業の抑制〉（菊地先生），及び主な〈授業方略〉を Table 4.2 に示す。なお，本章でもコアカテゴリーを《　》，サブカテゴリーを〈　〉で表記し，面接データの一部を挿入する際には「　」で表記した。

Table 4.2　教師2名の〈授業目標〉，授業実践に臨む際の考え方，〈授業方略〉：概念と語りのプロトコルデータ例

カテゴリー	ラベル		語りのプロトコルデータ例
授業目標	生徒の知的関心の促進	（石川先生）	生徒が教科の理解を深めて，授業に関心をもって取り組むことができるようにすることですね。
			授業が進まないっていう考え方もありますけど，彼らのせっかくの関心を取り上げていかないと，その関心が育たないと思っています。
		（菊地先生）	直接見えないけれども，知の世界っていうのが奥行き深くあって，非常に面白いんだっていう，そういう知的な関心を，もちろん3年間かけて育てて生きたいっていうのがありますね。
			それで，日常性を疑うっていうか，日常の当たり前，生徒の自明性をひっぺがすっていうか，そういう知的な関心の現れはあるんじゃないかな。
	生徒の快情動・学習意欲の喚起	（石川先生）	だから，どうやって生徒の気分を乗せられるか。こちらの持って行き方で生徒を集中させることが大事。
			生徒が発言して，それで正解じゃない場合でも「言ってよかった」と思えるような気持ちにさせないと。
	生徒間の聴き合う・学び合う関係の形成	（菊地先生）	生徒同士を繋いでいく。例え仲のいい同士じゃなくても聴き合う関係を作っていきたい。それが一番の課題です。
			教材が仲立ちになるという発想ですね。ダイレクトに人と人とは関われないので，授業は教材を仲立ちにして子どもたちが繋がって学び合う。そういうことを課題にしていますね。

カテゴリー	ラベル		語りのプロトコルデータ例
沈黙と対話のバランス	沈黙と対話のバランス	(石川先生)	黙々とした授業とか話し合いが生まれる授業とか、その中間を取る、バランスを取るのが大事ですね。
教師主体授業の抑制	教師による概念・知識の説明の抑制	(菊地先生)	説明しようと思えばできちゃうんだよね。例えば概念はこうって、でもそういうのは極力しない。考えながら知識を獲得していく。発想を転換する。
授業方略	イメージトレーニング	(石川先生)	どういう風に板書するか、展開していくか、どの手を使うか、頭の中でイメージして、リハーサルっていうか。
	説明具体化		現代ではこうって置き換えて説明する。そうじゃないと彼らにイメージとして入って来ない。
	問いかけによる学習意欲の促進		素朴な疑問を出来るだけ生徒の中に出せるように問いかけをして、こう、釣りみたいなものですよね。
	問いかけによる緊張緩和		それと、問いかけすることで生徒の緊張を和らげる。リラックスさせるってこと。
	生徒の質問への適切な対応		ポロっと問いが出たときに適切に捉えて対応できるかどうか。
	適度な水準の教材準備	(菊地先生)	教材はある程度、水準が高くないと(生徒同士が)繋がらないので、そのへんの教材をどう準備するか。
	生徒への期待・授業への気負いの抑制		子どもに期待はしてないんだよね、信頼はしているけど。信頼はするけど期待しない状態だと気負わずにフラットな状態で入っていける。
	生徒への説明委託		「へぇ~、どうしてだと思う?」って教えを投げ出しちゃう。「だから聴いているんじゃねーか」って言われながら「じゃあ誰か説明してよ」って言う。あれ、一番いい方法。
	声かけによる学習意欲の促進		「何でもたまたまだから、でもそこであえて理由を見つけていくのが楽しいんだよ」とか声かけながら学びに繋げて。
	声かけによる協働促進		お喋りばっかりのグループには関わって行って問いを変えたり、ちょっと介入して子どもたちを繋げていく。

教師2名の第1の〈授業目標〉は，生徒の教科内容に対する理解や学習課題に対する「知的な関心」を促し育てることであった。この目標は教師2名に共通しており，第3章第3節1項で論じたように，教師一般に共通するものと言えよう。しかし，生徒の知的関心を促進する目標を達成するために，教師2名はそれぞれ異なる第2の（下位の）〈授業目標〉を設定していた。

　まず，石川先生は生徒の授業内容や学習課題への知的関心を促進するためには，「生徒の気分を乗せ」，「こちらの持って行き方で」授業に「集中させることが大事」と語り，自らの働きかけによって生徒の快情動や学習意欲を喚起することを第2の〈授業目標〉に設定していた。この点に関連して，石川先生は授業1（数字は観察順序番号）直後の面接で，「生徒たちがリラックスして，質問が出てきて盛り上がったら楽しいんです」と語っていた。つまり，石川先生は自らの働きかけによって生徒の気分をリラックス状態にし，快情動を喚起することで，生徒は授業内容に関心を抱いて自発的に質問をすると考えていた。授業においては，石川先生は自らの教科内容の説明に対して生徒が「黙々と」聴くことと共に，生徒との間で対話が生まれることも重視しており，そこで〈沈黙と対話のバランス〉をとることが必要と考えていた。

　これら二つの〈授業目標〉と〈沈黙と対話のバランス〉という授業実践に臨む際の考え方により，石川先生の〈授業方略〉が規定されていた。石川先生は，授業前に「イメージトレーニング」を行うことで板書の仕方や授業展開などの「リハーサル」をしていた。そして，石川先生は講義形式で授業を行いながら，教科（世界史）の知識を「できるだけ生徒にわかりやすく噛み砕いて説明する」ため，抽象的な歴史的事実を「現代ではこうって置き換えて説明する」ように，生徒の生活経験に根ざした具体的内容に転換する説明方略を用いていた。また，石川先生は問いかけを行うことで「素朴な疑問を生徒の中に出せるように」し，授業に対する「生徒の緊張を和らげ」る方略を用いていた。さらに，石川先生は生徒の知的関心を促進するため，生徒から提示された「問い」を「適切に捉え」，対応するよう努めていた。

菊地先生は，生徒の知的関心を促進するためには，生徒同士で「教材を仲立ちにし」ながら互いの意見を聴き合うことが必要と考え，生徒同士が「繋がって学び合う」関係を形成することを第2の〈授業目標〉に設定していた。菊地先生は面接で「同じことの表裏の関係だから。仲間との関係が深まり再編されてくれば，それは同時に対象世界が変わって見え自分とかかわっているのだという感覚を得ることにも繋がっていくのだと思う。だから，そんなに分けて考えているわけではない」と語った。この語りから，菊地先生も第2の〈授業目標〉を第1の〈授業目標〉を補完する下位目標と認識していたと言える。そして，生徒間の聴き合う・学び合う関係を形成する〈授業目標〉に基づき，菊地先生は教科の概念や知識に関する自らの説明を少なくするなど，〈教師主体授業の抑制〉に努めていた。

以上の授業目標と授業に臨む際の考え方に従い，菊地先生は生徒同士を繋げるために「ある程度，水準が高」い教材を授業前に準備し，自らの予測に沿って生徒が活動するように期待するのではなく，生徒を信頼し，気負わずに授業に臨むように心がけていた。そして，菊地先生は協働学習形式で授業を行いながら，「教えを投げ出」すように教科の概念や知識の説明を生徒に委託し，協働学習場面では，生徒4人ほどで構成されるグループの活動状況を見て回りながら，声かけを行って生徒を「学びに繋げ」たり，生徒同士の協働を促す〈授業方略〉を用いていた。

このように，教師2名は生徒の知的関心を促進する共通の〈授業目標〉を設定しながら，この〈授業目標〉を達成するために，石川先生は自らの積極的な働きかけによって生徒の快情動と学習意欲を喚起することを，菊地先生は生徒間の聴き合う・学び合う関係形成を支え促すことを第2の〈授業目標〉に据えていた。この相違が，両者の授業実践に臨む際の考え方と〈授業方略〉の相違を導いていた。この結果から，第2の〈授業目標〉の相違により，教師2名の類似状況に対する認知評価様式は異なり，そこで生起する情動に相違が見られる可能性が示唆される。そこで次に，教師2名が授業の類似状況

で経験する情動を比較，検討する。

2. 授業の類似状況での教師2名の情動：共通点と相違点

面接データの分析から，(1)教室の対話状況，(2)生徒の授業参加行動・情動状態，(3)教師の授業準備・授業展開，の三つの類似状況で教師2名が経験する情動に共通点と相違点が見出された。そこで以下では，先に検討した〈授業目標〉を参照しながら，三つの類似状況に対する教師2名の認知評価様式に着目して両者が経験する情動を比較，検討する。

(1) 教室の対話状況で生起する情動

教室では，教師と生徒，生徒と生徒が対話を行いながら授業を進行させていく。この教室の対話状況において，教師2名が経験する情動を比較，検討したところ相違点が見出された。比較のためのデータは Table 4.3 にまとめた。なお，本節に示す Table 4.3 から 4.5 では，教師2名が経験する情動の比較を明確に示すために，(1)各データのカテゴリー名の表記は割愛し，(2)ラベルを"教師と生徒の行為"と"生起する情動"に分けて表記した。

まず，教師―生徒間の対話において，石川先生は自らの説明を生徒が「目をグッと見開いて」傾聴してくれることに喜びを経験していた。この喜びは，石川先生が生徒による説明傾聴を授業内容に対する知的関心の現れと認知するために生起したと考えられる。しかし，「生徒の沈黙が続」き，生徒との「対話がない」と石川先生は退屈感を経験していた。この一見すると矛盾した二つの情動の経験は，授業における生徒の〈沈黙と対話のバランス〉を求める石川先生の授業実践に臨む際の考え方から解釈できる。つまり，石川先生は，生徒の授業内容に対する知的関心の程度を確認するには，生徒の熱心な視線や態度から見て取れる説明傾聴だけでは不十分で，生徒との対話による言語的反応が不可欠と考えていたと言える。また，石川先生は，生徒から自発的に質問が提起されると楽しさを経験し，自らの問いかけに対して生徒が返答

Table 4.3 教室の対話状況で教師2名が経験する情動

教師	ラベル 教師と生徒の行為	生起する情動	語りのプロトコルデータ例
石川先生	<u>生徒による説明傾聴</u>	<u>喜び</u>	<u>こちらが一所懸命説明をしていると目をグッと見開いてくるとか，嬉しさを感じますね。</u>
	生徒との対話不成立	退屈感	やっぱり生徒の沈黙が続いて対話がないと面白くない。
	生徒の自発的質問	楽しさ	生徒から自発的に質問が出るとね，楽しいですよ。
	生徒による返答	喜び	私が問いかけたことに対して何人もの子が答えてくれるとかは嬉しい。
	説明方略失敗	悔しさ	今日みたいに例え話が上手くいかなかったときは悔しいですよ。
	曖昧な問いかけ	苦しみ	曖昧な問いかけになってしまうと気持ちとしては苦しいですね。
	生徒間の私語	いらだち	もう喋ったり騒いだり，授業中ずっとイライラと思ってました。
菊地先生	<u>生徒による説明傾聴</u>	<u>喜び</u>	<u>嬉しいは嬉しい。話を聴いてくれるっていうのは。それはすごく嬉しいですよ。でも……。</u>
	説明過多	悔しさ	＜説明をし過ぎると悔いが残る？＞うん，その通りですね。嬉しいけどやり過ぎるとちょっと。
	生徒による新視点・解釈の提起	喜び	生徒の新しい視点とか新しい解釈とかあると嬉しい。
	生徒による予想外反応	喜び	僕が予想しなかったようなレスポンスがあったりとかは嬉しいですね。
	一人の生徒による発言過多	困惑	それ（一人の生徒の発言過多）は別にイライラはしない。「どうしようかなこの発言は」って絶えず思っているだけ。困るって感じかな。
	生徒による私語過多	困惑	お喋りは困ったなーって。困った。あるよね，そういうグループは。
	生徒間の交流	喜び	やっぱり子どもたちが笑顔で教材に関わっている，友達と関わっているっていうのが一番嬉しいですよ。
	生徒間のケア	喜び	子どもたちは互いにさり気なく優しさ，気遣いをしているし，そういうのは嬉しいですね。
	協働の停滞	苦しみ	グループが上手く行ってないの。大泉くんがこっち向いて，二人が離れていて。グループ活動をやらせてたのに，そういうのが辛い。

Note. 教師2名に共通するデータに下線を引いた。

すると喜びを経験していた。これらの快情動は，生徒の行為や発話が石川先生自身との対話を成立させる可能性を有するために生起したと推察される（二次評価"未来期待：強い"）。

　一方，菊地先生は生徒の知的関心を促進するために，生徒間の聴き合う・学び合う関係形成を〈授業目標〉に設定していた。この"聴き合う"という行為を生徒に求めていたため，菊地先生も自らの説明を生徒が熱心に傾聴することに喜びを経験していた。しかし，菊地先生は「嬉しいですよ。でも……」と述べたように，その喜びは弱く，むしろ自らの説明が多くなることで悔しさを経験していた。これらの情動の経験は〈教師主体授業の抑制〉に努める授業実践に臨む際の考え方に由来する。つまり，菊地先生は教師（自ら）の説明を生徒間の聴き合い・学び合いによる学習機会を奪う行為と見なしていたと解釈できる。

　そこで，菊地先生は，教科の概念や用語の説明を可能な限り生徒に委託する方略を用い，結果，授業では生徒の発言が多く生起することになる。そのため，生徒が「新しい視点とか新しい解釈」を提起すること，「予想しなかったようなレスポンス」を示すなど，新奇性が強く，教室の対話や授業展開を活性化させる可能性を有した生徒の発言に菊地先生は喜びを経験していた。ただし，菊地先生は，一人の生徒のみの発言頻度が多いことに困惑していた。ここで菊地先生が困惑を経験したのは，一人の生徒のみの発言頻度の多さに対する二重の認知評価様式に起因すると思われる。つまり，菊地先生は生徒の発言それ自体を知的関心の現れ，すなわち，第1の〈授業目標〉に一致した行為と認知するが，一人の生徒が友人の意見を聴かずに自分勝手に発言を多くすることは，生徒間の聴き合う・学び合う関係の形成を目指す〈授業目標〉に不一致な行為と認知すると考えられる。この二つの〈授業目標〉から見て矛盾した状況が，菊地先生に困惑を生起させたと言えよう。

　次に，生徒間の対話に関して，石川先生は生徒同士の私語にいらだちを経験していた。このいらだちは，石川先生が生徒同士の私語を二つの〈授業目

標〉に不一致な行為として認知し，さらに，自らの授業内容の説明や板書を妨害する行為（二次評価"責任性：生徒"，"状況対処能力：強い"）と認知するために生起したと考えられる。一方，菊地先生は「たとえ，お喋りであっても生徒同士が繋がっていればいい」と面接で語っていた。このことから，菊地先生は生徒間の私語を聴き合う・学び合う関係の萌芽と認識していたと推察される。そのため，菊地先生は，私語によってでも生徒が「友達と関わっている」こと，生徒間で「互いにさり気なく」ケアし合っていることに「一番」の喜びを経験していた。それとは逆に，生徒が友人との関わりを拒絶してグループでの協働学習を停滞させると，菊地先生はその原因を半ば自らが用いた〈授業方略〉の問題に帰属するように認知し（二次評価"責任性：自己"），苦しみを経験していた。また，菊地先生は，グループによる協働学習中に生徒間の私語が頻繁に起こることに困惑していた。これは，一人の生徒が発言を多く行うのと類似した現象と考えられる。菊地先生にとって，生徒間の私語は聴き合う・学び合う関係の形成に繋がる行為として認知評価されるが，生徒間の私語が多過ぎることは，その生徒の知的関心を促進する〈授業目標〉に不一致な行為として認知評価されるためと考えられる。したがって，二つの〈授業目標〉から見て矛盾し，それを是正するのが困難な状況が起こることで，菊地先生に困惑が生起したと解釈できる（二次評価"対処能力：弱い"）。

(2) 生徒の授業参加行動・情動状態に対する情動

　生徒の授業参加行動・情動状態に対して教師2名が経験する情動にも共通点と相違点が見出された。比較のためのデータは Table 4.4 にまとめた。

　まず，生徒が授業内容に関心を示し，授業や学びに専心没頭することに教師2名は共通して心地良さを感じていた。これは，教師2名が生徒の授業・学びへの専心没頭を，生徒の知的関心を促進する〈授業目標〉に一致した行為と認知するためと考えられる。しかし，学習意欲の不顕在・低下と同定可能な生徒の行為に対して，教師2名は異なる情動を経験していた。

Table 4.4 生徒の授業参加行動・情動状態に対して教師2名が経験する情動

教師	ラベル		語りのプロトコルデータ例
	教師と生徒の行為	生起する情動	
石川先生	授業・学習への専心没頭	心地良さ	かみつき，こう糸を垂らして，生徒たちがくいついてきたらヨシって感じで気持ちが乗るよね。
	生徒の居眠り	いらだち	いつもより寝てしまう子が多いと，ちょっとこういうのが多くなるイラっときますね。
	生徒の気分の明るさ	楽しさ	生徒たちの気分が明るいと楽しいと思いますよ。
	生徒との気分一致	心地良さ	自分の気分と生徒の気分が嚙み合ったときは気持ちいいですよね。
	生徒の緊張過多	不満足感	生徒が変に緊張してると「よしっ」という満足感はないね。表面的には変わらないけど，不満足かな。
	生徒との気分不一致	退屈観	お互いに波長が嚙み合ないとおもしろくないですね。
菊地先生	授業・学習への専心没頭	心地良さ	今日は授業を観てもらわなかったけど，前回，全然だめだった大泉くんと小松さんは授業に集中していたし，飯野さんなんか軽やかで，発言もしたし。今日は気持ちよかったかな。
	生徒の居眠り	哀しみ	＜例えば宮崎さんが机に伏しているときとかは困りますか？＞そういうのは哀しいですよ。哀しい。
	生徒による学習への抵抗	楽しさ	＜菊地先生の問いかけに生徒が「たまたまだろ」「関係ねぇーよ」と言って抵抗するときは，どのような気持ちなのですか？＞それは面白いなと思う。それを彼らがどうやって破っていくのかなっていう感じです。
	生徒の気分の明るさ	喜び	飯野さんは表情明るかったし。[笑って]「みんないい子たちだな」って思いました。
	生徒による退屈表明	苦しみ	生徒が授業に退屈を表明すること，これはすごい辛い。本当に。

　石川先生は生徒の居眠りにいらだちを感じていた。このいらだちは，生徒の私語に対するいらだちと同様の過程で石川先生に生起したと捉えられる。つまり，石川先生は生徒の居眠りを二つの〈授業目標〉に不一致な行為で，さらに，自らの説明や板書を無視する無礼な行為と認知すると解釈できる（二次評価"責任性：生徒"，"状況対処能力：強い"）。また，先述したように，生徒が授業内容に関心を示さず，誰も質問を行わない状況に石川先生は退屈感を

経験していた。この退屈感は，石川先生が生徒の学習意欲の低下を生徒との対話不成立を導く行為と認知評価するために生起したと推察される（二次評価"未来期待：弱い"）。

　一方，菊地先生は生徒の居眠りに哀しみを感じていた。この哀しみは，グループ活動を積極的に取り入れる菊地先生が生徒の居眠りを友人との関わりを拒絶する行為と認知するために生起し，さらに，生徒の居眠りを是正するのが困難であったために生起したと考えられる（二次評価"状況対処能力：弱い"）。ただし，菊地先生は学習意欲の低下を示す生徒の行為に対して，いらだちを経験するとは語らなかった。第3章でも示したように，最も顕著なのは，菊地先生の問いかけに対して生徒が「関係ねーよ」などと言って学びへの抵抗を示すことに，菊地先生は楽しさを経験していたことであった。この楽しさは，「それを彼らがどうやって破っていくのかな」との語りが示すように，菊地先生が生徒の学びに対する抵抗を，授業に関心を示し始めたこと，すなわち，知的関心の現れと認知し，長期的な視点で生徒の成長や自己実現を見通していたために生起したと解釈できる（二次評価"未来期待：強い"）。

　次に，生徒の情動状態に対して教師2名が経験する情動について検討する。石川先生は「生徒たちの気分が明るいと」楽しさを経験していた。この楽しさは，石川先生が生徒たちの気分の明るさを，生徒の知的関心を促進する〈授業目標〉以上に，生徒の快情動を喚起する第2の〈授業目標〉に一致した行為と認知するために生起したと考えられる（二次評価"責任性：自己"）。さらに，石川先生が生徒の気分の明るさを，教師－生徒間の対話の契機となる生徒からの質問，返答を導くと期待していたためと推察される（二次評価"未来期待：強い"）。また，石川先生が「自分の気分と生徒の気分が噛み合ったとき」に心地よさを経験していたのは，生徒が説明を傾聴し，自発的に質問を提起する状況が生起する可能性が高まるためと推察される（二次評価"未来期待：強い"）。逆に，生徒が過度に緊張すると授業への集中が途切れ，質問も出ない可能性が高まるため，石川先生は不満足感を経験し，さらに，生徒と「お互

いに波長が噛み合」わないと感じて授業に退屈感を経験していた。これらの情動の経験から，生徒が授業に緊張感を抱き始め学習意欲を低下させると，石川先生は生徒に快情動を喚起できない，生徒と対話が成立しなくなると認知していたと考えられる（二次評価"未来期待：弱い"）。

　一方，菊地先生は生徒の気分の明るさに喜びを経験していた[21]。この喜びは，菊地先生が生徒の気分の明るさを授業内容に対する知的関心の現れと認知するために生起したと考えられる。その一方で，生徒が授業に対する退屈感を表明することに菊地先生は苦しみを感じていた。この苦しみは，菊地先生が声かけなどの〈授業方略〉を用いることで生徒の学習意欲や生徒間の協働を促進する能力と手だてを有しながら，その〈授業方略〉を適切に用いることが出来なかったために生起したと考えられる（二次評価"責任性：自己"）。

(3) 授業準備・授業展開がもたらす情動

　第3章で示したように，教師は，授業中に生徒が示す行為を媒介にして自らの〈授業方略〉の成否を判断していた。つまり，教師2名は生徒だけでなく自己の行為に対しても情動を経験する。この〈授業方略〉の成否に関して，特に授業準備と授業展開の仕方の相違が，教師2名が授業中に経験する情動の相違を導いていた。比較のためのデータは Table 4.5 にまとめた。

　まず，石川先生は授業準備の綿密さが授業中に用いる〈授業方略〉，例えば，授業内容の説明具体化や生徒の問いへの対応の精度を高めると考えていた。そこで，石川先生は授業でどのような方略を用い，生徒はそれに対してどのような反応を示すのかを授業前に「イメージトレーニング」して予測していた。このイメージに一致した状況（授業展開，生徒の活動）が生起したとき，石川先生は喜びを経験し，逆にイメージに不一致な状況が生起したときに退屈感を経験していた。

　一方，菊地先生は授業展開や生徒の活動に対して「厳密な予測はしない」と述べていた。なぜなら，菊地先生は，授業の予測をすると生徒に過度な期

Table 4.5 授業準備・授業展開が教師2名にもたらす情動

教師	ラベル		語りのプロトコルデータ例
	教師と生徒の行為	生起する情動	
石川先生	イメージ一致	喜び	イメージと同じようなことが授業で生まれたときは嬉しい。
	イメージ不一致	退屈感	前もって想定したイメージとは違うと楽しさを感じることは少ないですね。
	円滑な授業展開	心地良さ	うん，授業の展開が上手く行くと気持ちいい。
	授業展開失敗	悔しさ	この間の授業で，2つ（復習の説明と当該授業の説明）のバランスが悪かったですよね。あの展開の仕方は悔しかったな～，やりようはあった。
	即興的対応成功	心地良さ	予想もしなかった質問が出てきたときも上手くやりぬけて，そういう授業は気持ち良く終えています。
菊地先生	生徒の活動に対する過度な期待	落胆	「できるはずだー！」って思い込んでいくと，気持ちは高ぶっているわけでしょ。それで「えー，ダメかよやっぱり」ってなる。
	状況統制意識の強さ	苦しみ	あんまり教室の状況をコントロールしようとする気持ちが強くなると，すごく辛くなる。
	適度な水準の教材・課題の準備	心地良さ	深すぎる水準の課題を用意したわけじゃなくて，でもそれで穏やかに時間が過ごせるっていうのは気分がいいですよ。
	円滑な授業展開	心地良さ	上手く授業が展開するとやっぱり気持ちがいい。
	授業展開失敗	悔しさ	授業展開に失敗したときは［顔をゆがめて］「あー，失敗したなー」って悔しい思いで帰ってくる。
	即興的対応	心地良さ	瞬間の対応が上手く行くと気持ち良さを感じますよ。そこが教師の専門性を一番問われるところですよね。

待をかけると考え，その結果，生徒が期待に沿わない行為を示すと落胆を経験してしまうためであった。また，授業前の生徒に対する期待，授業展開の予測を実現するために「教室の状況をコントロールしようとする」と，菊地先生は生徒間の聴き合う・学び合う関係を形成する〈授業目標〉と不一致な状況を生み出し，苦しみを経験していた。この苦しみは，菊地先生自らが〈教師主体授業の抑制〉を放棄することになるために生起したと解釈できる（二次評価"責任性：自己"）。そこで，菊地先生は，生徒同士が協働学習の中で互

いの意見を聴き合い，学び合うことが可能な適度な水準の教材を準備し，授業前には生徒に対する期待，授業への気負いを抑制しようと努めていた。この期待と気負いの抑制により，「教材を媒介」とした生徒間の聴き合い・学び合いが始まり，生徒主体の授業が展開すると，菊地先生は第2の〈授業目標〉の達成から心地良さを経験していた。

次に，教師2名は円滑な授業展開（授業展開の成功）に心地良さを，授業展開の失敗に悔しさを経験していた。特に，教師2名は，授業展開の成否を左右する自らの即興的対応の成功に心地良さを感じていた。生徒から不意な発言や質問が提起される瞬間は教師の働きかけが期待される"教育的瞬間"(Van Manen, 1991)であり，菊地先生の語りにあるように「教師の専門性を一番問われるところ」である。したがって，この瞬間の即興的判断と対応の成否が，教師に生起する情動の快／不快の質を左右すると考えられる。ただし，教師2名の〈授業方略〉に鑑みると，授業展開の成功／失敗は，石川先生にとっては授業前のイメージとの一致／不一致を意味し，菊地先生にとっては生徒の発言や学習状況に合わせて即興的に授業を展開できるか否かを意味していたと考えられる。

以上，三つの類似状況で教師2名が経験する情動を比較，検討したところ，その相違は，両者の〈授業目標〉及び授業実践に臨む際の考え方に基づく認知評価様式の相違に起因することが示された。特に，教師2名がそれぞれ設定する第2の〈授業目標〉が，両者に生起する情動の特質を規定していたように思われる。石川先生は，生徒が学習課題に関心を示し，授業内容を十全に理解するには，生徒に快情動を喚起することが必要と考え，生徒の学習意欲と気分の明るさが顕在化する〈沈黙と対話のバランス〉のとれた実践を目指していた。一方，菊地先生は生徒の知的関心を促進し，生徒が「日常」から「当たり前」と思っている知識の「自明性」を剥奪するために，生徒同士が互いの意見を聴き合い，主体的に学び合う関係を形成することが不可欠と考え，〈教師主体授業の抑制〉に基づいた実践を目指していた。このように，

教師2名の学習観や授業観が〈授業目標〉に体現されており，それらの相違が三つの類似状況に対する両者の認知評価様式と生起する情動の相違を生み出していたと考えられる。

それでは，情動が生起した後の過程も教師2名に相違点が見出されるのだろうか。次節ではこの点を検討する。

3. 教師2名の《情動の生起》後の過程

第3章における知見から，菊地先生のように生徒間の聴き合う・学び合う関係形成を〈授業目標〉に設定する教師が授業中に経験する情動は，心的報酬の即時的獲得，柔軟な認知と創造性の高まり，悪循環，反省と改善，省察と軌道修正，の5過程に分岐する《情動の生起》現象と捉えられ，教師自身の認知，思考，動機づけ，行動，及び実践の省察と改善に関連することが示されている。これらの過程が，講義形式を中心に授業を行い，生徒の快情動・学習意欲の喚起を〈授業目標〉に設定する石川先生の面接データからも見出された[22)]。Table 4.6には，教師2名に情動が生起した後の各カテゴリーの関連を表すデータを示した。

まず，石川先生は，授業内容や学習課題に関する自らの説明を生徒が熱心に聴くこと，菊地先生は，生徒が授業内容に関する新たな視点や解釈を提起することに喜びを経験し，両者共にこの喜びに伴って「元気になります」，「気合いが入る」，「励まされる」と語った。そして，石川先生は自らの説明方略を「考え直し」，菊地先生は，生徒が提示した新たな視点や解釈を「どう意味づけて繋げていくか」と思案していた。つまり，授業中の《快情動の生起》から，教師2名は共に授業への〈活力・動機づけの高まり〉を感じ〈実践の改善〉に結びつけていたと言える。また，石川先生は授業中に心地良さを経験すると，生徒も同じ情動状態にあると理解，解釈し，その理解・解釈に基づいて即興的に「授業の順番を変え」ると語った。つまり，心地よさの経験を伴って生徒を共感的に見て理解するという"情動理解"(Denzin, 1984)が

Table 4.6　教師2名の《情動の生起》後の過程

過程	カテゴリー	ラベル	語りのプロトコルデータ例
A	活力・動機づけの高まり　↓　実践の改善（再構成）	活力の増進	そういう［熱心に話を聴く生徒］を見ると嬉しいし元気になりますよ。気合が入る，「よっし！」って。（石川先生）
			そういう［生徒が新しい視点や解釈を示す］のは励まされますね。元気になりますよ。（菊地先生）
		説明方略の発展	だから，もっと生徒にわかりやすく噛み砕いて説明できるように考え直していくんです。（石川先生）
		生徒の発言への対応方法の思案	そういう視点や解釈をどう意味づけて繋げていくかって考えるようになりますよね。（菊地先生）
B	認知・思考範囲の拡張　↓　即興的な授業展開	生徒の情動理解の発展	この気持ちを，まあ気持ちの問題なんですけど，自分が授業していて気持ちが良ければ生徒も気持ちいいって感じるように思えるんです。（石川先生）
		教材理解の発展	道が開けていくっていうか，「あー，こういうふうにやればいいんだ」って。「それが教材の一番の醍醐味か」みたいなことがわかる。（菊地先生）
		授業展開の柔軟な改編	それで生徒の気持ちがわかれば，その都度，授業の順番を変えたりする。こういう柔軟性が大事ですね。（石川先生）
		即興的な授業展開	逆にこっちが授業の展開の仕方をもらえるっていうかな。そのもらったやり方で授業を進めていく。（菊地先生）
C	実践の悪化	問いかけ精度の悪化	生徒のお喋りが続くとずっとイライラした状態になっちゃって，いい問いかけができなくなるとかあります。（石川先生）
		疲労感の生起	もの凄い期待してわーって落ちるとか，ちょっと気持ち入りながら行って落ちるっていうのはすごく疲れる。（菊地先生）
D	過去の経験の想起　↓　実践の変容	過去のいらだち経験の想起	若いときは「うるせー」，「ふざけんな」なんてイライラしながら言ってたんだけど。（石川先生）
		過去のいらだち経験の想起	イライラっていうのは今はないんだけど。2年生の教室で南って子があれ［授業中に菊地先生の前でおにぎりを食べた］をやったとき，プチって切れそうになった。（菊地先生）
		生徒に対する情動理解の変容	でも，だんだん年齢を重ねる度に彼らの気持ちも理解できるようになっちゃって。（石川先生）
		感情経験の変容	でも今は困ることの方が多い。イライラはないかな。そういうときでも「どうやって対処しようかな」って絶えず思っている。困っているときは嫌な感情じゃないでしょ。（菊地先生）
E	授業後の反省　↓　実践の改善	説明方略の反省	ただ，この間（授業2）はもっと上手く例えられたらなーと思いましたね。（石川先生）
		生徒に与えた課題・教材の反省	そういう［お喋りばかりの］グループが多すぎるのであれば，課題の水準が低すぎるのでしょ。それか高すぎるか。（菊地先生）
		説明方略の改善	だから，今度はもうちょっと上手く説明できるようにって思いました。（石川先生）
		生徒に与えた課題・教材の改善	そういうふうに，課題の水準を考え直していくしかないですね。（菊地先生）

Note. プロトコルデータ例の最後の（ ）内にデータを引用した教師名を表記した。矢印はカテゴリーの関連と動きを示す。各過程の動きを，A：心的報酬の即時的獲得，B：認知の柔軟化，C：実践の悪化，D：経験の想起，E：反省と改善，と示した。情動の経験に関するデータが先のTableと重複するため，ここでは割愛した。

石川先生に促され，この情動理解が生徒の発言や行動に対する「柔軟」な対応を導くと推察される。教師が生徒の情動を理解，解釈するということは，その瞬間，教師は生徒の学習状況を入念に見ていることを意味する。もちろん，熱心に見える生徒が実は退屈している場合もあり，教師は情動理解の失敗，すなわち"情動誤解"（Denzin, 1984）から生徒の学びを誤った方向に導く可能性がある（Hargreaves, 2000）。しかし，この状況認知の入念さが教師の思考の固着を防ぎ，即興的な授業展開や創造的思考の展開を可能にすると考えられる。

菊地先生は，生徒による新たな視点・解釈の提示から喜びを経験するに伴い，「道が開けていく」という感覚を抱き，自らの教材理解を発展させていた。つまり，生徒による新たな視点・解釈の提起とそれから生起する喜びによって菊地先生の教材に対する創造的思考が展開し始めたと言える。そして，この創造的思考に基づき，菊地先生は生徒から「もらったやり方で授業を進めていく」ことが可能となっていた。したがって，教師2名にとって授業中の《快情動の生起》は〈認知・思考範囲の拡張〉を促し，〈即興的な授業展開〉を支えるものとして認識されていた。

授業中の《不快情動の生起》，特にいらだちの経験は教師2名に〈実践の悪化〉を導いていた。例えば，石川先生は生徒の私語にいらだちを経験すると「いい問いかけができなくなる」と語り，菊地先生は，授業前の期待に沿った行動を生徒が示さないと落胆し，疲労感を覚えると語った。ただし，石川先生はいらだちの経験を語った後，菊地先生はいらだちの経験について筆者に尋ねられた際，過去の生徒とのかかわりにおいて，いらだちを経験した出来事を想起し，現在の生徒理解の仕方や生起する情動に関する変化，すなわち〈実践の変容〉について述べた。このことから，第3章で論じたように，いらだちという不快情動の経験は教師の記憶に定着するため想起され易く，さらにその出来事を振り返り，現在の実践と結びつけ比較することによって，教師は自らの専門性開発の過程を認識することが可能になる。

一方,《自己意識情動の生起》が教師2名に〈授業後の反省〉を促し,〈実践の改善〉を導いていた。例えば,石川先生は,例え話による授業内容の知識の説明がうまく生徒に届かなかったと感じたときに悔しさを経験し,その悔しさから自らの説明方略を反省して「今度は上手く説明できるように」とその改善に努めていた。また,菊地先生はグループ活動中の生徒の私語に困惑を感じながら,それを自らが提示した課題の水準にあると反省し,それを「考え直していくしかない」と語った。このことから,教師2名共に,授業中に経験する悔しさや困惑といった自己意識情動から自らの実践を反省し,その反省を次の授業に活かしていたことが示された。

　このように,情動が生起した後の過程は教師2名に共通していたと言える。ただし,語りのプロトコルデータからは,情動の経験に対する両者の意味づけ方にそれぞれ特徴が見られる。石川先生は《快情動の生起》と《不快情動の生起》から生徒の情動理解の進展,変容について語った。この語りは,石川先生の第2の〈授業目標〉と整合性が高いように思われる。つまり,石川先生は生徒の授業内容や学習課題に対する知的関心を促すために快情動を喚起することが必要と考えており,そのために,授業中の生徒の情動状態に常に敏感であったことがうかがえる。一方,菊地先生は生徒間の聴き合う・学び合う関係を形成する第2の〈授業目標〉に対応するように,《快情動の生起》と《自己意識情動の生起》から実践を振り返り,生徒同士の協働学習や話し合いを促すための対応法,課題・教材の改善に努めていた。このように,教師2名は授業中に生起した情動とその振り返りからそれぞれの〈授業目標〉に沿った実践の改善と再構成を行っていたと言える。

第4節　本章の総合考察

　これまで,多くの研究が教師の仕事に伴う情動に着目し,その性質や機能について考究してきた。しかし,授業中に教師が経験する情動と,授業の類

似状況において教師間で生起する情動の相違を比較し，教師の専門職としての固有性や多様性を描出する研究はなされてこなかった。また，異なる授業目標を設定する教師間で授業中に情動が生起した後の過程は異なるのか，それとも共通するのかを検討する課題が第3章で残された。そこで本章では，異なる目標を授業に設定する高校教師2名，石川先生と菊地先生を対象として授業中に経験する情動を尋ねる面接調査を実施し，そこで得られたデータを比較することで上記課題について検討した。その結果，(1)教室の対話状況，(2)生徒の授業参加行動・情動状態，(3)教師の授業準備・授業展開，という三つの類似状況において両者に生起する情動に相違が見られ，それぞれの認知評価様式の特徴も踏まえて以下三点が見出された。

　第1に，教師-生徒間の対話及び生徒間の対話という教室の対話状況において，石川先生は生徒の沈黙と同程度に発言を重視し，教師-生徒間対話の成立を求めていた。一方，菊地先生は生徒の発言よりも聴くという行為を重視し，生徒間対話の成立を求めていた。それぞれの授業目標あるいは生徒に対する願いや期待が両者の認知評価様式に相違を生み，この相違が生徒の私語や発言に対する情動的反応を異質なものにしていた。

　第2に，生徒の授業参加行動と情動状態に対して教師2名が経験する情動にも相違点が見出された。生徒の授業参加行動と情動状態に対して，石川先生は教師-生徒間の対話の成立可能性の観点で，菊地先生は生徒間の聴き合う関係の成立可能性の観点で認知評価していた。また，生徒の居眠りや授業・学びへの退屈表明など，授業目標に不一致な生徒の行為に対して，石川先生は生徒側に，菊地先生は自己にその原因を帰属して認知評価する傾向が示された。この，状況生起原因となった"責任性"を判断する認知評価様式の相違が両者に異なる情動を生起させ，特に，石川先生は生徒側に責任主体を帰属していらだちに象徴される不快情動を，菊地先生は自らに責任主体を帰属して苦しみに象徴される自己意識情動を授業中に経験したと考えられる。

　第3に，授業準備と授業展開に関する授業方略の成否に関して，教師2名

が経験する情動に相違点が見出された。石川先生は授業準備の中で生徒の活動や授業展開を予測する「イメージトレーニング」という方略を用い，菊池先生は事前の予測を最小限にとどめることで，生徒が教師（菊地先生）の期待に沿って活動するよう期待するのを可能な限り抑制して授業に臨んでいた。この授業準備と授業への臨み方の相違が，教師２名が授業中に経験する情動の相違を生み出していた。さらに，教師２名共に授業準備の仕方，授業に臨む際の考え方が授業展開の成否に関与しており，これらが両者で異なるために，授業展開の成否と即興的対応の成功に対して一見すると共通のように思われる情動の質的な相違を導いていた。授業展開の成否は，石川先生にとって授業前のイメージトレーニングとの一致／不一致を意味し，菊地先生にとって生徒の発言や活動に応じながら授業を展開できたか否かを意味していた。また，石川先生にとって即興的対応の成功とは，事前に計画した授業展開を柔軟に入れ替えることを意味していた。

以上より，授業中の類似状況において教師２名が経験する情動の相違は，両者が授業に設定する目標とそれに規定された方略及び特定状況に対する認知評価様式の相違に起因することが示された。特に，教師２名がそれぞれ授業に設定する目標によって授業中の情動経験が決定されることが示された。生徒の授業内容や学習課題に対する知的関心を促進するために生徒に快情動を喚起することが不可欠と考えるか，それとも生徒間の聴き合う・学び合う関係を形成することが不可欠と考えるか，この異なる学習観や授業観が教師２名の授業目標に体現されており，それが類似状況における両者の認知評価様式と情動の経験の相違を導いていた。これらの相違は，教師２名が勤務する学校の文化や学級生徒の特性といった社会文化的状況を背景としながら，それぞれの教職経験や個人的信念に基づくと推察される。

ただし，情動が生起した後の過程は教師２名に共通の現象が見出された。第３章で示した知見に適合するように，講義形式を中心に授業を行っていた石川先生も，授業中に生起した情動を手がかりにして実践の改善や即興的な

授業展開を行っていた。この結果から，石川先生も第3章の教師10名とは異なる授業目標を掲げながら，"不確定な状況のなかで実験的に思考しながら探究する"（村瀬，2006, p.188），省察的実践に従事していたと言えよう。したがって，教師2名がそれぞれ異なる授業目標と個人的信念から導かれる授業観や学習観を有し，授業の類似状況で異なる情動を主観的に経験しながらも，情動を手がかりにして実践を省察する共通性を示した本章の結果は，専門職としての教師個々人の固有性と自律性を示している。教師の"実践的な知見や見識は，一人ひとりの教師の教室で生成され"（佐藤，1997, p.103）るのであり，この自律的な実践は，教師の専門性の中核に位置している（稲垣，2006）。本章では，教師はそれぞれ授業における情動の経験を手がかりにしながら，個別の学級生徒に必要な教材や課題，説明や発問方略を自らの責任に基づいて自律的に取捨選択していることが確認された。つまり，教師は一人ひとり固有な専門職であり，授業で固有の情動を経験しながら実践を省察し改善することで自律的に専門性開発を遂げていくと言える。

また，以上の結果は教師の情動を研究する際，個々の教師が授業に設定する目標に即した対象選定と情動の分析の必要性を提起するものである。例えば，教師の情動の性質や機能を質問紙による大規模調査から分析するために，異なる授業目標を設定する多数の教師を混在して研究対象に選定してしまうと，たとえ統計的に有意な結果から多数の教師が特定の情動を経験する状況を同定したとしても，対象とした全ての教師あるいは教師一般が共通状況で同質の情動を経験するわけではない。したがって，教師を対象とした大規模調査や情動の経験を尋ねる面接調査を行う際には，教師に授業目標や主な授業形式，授業方略を尋ねる質問を示す必要があるだろう。

最後に，本章では第3章から導出された知見と同様に，石川先生も授業中の喜びや楽しさといった快情動の経験から注意や集中といった認知能力を高め，思考の範囲を拡張し，実践の改善や即興的な授業展開を行っていることが示された。先行研究では，罪悪感や悩みといった不快情動の性質や機能が

多く究明され，本章までの議論においても，授業中のいらだちや不安といった情動が教師の実践を悪化させ，苦しみや困惑などの情動が授業後の反省と授業中の省察，実践の改善に寄与することが示された。その一方で，喜びや楽しさといった快情動が教師の授業への活力と動機づけを高めて実践の改善と再構成に結びつくと共に，授業中の柔軟な認知と創造的思考を教師に導くことが新たに示された。つまり，快情動の経験は教師の実践に肯定的な影響を及ぼすことが示唆される。

　しかし，本章までの議論では，授業における教師の情動と認知，行動，動機づけとの関連を示す現象モデルの生成，授業実践の省察過程における情動の役割，異なる授業目標を設定する教師間で生起する情動の比較を研究課題としたため，教師の快情動に関する詳細な検討は行えなかった。そこで，第5章では，教師が授業中に経験する快情動に焦点を絞り，教師の快情動と認知や思考，動機づけ，行動との関連を，数量的データを踏まえて検討し，教師が快情動を経験する時，生徒たちとどのような相互作用を行っているのかを検討していく。

第5章 授業における教師のフロー体験

第1節 本章の目的

　本研究のこれまでの議論において，授業中に教師が経験する喜びや楽しさといった快情動は，教師自身の認知を柔軟化し，創造的思考の展開を促し，実践の改善や再構成を促すとともに即興的な授業展開を支えることが示唆された。また，教師がメンタルヘルスを維持し，仕事への内発的動機づけを高めて専門性開発を持続していくためには，生徒との相互作用から得られる心的報酬としての快情動が必要不可欠となる。実践者である教師は，生徒との相互作用から生起する快情動が教職を継続する上でのやりがいになることを認識し，例えば，生徒の成長や変容を見届けて喜びを経験した体験談や授業を楽しむために行っている実践例を紹介してきた（e.g., 田中・佐藤・宮下, 1999; 佐藤, 2004）。ただし，その喜びの体験談は，文化祭や卒業式などの学校行事場面の事例が主で，日常の授業場面という微視的事例は少ない。また，授業を楽しむための実践例は教師個人の教職経験や授業観に基づくため，あらゆる教師があらゆる教室で利用可能なものではない。しかし，多くの教師が授業中の生徒との相互作用から喜びを経験し授業を楽しむための方法を日々の実践の中で模索していることがうかがえる。

　これに対して教師の情動研究では，快情動が教師の仕事への内発的動機を高めると指摘したものの，教師が快情動を強く経験する授業で生徒といかに相互作用を行っているのかについては検討を行っていない。また，近年の研究動向として，生徒指導場面で教師に生起する不快感（河村・鈴木・岩井, 2004），生徒との人間関係における教師の悩みの経験（都丸・庄司, 2005）など，

不快情動に焦点を当てた研究が多くなされている。これは，不快情動が人の認知的判断や理性的行動を阻害し，その表出が他者との関係を悪化させるといった否定的機能を含むことが広く究明されてきたためと考えられる（遠藤, 2007）。

Sutton & Wheatley（2000）は，教師が授業中に楽しさを感じるとき，"フローを体験している"と示唆する。フローとは"最適経験"と呼ばれ，"一つの活動に深く没入しているので他の何ものも問題とならなくなる状態，その経験それ自体が非常に楽しいので，純粋にそれをすることに多くの時間や労力を費やす状態"（Csikszentmihalyi, 1990, p.5）をいう。そして，フローには以下8現象の構成要素の全てもしくは少なくとも一つが含まれる（Csikszentmihalyi, 1990）。

(1) 達成可能な見通しのある課題に取り組んでいる
(2) 自己の行為への集中
(3) 明確な目標の存在
(4) 直接的で明確なフィードバックの存在
(5) 活動への没入状態
(6) 自己統制感の高まり
(7) フロー体験後の自己感覚の強まり
(8) 時間感覚の変換

つまり，人がある活動に深く没入し快情動を経験してフローを体験するとき，その活動には明確な目標とその目標達成を意味づけるフィードバックがあり，同時に活動に対する集中や自己統制感といった認知能力が高まると言える。ポジティブ心理学研究でも，快情動が人の心的活力を増長させ，認知や行動の範囲を拡張すると示唆されている（Fredrickson, 2001）。

以上より，教師は授業中に快情動を強く経験しフローを体験するとき，自

らの働きかけに対する生徒の反応から明確なフィードバックを受け取る。そして，そこで生起する快情動に伴って授業への内発的動機づけ，さらに，活力，認知や思考に関する能力も高まることで，教師は授業展開の流れや生徒の学習状況を瞬間的に見極め，必要な授業方略を判断し，即興的で創造的な授業を行うことが可能になると推察される。また，"ひとたびこの喜びを味わうと，我々はその喜びを再度味わうための努力を倍増させる" ことから，"フロー体験によって自己の構成はより複雑に" なり，人は自己の能力を発達させる機会を得る（Csikszentmihalyi, 1990, p.53）。すなわち，授業中の快情動の経験あるいはフロー体験は，"即興性" や "創造性" に象徴される教師の専門性の発揮（佐藤，1997），さらに，授業実践の改善や専門性開発の促進に寄与すると考えられる。それでは，教師は快情動を強く経験する授業で生徒たちとどのような相互作用を行い，生徒は教師の働きかけに対していかなる反応を示すのだろうか。

　そこで本章ではフロー理論を分析枠組みに措定し，まず授業中の快情動が教師自身の認知，思考，動機づけ，行動に及ぼす影響を分析する。次に，教師は快情動を強く経験する授業において，生徒に対して具体的にいかなる働きかけを行い，生徒は教師の働きかけに対してどのような反応を示すのかを分析する。これらの分析により，授業中の快情動の経験及びフロー体験が教師の実践改善や専門性開発をいかに促すのかを探究することを目的に措定する。本目的から，授業における教師の快情動とフロー体験を捉えるために，研究協力者である高校教師10名を対象に質問紙，面接，授業観察調査による多角的データ収集で構成されるフィールドワークを方法として定める。

第2節　方法

1．研究方法

　本章では，授業中に教師が経験する喜びや楽しさといった快情動と認知，思考，動機づけ，行動との関連，及びフロー体験が教師の実践をどのように方向づけているかを捉えるために，高校・社会科教師10名の授業実践を対象にフィールドワークを行った。このフィールドワークでは，教師への質問紙及び面接調査，授業観察で構成される三点の調査を同時進行で行った。

　調査1では，教師の快情動が認知，行動，動機づけに及ぼす影響を数量的に分析するために，フローを捉えるESM質問紙を観察授業終了直後4回，教師に実施した。調査2では，授業場面で教師が快情動を経験する具体的状況を把握するために教師への半構造化面接を実施した。なお，この面接調査の詳細は第3章で示している。調査3では，調査1と同時に授業観察と教師への面接を行い，(1)調査1の結果から各教師が快／不快情動を強く経験したと同定可能な授業を一つずつ抽出し，各授業における教師の働きかけとそれに対する生徒の反応を発話分析により数量化し比較検討した。また，(2)教師が快情動を経験する具体的な授業場面とそこでの教師－生徒間の相互作用の特徴を明らかにするために，面接で個々の教師が快情動を経験したと報告した場面を事例抽出し，その談話過程の解釈的分析を行った。このように，相互補完的な3調査を行うことで，授業における教師のフロー体験に内在する実践的意義，そして，教師がフローを体験する授業での教師－生徒間の相互作用の特徴が明らかになる。また，三点の方法を組み合わせることで，事例抽出，データ分析の信頼性と間主観性を担保することが可能となる。

2. 分析手続き

　面接データの分析は，これまでの各章と同様にGTAの手法を用い，プロトコルデータの切片化からカテゴリー化まで行った。ただし，本章では，授業における教師のフロー体験の実践的意義を示す目的から，各教師の快情動の経験に関するデータを取り上げ，それを快情動の種類によって分類した。

　次に，ESM質問紙の分析手続きを述べる。フローを体験するには，個人の主観的知覚による活動の挑戦水準と自己の能力水準が日常の平均よりも高い均衡状態にあることが条件とされる (Csikszentmihalyi, 1990)。そこでESM質問紙の基本的な分析方法に基づき，収集した全データの挑戦水準と能力水準の変数を合計して平均値を算出し，各授業における教師の経験をフロー，リラックス，不安，退屈の4状態に分類した。次に，4状態の授業における情動，活動性，認知能力，動機づけ，時間感覚の変数を算出し，それぞれを比較することでフロー状態と同定された授業における教師の経験を検討した。また，快情動と活動性，認知能力，動機づけ，時間感覚の各変数を記述統計により分析し，それぞれの相関係数を算出した。

　授業観察データは文字化し，教師－生徒間の発話のやりとりで構成される教室談話過程の量的・質的分析を行った。談話過程の分析は，まず発話の単位を話者交代，発話の意味内容の変わり目，発話の間を区切りに設定して教師と生徒の発話をturnに文節化した。発話に伴う表情や声の調子，特徴的な動作は1発話内に含めた。一方，発話を伴わない表情，動作，発話内容が明瞭に聴き取れない生徒間の私語，相談は1発話とした。計40時限の観察授業における総発話数は15157turn（教師7152turn，生徒8005turn）で，最多は藤巻先生の授業4で783turn（教師298turn，生徒485turn），最少は石川先生の授業4で111turn（教師52turn，生徒59turn）であった。この文字化に基づき，Table 5.1に示した教師の働きかけとそれに対する生徒の反応カテゴリーを以下の手続きで抽出し，発話のコーディングを行った。

Table 5.1 教師の働きかけカテゴリーと生徒の反応カテゴリー

カテゴリー	サブカテゴリー	定義	発話データ例
(1) 教師の働きかけ			
説明	概念・知識の説明	教科の知識や概念に関する説明	【カノッサの屈辱における教皇の聖職叙任の復権に関して石川先生が】「そこでグレゴリウス7世は考えた。大司教や司教を決める権限を教皇に戻さなきゃって」(授業3)
説明	課題説明	授業で探究する課題内容についての説明	【アメリカの銀行における金準備増減に関して藤巻先生が生徒たちに】「この金準備，変動，つまり増減はどうなっているかを調べて欲しいんだよね。[笑顔で] ちょっとここに何パーセントか計算して下さい」(授業4)
問いかけ	発問	授業内容，学習課題に関する問いかけ	【日清戦争後の条約改正に関して新川先生が蒼井さんに】「ねぇ蒼井さん。不平等条約ってなに？」(授業4)
問いかけ	確認	生徒に，課題学習の進捗状況を確認する，授業進行の許可を得る問いかけ	【地形の起伏原因に関する真山さんの「人間がやったと思う」の発言に対して，菊地先生が真山さんに】「何かの力が働いているってことだよね？」(授業1)
指示	発言の指示	特定生徒やグループに発言を求める指示	【ビゴーの岩隈使節団の風刺画について松山先生が上野さんに】「上野さん，この絵を見てどんなふうに思ったか言って」(授業1)
指示	傾聴・相談の指示	教師の説明や他生徒の発言への傾聴指示，生徒同士で話し合うよう求める指示	(授業開始直後，若平先生が生徒たちに)「じゃあいきましょう。ちょっと聴いてください」(授業3) 【環境問題の調べ学習を始める際，田辺先生が生徒たちに】「今配ったプリントは授業でまとめていきますけど，今から時間をあげますからはい，どうぞ，相談してごらん。」(授業2)
(2) 生徒の反応			
発言	自発的発言	教師の指示によらない自発的な発言	【織田先生からの日露協商に関する「どういう考え方？」という発問に市川さんが】「日本とロシアが協力して商用するの！」(授業3)
発言	質問	教師の発問，指示，説明に対する質問	【中世西欧キリスト教社会における教会の腐敗に関する石川先生の「聖職者による結婚が横行した」という説明に飛田くんが】「何で結婚しちゃいけないの？」(授業3)
発言	説明	教師の指示を受けて見解を示す発話	【菊地先生から「谷ができる過程」について発言を求められた大久保くんが】「[やや大きな声で] 川や雨などで土砂崩れが起き，水の浸食作用でできた」(授業1)

カテゴリー	サブカテゴリー	定義	発話データ例
単純応答	同調	教師の発問などに対する同調	【中山先生の「太平洋戦争に行っちゃった理由を考えて」という課題説明に井上くんが】「はい」（授業2）
	反発・不満	教師の発問などに対する反発や不満	【新川先生の「満州事変の意味分かった？」という確認に吉田さんが】「わかんない！」（授業3）
沈黙	説明傾聴	教師の説明に対する傾聴	【松山先生が大津事件について説明し生徒たちを見つめると，生徒たちは】「｜松山先生の顔を見て説明を聴いている｜」（授業1）
	沈黙	教師の問いかけ・指示に対する沈黙	【藤巻先生の「非正規雇用はやめるべき？」という発問に生徒たちが】「｜腕を組んで考え込む｜」（授業1）
相談	相談	生徒2名以上での話し合い	【若平先生のイラク・フセイン元大統領の死刑執行に関する説明を受けて千葉さんと三輪さんが】「｜相談｜（千葉さん「何年前だっけ？」三輪さん「3年くらい前じゃない？」）」（授業4）
問題行動	私語	生徒間の授業内容に無関係な発話	【藤巻先生の社会格差に関する説明中に広田さんと森くんが】「｜私語｜（広田さん「花粉症？」森くん「わかんない，花粉症じゃないかもしれない」）」（授業1）
	居眠り	居眠りや机に伏す状態	【矢崎先生がグループ活動を見守り「みんなで考えて」と促すと大塚さんが】「眠い｜机に伏せる｜」（授業1）
	ふざけ・だらけ	授業内容に無関係な発話や不活発な状態	【田辺先生の車の排気ガスに関する説明中に岸本さんが】「｜大声で｜フェラーリ！」（授業3）

Note.【　】内に発話がなされた文脈と発話者を示した。｜　｜は表情，姿勢，動きを示す。発話データ例の最後に引用した授業を（　）で表記した。なお，（　）内の数字は各教師の学級を観察した順序番号を示す。

　まず，藤江（2000）や岸野・無藤（2005）による談話分析の手法を参考に，教師の働きかけを発話の意味内容から説明，問いかけ，指示の3カテゴリーに分類し，それぞれサブカテゴリーを設定した。この分類では，生徒の反応に対する教師の応答や復唱は除外したが，教師の復唱の中にはイントネーション上昇による疑問の形状があることから（藤江，2000），それを問いかけと定めた。次に，生徒の積極的／消極的授業参加行動が教師に情動を生起させると考え，布施・小平・安藤（2006）の"授業場面での積極的授業参加行

動を尋ねる質問紙項目"も参考にして，教師の説明，問いかけ，指示に対して生徒が示した後続発話を抽出しコーディングした。その結果，生徒の反応は，発言，単純応答，沈黙，相談，問題行動，の5カテゴリーに分類された。ここでは，教師の働きかけに対するフィードバックとしての生徒の反応を詳細に捉えるため，各カテゴリーにサブカテゴリーを設定した。この分析結果は筆者を含む2名で評定し，一致率は91.8％であった。評定が一致しなかったデータは評定者間の協議により決定した。この分析結果に基づいて，教師が快／不快情動を強く経験した授業における生徒との相互作用を数量化し，その特徴を検討した。

次に，教師が授業中に情動を経験する場面で生徒とどのような相互作用を行っているのかを事例分析により検討した。事例抽出にあたっては，面接データの分析結果，観察授業終了直後の面接における教師の語りを参照しながら，典型的，代表的事例を抽出した。事例解釈にあたっては，研究協力者である教師と各学級生徒が経験した具体的状況・文脈を把握可能な"厚い記述"により（南，1991），"個人の主観を超えて，個人相互間の共通性，一致性を獲得して，公共性，共有性をそなえる"相互主観性を保証することが必要とされる（やまだ，1997）。そこで，(1)教師が情動を経験したと同定可能な具体的場面を提示された課題や授業展開といった文脈を含めて記述し，(2)教師－生徒間の相互作用，発話のやりとりを教室談話過程に即して示し，(3)そこでの教師の発話意味を面接データに即して検討した。

第3節　結果と考察

1．フロー状態の授業における教師の経験の質

計40時限分のESM質問紙の結果から，教師10名が主観的に知覚する授業の挑戦水準と自己の能力水準の平均値を算出し，各授業における教師の経

第 5 章　授業における教師のフロー体験　　141

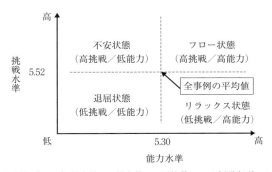

挑戦水準（N=40）最小値＝3　最大値＝7　平均値＝5.52　標準偏差＝1.154
能力水準（N=40）最小値＝4　最大値＝7　平均値＝5.30　標準偏差＝0.939

Figure 5.1　挑戦／能力水準で規定される授業における教師の経験の4状態
Note. 典型的なフロー研究では低挑戦／低能力の活動をアパシー（無関心）状態と同定するが，本研究の教師が示した挑戦水準の最小値3，能力水準の最小値4であったため，同活動をアパシーよりは高次の経験と捉え，退屈状態と定義した。

Table 5.2　経験の4状態に分類された授業事例数とその内訳

経験の状態	事例数 (N=40)	事例内訳
フロー状態	13	新川先生・授業2 (6/6)，新川先生・授業4 (7/7)，藤巻先生・授業4 (6/6)，石川先生・授業3 (7/6)，菊地先生・授業1 (6/7)，菊地先生・授業2 (6/6)，中山先生・授業2 (7/6)，中山先生・授業4 (7/6)，織田先生・授業3 (7/6)，田辺先生・授業2 (6/6)，若平先生・授業3 (7/6)，矢崎先生・授業3 (6/6)，矢崎先生・授業4 (6/6)
リラックス状態	6	新川先生・授業1 (4/7)，新川先生・授業3 (5/6)，菊地先生・授業3 (4/6)，松山先生・授業1 (5/6)，織田先生・授業1 (4/6)，田辺先生・授業4 (5/6)
不安状態	8	藤巻先生・授業1 (7/4)，藤巻先生・授業3 (6/5)，石川先生・授業1 (6/5)，松山先生・授業2 (7/5)，中山先生・授業3 (6/4)，若平先生・授業2 (6/5)，若平先生・授業3 (7/4)，矢崎先生・授業2 (6/5)
退屈状態	13	藤巻先生・授業2 (3/5)，石川先生・授業2 (5/4)，石川先生・授業4 (5/5)，菊地先生・授業4 (5/4)，松山先生・授業3 (5/5)，松山先生・授業4 (5/5)，中山先生・授業1 (5/5)，織田先生・授業2 (3/4)，織田先生・授業4 (5/4)，田辺先生・授業1 (5/5)，田辺先生・授業3 (5/4)，若平先生・授業1 (3/4)，矢崎先生・授業1 (5/4)

Note. 各学級の観察順序番号を"授業1"のように示し，( )内に各授業に対して教師が報告した挑戦水準／能力水準の値を示した。

験をフロー，リラックス，不安，退屈，の4状態に分類したのが Figure 5.1 である。また，経験の4状態に分類された授業事例数とその内訳は Table 5.2 に示した。

この分類により，教師の経験がフロー状態と同定された授業（以下，"フロー状態の授業"と表記。その他3状態に同定された授業も同様に表記する）と退屈状態の授業が13ずつ抽出された。ただし，フロー状態の授業は松山先生を除いた教師9名から抽出され，石川先生，藤巻先生，中山先生，若平先生，矢崎先生の5名からはリラックス状態の授業は抽出されなかった。また，新川先生からは不安状態の授業と退屈状態の授業は抽出されず，新川先生を加えて菊地先生，織田先生からも不安状態の授業は抽出されなかった。これらの結果から，各教師が観察授業中に経験した情動の傾向が以下のように読み取れる。

新川先生はフロー状態の授業とリラックス状態の授業がそれぞれ2回ずつあり，菊地先生，中山先生，矢崎先生もフロー状態の授業が2回ずつあった。このことから，彼らは心理的な余裕を持って日々の授業実践に臨んでおり，生徒との相互作用から喜びや楽しさを多く経験していた可能性がうかがえる。一方，石川先生，松山先生，田辺先生は退屈状態の授業がそれぞれ2回ずつあった。一見すると，教師3名は日々の授業で喜びや楽しさを経験することが少ないように思われるが，それぞれ退屈状態の授業の挑戦水準と能力水準が低い値でも均衡していた。このことから，教師3名は退屈状態と同定された授業でも，心理的には落ち着いた状態，すなわちリラックス状態に近い経験をしていたと思われる。それに対して，藤巻先生，織田先生，若平先生はフロー状態の授業が1回ずつあったものの，藤巻先生と若平先生は不安状態の授業で挑戦水準の値が能力水準の値を大きく上回る（7/4）ことがあり，さらに，3名共に退屈状態の授業で能力水準の値が挑戦水準の値を上回ることがあった。したがって，藤巻先生，織田先生，若平先生は日々の授業で生徒に与える課題の水準，自らが用いる授業方略，生徒の消極的授業参加行動

第5章 授業における教師のフロー体験　143

Table 5.3　経験の4状態の授業における教師の経験の質

		フロー (N=13)	リラックス (N=6)	不安 (N=8)	退屈 (N=13)
情動	幸福感	*4.38 (0.49)*	4.17 (0.37)	<u>2.63 (0.99)</u>	3.08 (1.14)
	楽しさ	*4.54 (0.63)*	4.50 (0.50)	<u>2.75 (0.83)</u>	2.85 (1.23)
	満足感	*6.31 (1.32)*	4.50 (1.26)	<u>3.63 (1.41)</u>	3.77 (1.62)
	孤独感	<u>1.77 (1.19)</u>	1.83 (0.90)	2.13 (0.83)	3.23 (0.97)
活動性	積極性	*4.38 (0.49)*	4.33 (0.47)	<u>3.25 (0.83)</u>	3.54 (0.75)
	力強さ	3.92 (0.73)	*4.17 (0.69)*	<u>2.88 (0.78)</u>	3.23 (0.97)
	活気	*4.46 (0.50)*	4.33 (0.75)	3.38 (0.48)	<u>3.31 (0.85)</u>
認知能力	集中	*7.46 (0.63)*	7.17 (0.37)	<u>5.63 (1.22)</u>	6.15 (1.17)
	明確さ	*4.08 (0.73)*	3.83 (1.07)	3.00 (0.71)	<u>2.92 (1.21)</u>
	注意	*4.31 (0.46)*	3.83 (0.69)	<u>2.88 (1.05)</u>	2.92 (0.92)
動機づけ	没頭	*4.46 (0.50)*	4.00 (0.58)	<u>3.00 (0.71)</u>	3.23 (0.70)
	乗り気	*4.69 (0.61)*	4.50 (0.50)	<u>3.25 (0.66)</u>	3.46 (0.75)
	統制感	*6.92 (0.83)*	6.00 (0.82)	4.75 (1.20)	<u>4.54 (1.99)</u>
	時間感覚の速さ	*4.46 (0.63)*	4.17 (0.37)	<u>3.00 (1.32)</u>	3.31 (0.91)

Note. 数値は平均値、括弧内はSD（標準偏差）を示した。また、経験の4状態における各変数の最高値をイタリックで表記し、最低値には下線を引いた。

などに対して不快情動や自己意識情動を多く経験し、恒常的に悩みや葛藤を抱えていた可能性がうかがえる[23]。

次に、経験の4状態の授業における情動、活動性、認知能力、動機づけ、及び時間感覚の各変数を算出した。その結果をTable 5.3に示す。

教師の経験がフロー状態の授業では、力強さを除いた全ての変数で最も高い値を示し、次いでリラックス状態の授業でも各変数は高い値を示した。一方、不安状態の授業では快情動、活動性、動機づけ、時間感覚の各変数が低い値を示し、退屈状態の授業では教師の孤独感が最も強く、活気、明確さ、統制感の低減がうかがえた。ただし、快情動を含め、その他の経験変数では不安状態の授業よりも退屈状態の授業の方が高い値を示した。この結果は先述したように、退屈状態の授業でも、教師が主観的に知覚する挑戦水準と能力水準が平均値よりも低い値ではあるが均衡に近づくため、経験の質もリラックス状態に近づくためと考えられる。

Table 5.4 快情動と活動性,認知能力,動機づけ,時間感覚との相関係数

	活動性			認知能力			動機づけ			時間感覚
	積極性	力強さ	活気	集中	明確さ	注意	没頭	乗り気	統制感	時間感覚の速さ
幸福感	.683**	.676**	.721**	.724**	.788**	.601**	.794**	.705**	.606**	.840**
楽しさ	.613**	.587**	.721**	.611**	.588**	.486**	.726**	.694**	.622**	.806**

$**p < .01$

　続けて,快情動と活動性,認知能力,動機づけ,時間感覚の各変数の相関関係を記述統計により分析した。この結果を Table 5.4 に示す。

　分析の結果,幸福感(喜び)・楽しさの経験変数と活動性・認知能力・動機づけ・時間感覚の経験変数が正の相関を示した($p<.01$)。つまり,教師は快情動を強く経験する授業において積極的に力強く生徒に対して働きかけながら,同時に生徒の学習状況を入念に観て分析し,さらに時間経過を忘却するほど自らが授業に専心没頭していたと解釈できる。この結果はまた,教師が不快情動を強く経験する授業で上記とは逆の現象が生起している可能性も示唆する。

　以上の結果から,教師が主観的に知覚する授業の挑戦水準と自己の能力水準が相対的に高い値で均衡したとき,教師は快情動を強く経験し,教師の経験はフローに近づくことが示唆される。したがって,教師が自己の能力水準と同等あるいはそれよりもやや高い挑戦的課題や目標をもって授業に臨むことが,授業中に快情動を強く経験するための一つの条件と言えよう。ただし,本研究の教師がESM質問紙に回答した挑戦水準と能力水準の最高値は7で,8や9はなかった。この結果は,教師が50分という授業時間の中で一貫してフローを体験するのではなく,授業のある一定の瞬間や場面でフローを体験することを示唆する。また,第3章で指摘したように,教師は授業中に生起した情動を授業後の反省に活かすため,自己の行為を対象とした快情動の経験に慎重な姿勢を保持していた。このことから,授業後のESM質問紙での教師の自己評価が若干低くなるのは,フロー体験後の自己感覚の高まりとそれにより開始される省察過程の結果と捉えることができ,それにより,教

師は授業をよりよく改善，発展させる実践の改善や再構成を行うことが可能となると言える。

授業中には，教師が快情動を強く経験するほど教師自身の活動は活性化し，注意や集中といった認知能力も同時に高まり，教師は授業時間の経過を速く感じることが示された。面接調査においても，教師たちは楽しさの経験に伴う時間経過の速さについて語っていた。例えば，菊地先生は「楽しいときは時間が短いですよね。速い。それはある。それは子どもも同じ」と語り，若平先生も同様に「やっぱり楽しいときは時間が過ぎるのが速いですね。完全に速い」と語っていた。これらの語りは，授業中に生起する快情動が教師の認知や動機づけに肯定的な影響を及ぼし，教師を授業に没頭させることを示唆している。

一方，教師が知覚する授業の挑戦水準が自己の能力水準を大きく上回る授業で，教師は快情動よりも不快情動や自己意識情動を強く，多く経験している可能性が示された。したがって，教師が自己の能力を大きく上回る授業に挑戦すること，あるいは自己の能力では解決不可能な困難な出来事に授業で直面することによって，教師には不快情動や自己意識情動が生起し，それに伴い認知能力や動機づけが低減すると考えられる。その結果，例えば，授業を円滑に展開する，生徒の発言や質問に即興的に対応する，生徒に明確な発問や課題を提示するなど，教師の授業中の活動を不快情動や自己意識情動が阻害する可能性が示唆される。

それでは，フロー状態の授業では，教師は生徒に対してどのような働きかけを行い，生徒はそれに対してどのような反応を示していたのだろうか。そこで次節では，まず面接調査の分析結果から，教師が快情動を経験する授業中の状況や出来事，すなわち生徒の行為と教師自身の行為について検討する。

2．教師が授業中に快情動を経験する生徒及び自己の行為

面接データの分析から，教師10名が経験する快情動として，喜び，驚き，

Table 5.5 教師が授業中に快情動を

	対象	喜び
菊地先生	生徒の行為	生徒の気分の明るさ，生徒による説明傾聴，消極的生徒の授業参加，生徒による新視点・解釈の提起，[生徒の予想外反応]，[生徒からの受容]，生徒間の交流・協働，[生徒間のケア]
	自己の行為	
石川先生	生徒の行為	[生徒からの返答]，生徒による説明傾聴，生徒の授業・学習への集中
	自己の行為	[イメージトレーニング一致]
新川先生	生徒の行為	生徒の気分の明るさ，生徒による説明傾聴，消極的生徒の授業参加，生徒の授業・学習への集中，生徒による新視点・解釈の提起，生徒の自発的質問
	自己の行為	声かけ方略の成功
藤巻先生	生徒の行為	生徒による説明傾聴，消極的生徒の授業参加，生徒による新視点・解釈の提起，生徒の自発的発言，生徒の授業内容理解，生徒間の交流・協働，生徒による友人の意見傾聴
	自己の行為	
中山先生	生徒の行為	生徒による説明傾聴，消極的生徒の授業参加，生徒の自発的発言，生徒間の交流・協働，生徒間の意見の交流
	自己の行為	円滑な授業展開，声かけ方略の成功
松山先生	生徒の行為	生徒による説明傾聴，消極的生徒の授業参加，生徒の授業・学習への集中，生徒による新視点・解釈の提起，生徒の自発的発言，生徒間の意見の交流
	自己の行為	
田辺先生	生徒の行為	生徒の気分の明るさ，生徒による説明傾聴，生徒の自発的発言，生徒の授業・学習への集中，生徒による新視点・解釈の提起，生徒間の交流・協働
	自己の行為	
矢崎先生	生徒の行為	生徒による説明傾聴，消極的生徒の授業参加，生徒による新視点・解釈の提起，生徒間の交流・協働，生徒による友人の意見傾聴
	自己の行為	
織田先生	生徒の行為	生徒の気分の明るさ，生徒による説明傾聴，生徒の授業・学習への集中，生徒による新視点・解釈の提起
	自己の行為	
若平先生	生徒の行為	生徒による説明傾聴，消極的生徒の授業参加，生徒の自発的発言，生徒による新視点・解釈の提起，生徒間の交流・協働，生徒間の意見の交流
	自己の行為	

Note. 教師1名のみの独自データラベルは [ ] で表記した。

経験する生徒及び自己の行為

驚き	楽しさ	心地よさ
	［生徒の学習に対する抵抗］	生徒の授業・学習への集中
	生徒との協働探究，教材研究充実	即興的対応の成功，円滑な授業展開
	生徒の気分の明るさ，生徒の自発的質問，生徒の授業内容理解	
	授業準備充実，［生徒との気分一致］，生徒との協働探究	説明方略の成功，発問方略の成功，即興的対応の成功，円滑な授業展開
生徒の予想外発言	生徒間の交流・協働	
	生徒との協働探究，円滑な授業展開	教材研究充実，即興的対応の成功
生徒の予想外発言		生徒の気分の明るさ
	生徒との協働探究，即興的対応の成功，生徒間の議論組織化成功	教材研究充実，円滑な授業展開
生徒の予想外発言	生徒による新視点・解釈の提起，生徒間の意見の交流	生徒の気分の明るさ
	生徒との協働探究	教材研究充実，円滑な授業展開
生徒の予想外発言		
		教材研究充実，生徒との協働探究
生徒の予想外発言	消極的生徒の授業参加	
	生徒との協働探究，即興的対応の成功	授業準備充実，円滑な授業展開
生徒の予想外発言		生徒の気分の明るさ
	教材研究充実，生徒との協働探究	即興的対応の成功，円滑な授業展開
生徒の予想外発言	生徒の自発的発言，生徒間の意見の交流	生徒による友人の意見の傾聴
	生徒との協働探究，即興的対応の成功，円滑な授業展開	授業準備充実
生徒の予想外発言	生徒の気分の明るさ，生徒間の意見の交流，生徒の予想外質問	
	生徒との協働探究	教材研究充実，即興的対応の成功，生徒間の議論組織化成功

楽しさ，心地よさの4種が抽出された。これらの快情動を授業中に教師が経験する生徒の行為及び教師自身の行為を，プロトコルデータから抽出したラベルに要約して Table 5.5 に示した。

　分析の結果，菊地先生と石川先生に独自のデータ（ラベル）がいくつか抽出されたものの，教師10名は生徒の積極的授業参加行動に該当する行為に快情動を経験し，その中でも教師10名が共通して喜びを経験すると語ったのは生徒による説明傾聴であった。このことから，教師は，教科の概念や知識の説明という自らの働きかけに対するフィードバックを生徒の傾聴という行為から得ていたと考えられる。また，主に講義形式で授業を行っていた石川先生を除いて，教師9名は協働学習や話し合い場面における生徒同士の意見の交流，協働による課題遂行に喜びや楽しさを経験していた。

　さらに，教師10名は生徒の発言に対して快情動を多く経験しており，特に，教師たちは自らの指示によらない生徒の自発的発言，授業展開や話し合いの展開から見て新たな視点や解釈を示す発言に喜びや楽しさを経験し，教師にとって予想外の発言を生徒が示すと驚きを経験していた。これらの結果から，フロー状態の授業では，Table 5.5 に示した生徒の行為が多く生起していたと推察される。そして，これらの生徒の行為から，教師は自らの説明や発問などの働きかけに対する明確なフィードバックとして快情動を経験していた，言い換えれば，心的報酬を得ていたと考えられる。

　また，教師10名が共通して授業で楽しさ，心地よさを経験する条件として挙げたのが，自らが行う授業準備・教材研究の充実，即興的対応の成功，円滑な授業展開であった。この結果から，教師が快情動を強く経験しフローを体験する授業では，まず，生徒に提示する課題や発問の内容，プリント教材などの事前の授業準備，あるいは授業内容と学習課題に対する教材研究を充実させていたと考えられる。教師はこれらの「授業の準備がしっかりできているときは心地よい」（田辺先生）し，「教材研究が充実していると楽しい授業に繋が」（矢崎先生）る。逆に，授業準備と教材研究が不十分だと，苦し

みや悔しさといった情動を経験しやすい。このような現象が起こるのは，授業準備や教材研究が充実することにより，教師は授業展開の見通しが立て易くなり，さらに，授業中に生徒から予想外の発言や質問が提起されても，教師は事前の準備と教材研究で得た知識を活用し，それらに即興的に対応可能になるためと考えられる。ゆえに，教師10名は共通して，生徒の発言に即興的に対応しながら授業展開を円滑に進めることができたとき，楽しさや心地よさを経験していたと考えられる。したがって，教師がフローを授業中に体験するとき，生徒の発言に対する即興的な対応と，その即興性に基づく円滑な授業展開（即興的な授業展開）を行っていると考えられる。

さらに，この分析結果で注目すべきなのが，教師10名が共通して，生徒との協働探究から楽しさや心地よさを経験していたことである。例えば，菊地先生は面接において，筆者の「菊地先生も予測しない発言が生徒から出てきたらどうなさるのですか？」との質問に，「そういうときはね，子どもと一緒に考えることになるんです。|笑顔で| 子どもと一緒に考えることが一番面白い所ですよね」と語った。また，藤巻先生は快情動経験に関する語りにおいて，「黒板に書いてあるまとめを生徒と一緒になって考え直したりね。協働作業で生徒と文章を作ったりする。そういう授業のテーマ，ポイントはここなんだってことを共有できるのは楽しいですね」と述べた。これらの語りが示すように，教師が協働探究者として生徒と共に未知の学習課題や難問に取り組み，生徒の発言に即興的に応じながら自らも新たな知識を獲得していく時が，教師にとって最も楽しい授業の瞬間と推察される。

以上より，授業中，教師に喜びや驚きを生起させ，教師の説明や発問といった働きかけに対する明確なフィードバックとなる生徒の授業参加行動が明らかとなった。さらに，即興的対応の成功とそれに基づく円滑な授業展開，生徒との協働探究という，教師が授業中に楽しさや心地よさを経験する瞬間の自己の行為が明らかとなった。それでは，教師の経験がフロー状態の授業では，実際に教師の働きかけに対するフィードバックとしての生徒の行為が多

く生起していたのだろうか，そして，教師は即興的に授業を展開し生徒と協働で学習課題を探究していたのだろうか。これらの論題を次節で検討する。

3．フロー状態の授業における教師―生徒間の相互作用の特徴

(1) 明確なフィードバックの存在

ESM質問紙の分析結果から，教師10名の全項目変数の合計値が最も高かった授業（フロー状態もしくはリラックス状態）と最も低かった授業（不安状態もしくは退屈状態）を一つずつ抽出し，それぞれの授業における教師の働きかけと，それに対する生徒の反応を談話過程から数量化し，比較した。Table 5.6には各授業における教師の働きかけカテゴリーである説明，発問，指示に該当する発話量を示した。

その結果，まず，教師10名の働きかけの仕方にそれぞれ特徴が見出された。

Table 5.6　フロー・リラックス状態の授業と

カテゴリー	サブカテゴリー	菊地学級		石川学級		藤巻学級		中山学級	
		授業1 (F)	授業4 (B)	授業3 (F)	授業2 (B)	授業4 (F)	授業1 (A)	授業2 (F)	授業1 (B)
説明	概念・知識の説明	23 (14.3)	34 (17.3)	34 (39.1)	31 (39.2)	88 (29.5)	49 (27.1)	30 (30.6)	39 (52.0)
	課題説明	19 (11.8)	2 (1.1)	10 (11.5)	13 (16.5)	23 (7.7)	14 (7.7)	11 (11.2)	4 (5.4)
問いかけ	発問	35 (21.7)	34 (17.3)	8 (9.2)	5 (6.3)	31 (10.4)	27 (14.9)	14 (14.3)	0 (0.0)
	確認	12 (7.5)	23 (11.7)	23 (26.4)	17 (21.5)	56 (18.8)	18 (9.9)	6 (6.1)	3 (4.0)
指示	発言指示	18 (11.2)	40 (20.4)	2 (2.3)	0 (0.0)	32 (10.7)	40 (22.1)	0 (0.0)	10 (13.3)
	相談・傾聴の指示	11 (6.8)	9 (4.6)	2 (2.3)	0 (0.0)	13 (4.4)	3 (1.7)	10 (10.2)	1 (1.3)
その他	（応答・復唱）	43 (26.7)	54 (27.6)	8 (9.2)	13 (16.5)	55 (18.5)	30 (16.6)	27 (27.6)	18 (24.0)
発話総数		161	196	87	79	298	181	98	75

Note. フロー状態の授業を（F），リラックス状態の授業を（R），不安状態の授業を（A），退屈状を示した。なお，新川先生のESMの結果からは不安・退屈状態の授業が抽出されなかったため，

石川先生，藤巻先生，中山先生，松山先生，田辺先生，若平先生，新川先生の7名は教科の概念や知識の説明頻度が多く，菊地先生，矢崎先生，織田先生の3名は説明よりも問いかけ頻度が多かった。ただし，藤巻先生，田辺先生，若平先生，新川先生は説明と同程度に発問を行っており，石川先生と松山先生は説明だけではなく確認も多く行っていた。また，菊地先生，藤巻先生，松山先生は他教師7名に比べて発言指示頻度が多かった。

次に，各授業における教師10名それぞれの働きかけの比較として，菊池先生，中山先生，織田先生はフロー状態の授業で発問が多く，退屈状態の授業で発言指示が多かった。また，若平先生，藤巻先生，矢崎先生も不安状態の授業で発言指示が多かった。石川先生は退屈状態の授業よりもフロー状態の授業で，新川先生はリラックス状態の授業よりもフロー状態の授業で発問と確認が多かった。松山先生と田辺先生はフロー状態の授業またはリラック

不安・退屈状態の授業における教師の働きかけ

松山学級		田辺学級		矢崎学級		織田学級		若平学級		新川学級	
授業1 (R)	授業2 (A)	授業2 (F)	授業3 (B)	授業4 (F)	授業1 (A)	授業3 (F)	授業4 (B)	授業4 (F)	授業3 (A)	授業4 (F)	授業3 (R)
33 (22.8)	41 (30.1)	80 (22.0)	77 (28.4)	58 (19.6)	37 (12.2)	37 (15.4)	28 (14.9)	46 (24.5)	34 (22.3)	58 (22.7)	40 (19.3)
7 (4.8)	5 (3.7)	16 (4.4)	24 (8.9)	14 (4.8)	23 (7.6)	12 (5.1)	17 (9.0)	13 (6.9)	12 (7.9)	12 (4.7)	16 (7.7)
9 (6.2)	7 (5.1)	85 (23.4)	43 (15.9)	53 (17.9)	55 (18.2)	87 (36.0)	45 (23.9)	26 (13.8)	21 (13.8)	32 (12.5)	11 (5.3)
15 (10.3)	18 (13.2)	52 (14.3)	32 (11.8)	51 (17.2)	38 (12.5)	32 (13.3)	36 (19.2)	27 (14.4)	24 (15.8)	57 (22.2)	41 (19.9)
32 (22.1)	30 (22.1)	25 (6.8)	22 (8.1)	17 (5.7)	24 (7.9)	14 (5.8)	18 (9.6)	5 (2.6)	12 (7.9)	19 (7.4)	4 (1.9)
5 (3.5)	10 (7.4)	11 (3.0)	7 (2.6)	27 (9.1)	19 (6.39)	18 (7.4)	15 (8.0)	12 (6.4)	8 (5.3)	11 (4.3)	16 (7.7)
44 (30.3)	25 (18.4)	95 (26.1)	66 (24.3)	76 (25.7)	107 (35.3)	41 (17.0)	29 (15.4)	59 (31.4)	41 (27.0)	67 (26.2)	79 (38.2)
145	136	364	271	296	303	241	188	188	152	256	207

態の授業を（B）と表記した。数値の括弧内は発話総数に対する各サブカテゴリー該当発話の比率
ここではフローとリラックス状態の授業を比較のための参考データとして示す。

ス状態の授業よりも，不安状態の授業及び退屈状態の授業で概念・知識の説明が少なかった。

　このように，フロー状態（リラックス状態）の授業と不安・退屈状態の授業における教師10名の働きかけを比較すると，フロー状態（リラックス状態）の授業では教師の説明や指示という主体的な働きかけが少なく，発問や確認という生徒の発話や授業参加を促す働きかけが多かったことがうかがえる。それでは，フロー状態（リラックス状態）の授業と不安・退屈状態の授業では，教師の働きかけに対して生徒はどのような反応を示していたのだろうか。この点を検討するために，各授業における教師の働きかけに対する後続発話としての生徒の反応を，発言，単純応答，沈黙，相談，問題行動の5カテゴリー，11サブカテゴリーにより捉え，それらを教師の働きかけに応じて積極的（授業参加）行動／消極的（授業参加）行動に分類した（Table 5.7）。その結果，フロー状態（リラックス状態）の授業における教師-生徒間の相互作用の特徴として以下の示唆が得られた。

　まず，教師による教科の概念・知識の説明に対する生徒の反応として，菊地学級を除く8学級で，フロー状態（リラックス状態）の授業における生徒の説明傾聴，自発的発言，質問の提示が多く見られた。一方，不安・退屈状態の授業では生徒の私語が多く見られ，居眠りも石川学級と中山学級で多く見られた。教師による学習課題の説明に対する生徒の反応については，松山学級を除く8学級で，フロー状態（リラックス状態）の授業における生徒による質問が多く，次いで同調が多く見られた。不安・退屈状態の授業では，菊地学級と松山学級を除く7学級で生徒の私語が最も多く見られた。

　教師の発問に対する生徒の反応として，全学級でフロー状態（リラックス状態）の授業における生徒の自発的発言が多く見られ，不安・退屈状態の授業では，退屈状態の授業でそもそも教師の発問自体が少なかった石川学級と中山学級を除く7学級で，生徒の沈黙が多く見られた。また，教師の確認に対しては，菊地学級を除く8学級で，フロー状態（リラックス状態）の授業に

おける生徒による教科の概念・知識に関する説明，同調が多く見られた。一方，不安・退屈状態の授業では生徒の私語が多く見られたが，石川学級や矢崎学級で生徒による反発・不満が少なからず見受けられた。

　教師の発言指示に関しては，田辺学級と織田学級で，フロー状態（リラックス状態）の授業における生徒による教科の概念・知識に関する説明が多く見られた。不安・退屈状態の授業では生徒の反発・不満よりも私語の方が多く見られた。教師の相談・傾聴の指示に対しては，織田学級を除く7学級で，フロー状態（リラックス状態）の授業における生徒の同調が多く見られ，不安・退屈状態の授業では，生徒の私語が多く見られた。

　このように，フロー状態（リラックス状態）の授業では，教師の説明や問いかけに対する生徒の説明傾聴，自発的発言，質問，教科の概念・知識の説明といった積極的授業参加行動が多く生起したことがうかがえる。一方，不安・退屈状態の授業では，生徒の沈黙，反発や不満，私語や居眠り，ふざけ・だらけといった問題行動を含めた消極的授業参加行動が多く生起した傾向がうかがえる。つまり，フロー状態（リラックス状態）の授業では，生徒の積極的授業参加行動から教師は説明や問いかけといった自らの積極的な働きかけに対する明確なフィードバックとして喜び（心的報酬）を多く経験していたと言えるだろう。

　ただし，この分析結果に二点の顕著な例外が見出された。第1に，フロー状態（リラックス状態）の授業と不安・退屈状態の授業における教師の指示，特に発言指示に対する生徒の積極的／消極的授業参加行動の生起数に有意差が見出されたのは田辺学級と織田学級のみであった。これは，教師は自らの指示を受けて生徒が発言することよりも，発問や説明を受けて生徒が自発的に発言や質問することを積極的授業参加行動として捉えるためと推察される。ゆえに，前節で示したように，教師たちは自らの指示を受けた生徒の発言よりも，発問や説明に対する自発的発言に喜びを経験していたと考えられる。

第Ⅲ部　授業における教師の情動と心理的事象

Table 5.7　フロー・リラックス状態の授業と不安・退屈

教師の働きかけ		生徒の反応	菊地学級		石川学級		藤巻学級		中山学級	
			授業1 (F)	授業4 (B)	授業3 (F)	授業2 (B)	授業4 (F)	授業1 (A)	授業2 (F)	授業1 (B)
説明	概念・知識の説明	質問	6	5	2	1	21	5	0	1
		自発的発言	2	3	1	0	30	8	1	0
		相談	1	4	0	1	4	9	1	0
		同調	1	1	7	4	25	5	0	0
		傾聴	6	8	23	9	4	10	25	22
		積極的行動・計	16 (14.2)	21 (15.7)	33 ▲ (41.8)	15 ▽ (20.2)	84 ▲ (35.0)	37 ▽ (25.5)	27 ▲ (39.7)	23 ▽ (46.9)
		反発・不満	0	1	0	0	1	0	0	2
		私語	2	3	0	6	1	5	0	2
		居眠り	0	0	1	8	0	0	0	4
		ふざけ・だらけ	0	2	0	2	0	1	0	0
		消極的行動・計	2 (1.8)	6 (4.5)	1 ▽ (1.3)	16 ▲ (21.5)	2 ▽ (0.8)	6 ▲ (4.1)	0 ▽ (0.0)	8 ▲ (16.3)
	課題説明	質問	3	0	4	1	4	1	8	0
		自発的発言	1	0	0	1	6	1	0	0
		相談	0	1	3	0	5	4	1	0
		同調	11	0	1	3	6	4	2	1
		傾聴	1	0	1	1	1	0	0	0
		積極的行動・計	16 (14.2)	1 (0.7)	9 ▲ (11.4)	6 ▽ (8.1)	22 ▲ (9.2)	10 ▽ (6.9)	11 ▲ (16.2)	1 ▽ (2.0)
		反発・不満	1	0	1	2	0	0	0	0
		私語	2	0	0	3	1	3	0	3
		居眠り	0	0	0	2	0	1	0	0
		ふざけ・だらけ	0	0	0	0	0	0	0	0
		消極的行動・計	3 (2.6)	0 (0.0)	1 ▽ (1.3)	7 ▲ (9.5)	1 ▽ (0.5)	4 ▲ (2.8)	0 ▽ (0.0)	3 ▲ (6.3)
問いかけ	発問	質問	5	5	1	0	2	1	0	0
		自発的発言	19	7	3	1	26	15	12	0
		相談	0	3	0	0	0	2	0	0
		積極的行動・計	24 ▲ (21.2)	15 ▽ (11.2)	4 (5.0)	1 (1.4)	28 ▲ (11.7)	18 ▽ (12.4)	12 (17.6)	0 (0.0)
		沈黙	10	13	4	4	3	6	2	0
		私語	0	3	0	0	0	2	0	0
		居眠り	1	0	0	0	0	0	0	0
		ふざけ・だらけ	0	3	0	0	0	1	0	0
		消極的行動・計	11 ▽ (9.7)	19 ▲ (14.2)	4 (5.0)	4 (5.4)	3 ▽ (1.2)	9 ▲ (6.2)	2 (3.0)	0 (0.0)
	確認	質問	3	1	0	0	7	0	0	0
		説明	4	5	0	0	22	6	3	0
		相談	0	0	0	0	4	0	0	0
		同調	2	11	20	10	21	8	3	0
		積極的行動・計	9 (8.0)	17 (12.7)	20 ▲ (25.3)	10 ▽ (13.5)	54 ▲ (22.5)	14 ▽ (9.7)	6 ▲ (8.8)	0 ▽ (0.0)

第5章 授業における教師のフロー体験　155

状態の授業における教師の働きかけに対する生徒の反応

松山学級		田辺学級		矢崎学級		織田学級		若平学級		新川学級	
授業1 (R)	授業2 (A)	授業2 (F)	授業3 (B)	授業4 (F)	授業1 (A)	授業3 (F)	授業4 (B)	授業4 (F)	授業3 (A)	授業4 (F)	授業3 (R)
6	8	24	16	7	2	7	3	7	3	10	14
4	3	12	9	8	4	0	3	13	4	9	2
5	0	1	3	1	0	9	1	6	0	8	2
2	8	9	4	8	2	5	3	4	4	8	10
14	7	20	9	15	3	11	6	11	11	9	1
31 ▲ (30.7)	26 ▽ (25.7)	66 ▲ (27.0)	41 ▽ (22.2)	39 ▲ (20.4)	11 ▽ (6.6)	32 ▲ (17.3)	16 ▽ (10.8)	41 ▲ (32.5)	22 ▽ (22.4)	44 ▲ (26.7)	29 ▽ (24.4)
0	1	0	0	0	1	2	3	1	0	0	0
1	12	2	21	2	12	1	4	1	6	0	4
0	0	0	1	0	0	0	0	0	0	0	0
1	0	0	1	0	0	0	2	0	1	0	0
2 ▽ (2.0)	13 ▲ (12.8)	2 ▽ (0.8)	23 ▲ (12.4)	2 ▽ (1.0)	13 ▲ (7.7)	3 ▽ (1.6)	8 ▲ (5.4)	2 ▽ (1.6)	7 ▲ (7.0)	0 ▽ (0.0)	4 ▲ (3.7)
1	2	4	2	3	5	1	1	4	2	1	4
0	0	1	2	0	1	1	0	0	0	1	0
0	1	1	4	1	0	1	3	1	3	0	1
3	1	4	1	8	4	4	2	7	2	4	6
2	0	1	0	2	2	4	1	0	0	1	0
6 (5.9)	4 (4.0)	11 ▲ (4.6)	9 ▽ (4.9)	14 ▲ (7.3)	12 ▽ (7.1)	11 ▲ (5.9)	7 ▽ (4.7)	12 ▲ (9.6)	7 ▽ (7.0)	7 (4.2)	11 (9.3)
0	0	0	2	0	2	0	1	0	0	0	0
0	0	1	5	0	4	1	5	1	5	0	3
0	0	0	0	0	0	0	1	0	0	0	0
1	1	1	5	0	2	0	0	0	0	0	0
1 (1.0)	1 (1.0)	2 ▽ (0.8)	12 ▲ (6.5)	0 ▽ (0.0)	8 ▲ (4.8)	1 ▽ (0.5)	7 ▲ (4.7)	1 ▽ (0.8)	5 ▲ (5.0)	0 (0.0)	3 (2.5)
0	1	14	8	4	4	5	0	3	0	1	1
8	3	56	24	36	29	68	37	19	11	24	1
1	0	2	1	2	2	0	0	2	1	0	1
9 ▲ (8.9)	4 ▽ (4.0)	72 ▲ (29.5)	33 ▽ (17.8)	42 ▲ (22.0)	35 ▽ (20.8)	73 ▲ (39.5)	37 ▽ (25.0)	24 ▲ (19.0)	12 ▽ (12.2)	25 ▲ (15.2)	3 ▽ (2.5)
0	2	1	5	10	17	1	7	2	8	5	8
0	1	0	0	0	2	1	1	0	1	0	0
0	0	0	1	0	0	0	0	0	0	0	0
0	0	2	2	0	1	0	0	0	0	0	0
0 ▽ (0.0)	3 ▲ (3.0)	3 ▽ (1.2)	8 ▲ (4.3)	10 ▽ (5.2)	20 ▲ (11.9)	2 ▽ (1.1)	8 ▲ (5.4)	2 ▽ (1.6)	9 ▲ (9.2)	5 ▽ (3.0)	8 ▲ (6.7)
1	2	8	2	7	0	5	1	2	2	5	9
1	1	23	15	13	7	12	11	12	5	15	8
3	1	3	0	0	0	2	0	1	0	5	1
10	7	15	8	22	9	10	11	9	8	25	14
15 ▲ (14.8)	11 ▽ (10.9)	49 ▲ (20.1)	25 ▽ (13.5)	42 ▲ (22.0)	16 ▽ (9.5)	29 ▲ (15.7)	23 ▽ (15.6)	24 ▲ (19.0)	15 ▽ (15.3)	50 ▲ (30.3)	32 ▽ (26.9)

教師の働きかけ	生徒の反応	菊地学級		石川学級		藤巻学級		中山学級	
		授業1 (F)	授業4 (B)	授業3 (F)	授業2 (B)	授業4 (F)	授業1 (A)	授業2 (F)	授業1 (B)
	沈黙	1	2	1	1	1	1	0	3
	反発・不満	1	1	0	3	1	1	0	0
	私語	0	3	1	2	0	2	0	0
	居眠り	1	0	1	1	0	0	0	0
	ふざけ・だらけ	0	0	0	0	0	0	0	0
	消極的行動・計	3 (2.6)	6 (4.5)	3▽ (3.9)	7▲ (9.5)	2▽ (0.8)	4▲ (2.8)	0▽ (0.0)	3▲ (6.2)
指示 発言指示	質問	0	2	0	0	5	5	0	1
	説明	15	29	2	0	16	18	0	7
	相談	0	0	0	0	3	3	0	0
	同調	0	0	0	0	5	5	0	1
	積極的行動・計	15 (13.3)	31 (23.1)	2 (2.5)	0 (0.0)	29 (12.1)	31 (21.4)	0 (0.0)	9 (18.4)
	沈黙	1	5	0	0	2	1	0	1
	反発・不満	0	0	0	0	1	4	0	0
	私語	2	3	0	0	0	3	0	0
	ふざけ・だらけ	0	1	0	0	0	1	0	0
	消極的行動・計	3 (2.7)	9 (6.7)	0 (0.0)	0 (0.0)	3 (1.2)	9 (6.2)	0 (0.0)	1 (2.0)
相談・傾聴 の指示	質問	1	0	0	0	1	0	1	0
	相談	3	6	0	0	4	1	5	0
	同調	6	2	2	1	5	2	4	0
	積極的行動・計	10 (8.8)	8 (6.0)	2▲ (2.5)	1▽ (1.4)	10 (4.2)	3 (2.0)	10▲ (14.7)	0▽ (0.0)
	反発・不満	1	0	0	2	1	0	0	0
	私語	0	1	0	3	1	0	0	0
	居眠り	0	0	0	1	0	0	0	1
	ふざけ・だらけ	0	0	0	1	0	0	0	0
	消極的行動・計	1 (0.9)	1 (0.7)	0▽ (0.0)	7▲ (9.5)	2 (0.8)	0 (0.0)	0▽ (0.0)	1▲ (2.0)
教師の働きかけに対する生徒の発話（反応）総数		113	134	79	74	240	145	68	49

Note. 教師の働きかけに対する生徒の反応を積極的行動／消極的行動に分類，算出した。数値の括弧内は生徒…意に高い比率，▽は5％水準で有意に低い比率であったことを示し，この有意差が見られた相互作用を網かけ

　第2に，菊地学級のみが，フロー状態の授業と退屈状態の授業における菊地先生の発問に対する生徒の反応以外で，生徒の積極的／消極的行動に有意差が見出されなかった。むしろ，菊地先生による教科の概念・知識の説明，確認，発言指示に対しては，フロー状態の授業よりも退屈状態の授業の方が生徒の積極的授業参加行動が多く生起していた。なぜ，生徒の積極的授業参

松山学級		田辺学級		矢崎学級		織田学級		若平学級		新川学級	
授業1 (R)	授業2 (A)	授業2 (F)	授業3 (B)	授業4 (F)	授業1 (A)	授業3 (F)	授業4 (B)	授業4 (F)	授業3 (A)	授業4 (F)	授業3 (R)
0	1	0	1	0	3	0	4	2	2	2	2
0	2	1	2	1	4	2	0	0	0	2	1
0	0	2	3	0	7	1	5	1	3	0	5
0	0	0	0	0	0	0	0	0	0	0	0
0	1	0	1	0	6	0	2	0	3	0	1
0 ▽ (0.0)	4 ▲ (4.0)	3 ▽ (1.2)	7 ▲ (3.8)	1 ▽ (0.5)	20 ▲ (11.9)	3 ▽ (1.6)	11 ▲ (7.4)	3 ▽ (2.4)	8 ▲ (8.2)	4 ▽ (2.4)	9 ▲ (7.6)
4	1	2	2	2	0	0	1	0	1	0	0
10	6	21	15	12	10	13	11	4	3	12	3
1	2	0	0	0	2	0	0	0	0	0	0
13	13	2	1	0	3	1	1	1	1	1	0
28 (27.7)	22 (21.7)	25 ▲ (10.2)	18 ▽ (9.7)	14 (7.4)	15 (8.9)	14 ▲ (7.6)	13 ▽ (8.8)	5 (4.0)	5 (5.0)	13 (7.9)	3 (2.5)
2	1	0	1	3	0	0	1	0	1	6	1
2	2	0	2	0	0	0	0	0	2	0	0
0	4	0	1	0	5	0	4	0	0	0	0
0	1	0	0	0	0	0	0	0	0	0	0
4 (4.0)	8 (7.9)	0 ▽ (0.0)	4 ▲ (2.2)	3 (1.6)	5 (3.0)	0 ▽ (0.0)	5 ▲ (3.4)	0 (0.0)	3 (3.0)	6 (3.6)	1 (0.8)
0	0	6	2	0	1	5	1	4	1	2	1
3	1	3	1	7	1	5	2	2	2	3	5
2	1	2	0	16	6	3	5	5	1	6	7
5 ▲ (5.0)	2 ▽ (2.0)	11 ▲ (4.6)	3 ▽ (1.6)	23 ▲ (12.1)	8 ▽ (4.8)	13 (7.0)	8 (5.4)	11 (8.7)	4 (4.0)	11 (6.7)	13 (10.9)
0	0	0	0	0	1	3	0	1	0	0	1
0	2	0	1	1	3	1	3	0	1	0	2
0	1	0	1	0	1	0	0	0	0	0	0
0	0	0	0	0	0	0	2	0	0	0	0
0 ▽ (0.0)	3 ▲ (3.0)	0 ▽ (0.0)	2 ▲ (1.1)	1 ▽ (0.5)	5 ▲ (3.0)	4 (2.2)	5 (3.4)	1 (0.8)	1 (1.0)	0 (0.0)	3 (2.5)
101	101	244	185	191	168	185	148	126	98	165	119

の発話（反応）総数に対する各サブカテゴリー該当発話の比率を示した。▲は残差分析の結果，5％水準で有
で明示した。

加行動が多く生起した授業4で，菊地先生の経験は退屈状態となったのだろうか。この論題への手がかりは，前節で論じたように，教師は生徒の行為だけではなく，生徒の行為（反応）を受けて自己の行為（働きかけ）を評価して情動を経験することにある。自己の行為とは，授業展開や生徒の発言内容に応じた教師の即興的な判断と対応の成否，それらに基づく授業展開の在り方，

学習課題に対する生徒との協働探究であった。これらの点は，ここでの数量分析では十分に明らかにできない。そこで次に，授業4に関する菊地先生の語りを参照してから，観察授業終了直後に行った面接調査における教師の語りと授業事例の分析により，フロー状態の授業における教師の働きかけの特徴を検討する。

(2) フローに伴う教師の即興性・生徒との協働探究

4回の授業観察が終了した後の面接において，菊地先生は筆者とのやりとりから地理の授業4（B: 退屈状態）の1場面を振り返って以下のように語った。

> 筆者：例えば，授業展開に失敗したときはどのようなお気持ちになりますか？
> 菊地先生：1組の授業で言うと決定的だったのは，小松さんたちの班だけは［地形図並び替えの］順番違ったでしょ，並び替えの。｛顔をゆがめて｝あれを取り上げなかったのは決定的な判断ミスだね。悔いが残る。
> 筆者：ええ，最後の二つの順番が違っていました。
> 菊地先生：そう，最後の二つが違っていた。あれはね，そこを取り上げるべきだったのね。まず，最初に。だって違うんだもん。
> 筆者：あの場面では最初に取り上げるべきだった？
> 菊地先生：そう，取り上げて「どっちかなー」って。明らかに違うんだから，子どもたちの関心はそこに集中しているじゃないですか。小松さんたちは「おー，うちらだけ違う」って言っているわけでしょ。なんでそれを利用しない，活用しないかなって。何で，あそこであんな判断したのかな，ボーッとしてたんだよね。もったいない。

菊地先生は授業4で，学区域の年代の異なる地形図5枚をグループで並び替え，その根拠を導き出し，学級全体で共有する課題を設定していた。菊地先生の語りにある場面は授業開始直後で，各グループが前回の授業3で確定した地形図の並び替えの順番を板書したときであった。その際，小松さんのグループだけが最後二つの順番が他グループと異なっていた。しかし，菊地

先生はこの相違を取り上げることなく，他グループが最も古いと見なした地形図を取り上げ，その根拠を挙げる活動を始めた。この瞬間の対応を菊地先生は「決定的な判断ミス」と認識し，そのミスがその後の授業展開を決定づけてしまったために悔しさを経験していた。つまり，菊地先生は授業4において，授業開始直後の生徒の発言，特に授業展開から見て新たな視点や解釈の提示に即興的に対応できず，それに気づいて悔しさを経験したために，生徒の積極的授業参加行動が多く見られたのにも関わらず喜びや楽しさを強く経験することが少なかったと推察される。

このように，生徒の発言や活動に対する教師の即興的対応の成否が授業展開を決定づけ，教師が授業を楽しみ授業に没頭できるか否か，そして，生徒の積極的授業参加行動を引き出し，それをフィードバックとして認識できるか否かの分水嶺になると考えられる。そして，フロー状態の授業では，教師は生徒の発言や活動に即興的に応じながら授業を展開することが多かったと推察される。そこで次に，授業における教師の即興性と楽しさ，フロー体験との関連について事例を通して検討する。

（A）楽しさの経験に伴う教師の即興性　ここでは，楽しさの経験に伴い教師の即興的な授業展開が見られた典型例として，石川学級の授業3（フロー）の1場面を取り上げ，その談話過程を分析する。

授業3は"カトリック教会の成立過程"を学ぶ世界史の授業で，事例1（Table 5.8）は"教会の腐敗例"として石川先生が"聖職の売買"と"聖職者の結婚"を板書した場面からである。授業3終了後の面接で，石川先生はこの場面を振り返って「楽しいなと思いました」と語っていた。なお，教室には男子生徒36名がおり，生徒の机は黒板に向かって並べられていた。

本事例場面で石川先生は，"聖職者の結婚"の禁止理由について4回，説明を行った（turn 1-7, 1-9, 1-13, 1-15）。特に，「みんなの親はどこの世の中子どもよりも〜」（turn 1-13）の発話では，「現代ではこうって置き換えて説

Table 5.8 【事例1】石川学級：授業3「聖職者の結婚禁止理由に関する推論過程」

turn	発話者	発話内容
1-1	石川先生	|黒板に協会の腐敗　聖職の売買　聖職者の結婚　と板書する|
1-2	鈴井くん	何で結婚しちゃいけないの？
1-3	石川先生	|微笑みながら| それは何でだろうね？
1-4	鈴井くん	う〜ん……。|腕を組んで考え込む|
1-5	石川先生	|鈴井くんに微笑んでから生徒たちに| 何で聖職者は結婚しちゃいけないんだろう？
1-6	藤村くん	結婚しちゃいけないの？
1-7	石川先生	|微笑みながら|「結婚しちゃいけないの？」って今，藤村が言ったけど，聖職者の結婚が行われるようになってきました。これは本来いけないことなんだよ。|生徒たちを見つめる|
1-8	生徒たち	|シャーペンを机に置き，石川先生に視線を送って説明を待っている|
1-9	石川先生	じゃあ結婚の話が出たので結婚から行くか。要は教皇も含めて，大司教であったり，司教，司祭，教会の偉い人たちが聖職者。こういう人たち結婚しちゃいけないって決められているの。
1-10	石川先生	じゃあ何で結婚しちゃいけないの？
1-11	松本くん	|首を傾けながら| 平等に，だから。
1-12	石川先生	|笑顔でうなずき| うん。
1-13	石川先生	例えば，みんなの親はどこの世の中の子どもよりも自分の子どもが可愛いよな。なっ，それは当たり前だよな。＜中略＞一番大事なのは自分の子どもだ。これ間違いない。|少し間を置き，生徒たちを見つめる|
1-14	生徒たち	|石川先生を見つめて説明を熱心に聴いている|
1-15	石川先生	神様の使いである人は世の中全体の人に愛を注がないといけない。それが世の中全体の人よりも結婚した相手，彼女のことが一番好きだ，子どものことが一番好きだっていうふうに好きな人に序列をつけちゃいけない。だから結婚しちゃいけない。
1-16	石川先生	|藤村くんに| なんとなく理解できる？
1-17	藤村くん	|石川先生を見つめてうなずく|

Note.「生徒たち」と表記してある場合には不特定多数の生徒の行為を示す。| | は表情，声の調子，特徴的な動作を示す。また，事例分析おける注目発話に下線を引いた。

明する」授業方略を石川先生は用いた。これらの説明を生徒たちが熱心に聴いていたことから（turn 1-8, 1-14），石川先生は喜びを経験していたと解釈できる。さらにこの場面では，序盤の鈴井くんと藤村くんの「結婚しちゃいけないの？」（turn 1-2, 1-6）という質問に対して，石川先生は微笑みを浮かべながら発問し（turn 1-3），説明を始めた（turn 1-7）。したがって，石川先生

第5章 授業における教師のフロー体験 161

はこの瞬間に生徒2名の自発的質問から楽しさを経験し始めたと考えられる。そして、ここで生起した楽しさに伴って石川先生は、「じゃあ結婚の話が出たので結婚から行くか」（turn 1-9）と述べ、生徒の質問を受けて授業展開の順番を柔軟に変更した。その結果、石川先生の再発問（turn1-10）に松本くんが自発的に「平等に」と発言し（turn 1-11）、その発言に石川先生は笑顔で応えた（turn 1-12）。そして、続く石川先生の説明に対しても生徒は熱心に傾聴し続けた。これら生徒の自発的な質問や発言、説明傾聴という積極的授業参加行動から、石川先生は生徒の質問に対する即興的な対応と、それに基づく授業展開の柔軟な変更を成功と評価し、心地よさや楽しさを経験したと考えられる。

このように、教師が授業中に経験する喜びや楽しさに伴って即興的な授業展開が可能となるのは、第3章で示したように、快情動が教師の認知を柔軟化し、創造的思考の展開を促すためと考えられる。だからこそ、事例1で石川先生は当初予定していた授業展開の順番を柔軟に変更することができたと考えられる。ただし、事例1では、"聖職者の結婚"の禁止理由を探究する学習課題に対して、松本くんが一度だけ見解を示したものの、その理由説明の大半は石川先生が行っていた。したがって、事例1では、教師10名が共通して楽しさを経験すると語った生徒との協働探究の様子は見られなかったと言える。そこで次に、教師が生徒と協働で学習課題を探究する際に生起する楽しさについて事例を通して検討する。

（B）生徒との協働探究における教師の楽しさ　ここでは教師と生徒が協働で学習課題を探究する様子が見られた典型例として、藤巻学級の授業4（フロー）の1場面の談話過程を分析する。

授業4は、1971年にアメリカで起こった"ニクソン・ショック[24]"の展開と影響を学ぶ世界史の授業である。授業はまず、藤巻先生と生徒たちによる問答から不換紙幣（金と引換保証のない紙幣）と兌換紙幣（金と引換保証ある

紙幣）の相違が確認され，続けて生徒たちはグループでアメリカの銀行における金保有量の年推移を計算した。その後，"アメリカの兌換紙幣はなぜ減少したか。考えられる可能性は何か"という課題を藤巻先生が提示し，その課題について生徒たちはグループで話し合いを行った。事例2 (Table 5.9) の場面は，「スタグフレーション（景気悪化中に継続的に物価が上昇する状態）が起こってドルの価値が下がり，固定相場のために人々は価値の下がった金を買った」という意見が生徒から出された直後，藤巻先生の課題説明からである。なお，教室には女子16名，男子21名がおり，机はコの字型に配置され，事例場面で藤巻先生は教室前方にいた。

この場面では，金1オンス35ドルの固定相場制を維持したままスタグフレーションが起こると，仮説的に1個35ドルに値上がりしたガムと金の価格が同一になるため，平野さん，佐山くん，小坂くんが"ガム1個と同じ値段で金が＜安く買える＞"と誤理解をしていた（turn 2-5, 2-7, 2-10, 2-12, 2-14）。ここで，藤巻先生は次々に示される生徒たちの発言に耳を傾け，確認（turn 2-6），返答し（turn 2-9），生徒と一緒に板書を確認しながら固定相場制の仕組みを考えていた（turn 2-11）。また，藤巻先生が「えっ，わかんなーい」（turn 2-19）と生徒たちの見解を理解できないと率直に認めたことで，高田くんと平野さんが藤巻先生に自らの見解を具体的に説明する（turn 2-22, 2-23）という，生徒が藤巻先生と対等の立場で共に課題を探究する様子が見られた。さらに，高田くんと平野さんが立て続けに見解を示す中，藤巻先生は藤井くんの呟き（turn 2-24）を瞬時に捉え，彼に詳細な説明を要求した（turn 2-27）。この藤巻先生の働きかけにより，生徒たちは藤井くんの意見から固定相場制の仕組みを理解し始めたと考えられる（turn 2-29, 2-30）。そして，藤巻先生の発問と説明を受けて，武田くんが藤巻先生に代わって固定相場制下における人々の金に対する価値観を説明し（turn 2-34），事例の最初では誤理解をしていた平野さん，佐山くん，高田くんの固定相場制についての理解が促された（turn 2-37, 2-38, 2-39）。

Table 5.9 【事例2】藤巻学級：授業4「固定相場制の仕組みについての理解」

turn	発話者	発話内容
2-1	藤巻先生：	ちょっとこことここを考えてみようか。小坂くんのところは，ドルの価値が下がれば固定相場だから金の価値も下がるんだと。
2-2	佐山くん：	下がらなくね。
2-3	小坂くん：	金の価値が下がらないけど値段が下がっちゃうっていうかさ。
2-4	武田くん：	|笑顔で| それ，固定相場じゃない。
2-5	平野さん：	だから35ドルじゃないですか。35ドル自体の価値が下がっちゃう。
2-6	藤巻先生：	35ドル自体が下がる？
2-7	佐山くん：	数字が下がるんではなくて35ドルで買えるものが変る。
2-8	平野さん：	例えば，2万円で360円で35ドル高かったじゃないですか？で，ドルの価値が下がるってことは，たぶん，1ドル100円くらいになったとしたら，その分，3500円で買えるわけですよね？
2-9	藤巻先生：	うんうん〔うんうん。
2-10	平野さん：	〕そしたら安く買えるじゃないですか，金。
2-11	藤巻先生：	|板書を見て考えてから，生徒たちの方を向いて笑顔で| えっ？え〜？
2-12	小坂くん：	だから，スタグフレーションで物価が上がって，ガム1個35ドルに。
2-13	高田くん：	(笑顔で) たっか！
2-14	小坂くん：	あれ，ガムと金，一緒の値段だったら「金買っちゃおうぜベイベー」って感じになるんじゃないの？
2-15	生徒たち：	|前後左右の友達と相談|
		— 中略 —
2-16	高田くん：	だから，落ちてくる，いつか落ちてくるときがあったときに，例えばその後，10，10ドルに上がって来ちゃう，ガム1個が。
2-17	藤巻先生：	あっ。|黒板に35ドルと板書し，その上下に5ドル10ドルと板書する|
2-18	生徒たち：	|前後左右の友達と相談|
2-19	藤巻先生：	|生徒の方に振り返り笑顔を浮かべながら| えっ，わかんなーい。
2-20	平野さん：	わかんなーい。
2-21	渡辺くん：	|笑顔で| えー。
2-22	高田くん：	株と一緒，株と。株と一緒。
2-23	平野さん：	でも！でも，35ドルっていうのは変らないわけじゃない。
2-24	藤井くん：	|小さな声で| 固定されてるんだから，戻るお金も同じじゃん。
2-25	平野さん：	戻るお金も35ドルじゃん。
2-26	高田くん：	だからそのときの……。
2-27	藤巻先生：	ちょっとちょっとちょっと！藤井くん，説明してよ，みんなに。
2-28	藤井くん：	だから，1回35ドルでガムの価格も35ドルだとしても，例えガムの値段がまた10ドルに戻ったとしても1回買った35ドル1オンスっていう価格は変んないんだから最終的にはずっと同じなんじゃない。
2-29	平野さん：	(藤井くんを見て) てか別に……うん。
2-30	辻本さん：	うん。
		— 中略 —
2-31	藤巻先生：	いや，だからさ，ガムが1個35ドルだったら，|笑顔で| ガムの価値は上がるから 〔ガムで金を買えるわけでしょ？
2-32	小坂くん：	確かに。
2-33	藤巻先生：	だから，その時に金を買っておくっていうのはわかるよ。ガムで買えちゃうから。

turn	発話者	発話内容
2-34	武田くん：	そう，だからその金を買っておこうっていう思考は，金の価値がもともと高いものだっていう思考があるから，今，安くなっているもので，高いものが買えるから金を買おうっていう思考になるんじゃないのかな。
2-35	平野さん：	うん，だから，え〜っと。
2-36	藤巻先生：	だって，|板書の1オンス35ドルを指差しながら| これが 〔 変らないんだよ。これは。
2-37	平野さん：	〕そっか！ |佐山くんに| だって金は変らないんだよ。35ドルって金額は。
2-38	佐山くん：	|笑顔で| そうだね。
2-39	高田くん：	|笑顔で| それは分かる。それは。数字上ならそれはわかる。

Note. 「生徒たち」と表記してある場合には不特定多数の生徒の行為を示す。| | は表情，声の調子，特徴的な動作，〔 〕は2つの発話の重なりを示す。また，事例分析おける注目発話に下線を引いた。

このように，藤巻先生は固定相場制の仕組みを生徒に説明して教え込むのではなく，生徒たちの発言に即興的に応じながら彼らの意見を繋ぎ，共に固定相場制の仕組みを探究していった。そして，本事例における藤巻先生の発話数（9）が生徒の発話数（27）に対して少なかったことから，藤巻先生は自らが提示した学習課題と発問や説明により，生徒による自発的発言，意見の交流，学び合いを支え促したと言える。授業終了後の面接で藤巻先生は「最後の議論のところ，確かあと20分か15分前のところですよね。そこは楽しかったですね」と語り，続けて「嬉しかったのは |笑顔で| 議論のところの生徒の発言ですよね。平野さんと武田くんと高田くんと小坂くん，他にも何人かいましたね」と語っていた。したがって，藤巻先生は生徒との議論や生徒の自発的発言から楽しさや喜びを経験し，これら快情動の経験に伴って生徒たちの発言に即興的に応じながら協働で学習課題を探究していったと考えられる。特に，藤井くんの呟きを瞬時に捉え，発言を促した働きかけは，生起した快情動に伴って藤巻先生の認知範囲が拡張した証左と言えよう。

また，本事例において，学習課題に対する見解を示した生徒6名は教室の前後・廊下側・窓側に分散して座っていた。そのため，藤巻先生と6名の対話が教室全体に響きわたり，他生徒も彼らの意見を聴いて頷き，首を傾け，両隣前後の友達と相談する様子が見られた（turn 2-15, 2-18）。また，中略場

面では他にも生徒5名が自らの見解を学級全体に示していた。これらのことから，藤巻先生との協働探究によって，生徒たちも授業に楽しさを見出したと考えられる。実際に，事例2の場面後，授業終了のチャイムが鳴った後も藤巻先生と生徒たちとの話し合いは続き，生徒たちは授業4の学習課題であるニクソン・ショックについて，固定相場制ではドルの価値が下がることで金が流出し，国家財政が危機に陥る可能性があるため，ニクソンは固定相場制を廃止して変動相場制に移行したことを理解していった。さらに，休み時間に入っても議論を続ける生徒が大勢いた。

　藤巻先生は本事例場面を授業後の面接で振り返りながら，「昨日かなり準備を頑張ったんですよ。最初にやる資料がまったく見つからなくて。パソコンでもやったんだけど出てこなくて，で，大学時代に買っておいた本に金の保有量が出ていて，それがちょっと最初の活動に出せるかなって。|笑顔で|それが問いに繋げられたのはすごく良かったなと思うんです。本当はブレトンウッズ体制の崩壊って所までやって，あとケインズと双子の赤字っていうところで10分間解説する形で終わりたかったんですけど，まぁ，|笑顔で|議論が面白くなって来ちゃったんで」と語っていた。この語りから，授業準備と教材研究を充実させていたからこそ，藤巻先生は即興的に授業展開を変更することが可能となり，結果として楽しさを経験することになる生徒との協働探究を導いたと推察される。ただし，藤巻先生は続けて「僕まだ不安なわけですよ，議論とか討論を組織するのに慣れていないので」と語っていた。この語りから，本事例場面で藤巻先生は生徒と協働で学習課題を探究しながら楽しさを経験していたと同時に，生徒たちから次々に示される発言を繋げながら即興的に授業を展開していく中で不安を経験していたと考えられる。したがって，教師と生徒双方にとって未知の課題に取り組むことは難しく挑戦的で不安を伴う活動であるが，課題解決に向けて協働することで両者に楽しさが生起し，フローを体験しながら時間経過を忘れて課題探究に没頭できると言えよう。

以上より，授業中，教師は生徒との相互作用から喜びや楽しさを経験し，フローを体験するとき，即興的に授業展開を変更したり，生徒の発言に応じたりしながら，生徒と協働で学習課題を探究することがより可能になると示唆される。つまり，教師の経験がフロー，もしくはフローに近づく授業の瞬間では，生徒の行為から得られる直接的で明確なフィードバックだけではなく，それに応じた教師の働きかけとしての即興性，あるいは生徒との協働探究が同時に行われると推察される。

第4節　本章の総合考察

　本章では，教師10名への質問紙，面接，授業観察調査からなるフィールドワークによって得られた多角的データから，フロー理論に基づいて授業中に教師が経験する快情動と認知，思考，動機づけ，行動との関連を再検討し，教師が快情動を強く経験する授業における教師－生徒間の相互作用の特徴を検討した。その結果，授業における教師の快情動経験，フロー体験に内在する実践的意義として，以下三点の知見が得られた。
　第1に，ESMの結果から，教師は授業の挑戦水準と自己の能力水準の双方を高く評価する授業で喜びや楽しさを強く経験し，同時に注意集中といった認知能力，生徒に対する積極的な働きかけや活力といった活動性，授業への専心没頭と統制感を高めることが示された。また，教師は授業中に楽しさを経験するほど，時間経過を忘却し授業に没頭していた。このことは，"フローを体験している間の時間の感覚は，時計の絶対的な約束事によって測られる時間の経過とほとんど関係がない"（Csikszentmihalyi, 1990, p.84）ことを示し，"その時々の活動に要求される強い注意の集中の副産物"（p.85）と考えられる。さらに，教師は授業終了後に自己感覚が高まることで授業中の自らの行為を振り返り，実践のさらなる発展や改善を思案することが可能となっていた。つまり，授業中に教師が経験する快情動は，授業への没入状態を引き起こし

ながら時間感覚を変容させて活動に対する集中と自己統制感を導き，授業後には自己感覚を高めて実践の振り返りを促していく。これらの現象は，フロー体験の構成要素であった。

　第2に，面接データの分析結果から，教師が喜びや驚きを経験する授業中の生徒の行為として，説明傾聴，生徒間の意見の交流，自発的発言，新視点・解釈の提起，予想外発言といった積極的授業参加行動が明らかとなり，これら生徒の行為が，教師がフローを体験する授業で頻繁に生起する可能性が示された。この結果を受けて授業観察調査から得た教室談話過程を数量的に分析したところ，ESMの分析結果から教師の経験がフロー状態（リラックス状態）の授業では退屈・不安状態の授業に比べて，教師の説明，問いかけという積極的な働きかけに対する生徒の反応として上記の行為が多く生起していたことが示された。したがって，教師は自らの働きかけに対する明確なフィードバックを生徒から得ることで授業中に喜びや驚きを経験しており，その結果，教師の経験がフローに近づくことが示された。

　第3に，面接データの分析結果から，教師が授業中に楽しさや心地よさを経験するのは，生徒の積極的授業参加行動が見られたときだけではなく，自らの授業準備・教材研究が充実し，生徒の発言や質問に対する即興的対応が成功して円滑に授業が展開したときであった。さらに，教師たちは共通して，授業中に生徒と協働で学習課題を探究することに楽しさや心地よさを経験していた。これらの結果を受けて，教師2名のフロー状態の授業の1場面を典型例として抽出し事例分析を行ったところ，教師は自らの説明や発問といった働きかけに対する生徒の積極的授業参加行動を受けて喜びや楽しさを経験し，それら快情動経験に伴って即興的に授業展開の順番を柔軟に変更することが示された。また，教師は楽しさを強く経験した授業の瞬間，生徒の発言に即興的に応じて生徒間の議論を促しながら自らも生徒と共に学習課題の探究を始め，その課題解決を導く可能性と価値ある生徒の発言を瞬時に捉えていた。これら事例分析から導出された現象は，本章のESM分析結果及び第

3章からの議論で示唆された，快情動が教師の認知の柔軟化，創造的思考の展開，授業への動機づけの高まりを支え促すという知見に対応するものであった。

以上の知見から，授業におけるフロー体験は教師の実践をより洗練する役割を果たしていると考えられる。なぜなら，フロー体験に伴う注意集中は，教師が生徒の活動を入念に観て，生徒の発言の意味を瞬時に理解し，それらを分析するのに寄与すると考えられるためである。さらに，フロー体験に伴う授業への没入状態によって教師は半ば自動的に生徒の発言や活動に即興的に対応することができ，自らが主体となって授業を展開するのではなく，生徒と共に学習課題を探究し創造的思考を展開しながら授業を行うことが可能となると考えられるためである。したがって，教師の専門性として説明されてきた即興的思考や創造性は（佐藤，1997; Sawyer, 2004; 村瀬，2006），フローに象徴される楽しさや喜びなどの快情動によってより促される可能性が示唆される。このことは，創造的活動に従事することがフロー体験を導き，また，フロー体験が創造性を導くという先行研究の知見と対応する（e.g., Csikszentmihalyi, 1997; Sawyer, 2006）。

それでは，教師が授業中にフローを体験するにはいかなる条件や方法が必要とされるのだろうか。この点については，授業中に生起する状況や出来事に対する教師個々人の認知評価様式やパーソナリティ特性の相違によって異なると考えられるが，本研究知見からの示唆として以下三点が挙げられる。

第1に，フロー体験に含まれる8つの現象の構成要素に加え，授業中に教師がフローを体験するには生徒に学習活動に対するフロー体験を誘発する必要が挙げられる。面接データの分析や事例の談話分析から示されたように，授業は教師－生徒間の相互作用，発話のやりとりによって成立し，教師は授業中の生徒の反応に基づき自らが用いた授業方略の成否を評価して情動を経験していた。したがって，教師は自らの働きかけに対する生徒からの明確なフィードバックを得なくては授業でフローを体験することがない。生徒に授

業に対する楽しさや喜びがなければ，教師にも授業に対する楽しさや喜びは生起しないのである。それでは，授業において生徒にフロー体験を誘発するには，教師はどのように授業や単元をデザインし，実践する必要があるのだろうか。

例えば，ESM を用いてアメリカの若者を対象に学級活動におけるフロー体験を調査した Sheroff, Knauth & Makris (2000) によると，テストへの挑戦，グループ活動への参加，課題学習への取り組みといった"能動的"学級活動は，教師の説明を聴き続ける，テレビやビデオ教材の視聴といった"受動的"学級活動に比べて，高い水準のフローを誘発することが明らかとなっている。このことから，教師は個々の授業内容や単元の展開に応じながら学級生徒の学力や能力水準から見て挑戦的な課題を準備し提示する必要があり，課題解決に向けて生徒同士がグループや学級全体で話し合う探究活動を一授業内あるいは単元内に組み込むことが必要と言える。また，石川先生と藤巻先生の事例から検討したように，授業中，教師にとって予想外の発言を生徒が示したとき，教師はその発言を授業内容に引きつけながら積極的に取り上げ，即興的に授業を展開していく必要がある。さらに，生徒だけではなく教師自身も未知で困難な課題に直面したとき，教師は"教えの専門家"ではなく"学びの専門家"として，生徒と共にその課題を協働で探究しながら授業を展開していくことが求められる。このように，生徒の学びと探究活動を中核とした授業デザインと授業実践により，教師はフローを体験することが可能になると考えられる。

第2に，授業準備と教材研究の充実が挙げられる。本研究の教師は，授業中に楽しさや心地よさを経験するための条件として授業準備と教材研究の充実を挙げ，授業中にはそれらによって得た知識に基づいて生徒から示される予想外の発言，新たな視点・解釈の提示に即興的に対応することが可能となっていた。同様に，同僚関係における教師の情動経験を検討した Hargreaves (1998) の研究では，対象教師の中に授業計画やカリキュラム研究の段階か

ら生徒の学習意欲をひきつけるアイデアを創発して興奮とフローを経験する者がおり，授業前に生起する興奮とフローが授業中のフロー体験に結びつく可能性が示唆されている。したがって，教師は授業準備と教材研究の段階から生じるフロー体験によって，授業中に生徒から積極的授業参加行動を引き出し，それに即興的に対応しながらフローを体験することが可能となると言える。

第3に，教師は日々の授業実践における試行錯誤の過程と，そこで生起する様々な情動を手がかりにして自らの目標を明確化し，現時の授業の挑戦水準と自己の能力水準を把握する必要が挙げられる。フローを体験するには知覚する活動の機会（挑戦水準）と自己の能力（水準）とが均衡するか否かにかかっており，両者の不均衡がもたらす情動への認識が自己能力発達の契機になる。この点について，Csikszentmihalyi は以下のように述べている。

> 挑戦水準が能力水準を上回りはじめると，人は警戒心をもち，不安になる。能力水準が挑戦水準を上回りはじめると，人はリラックスしはじめ，やがて退屈を感じるようになる。これらの主観的な状態は，環境との関係がずれてきているというフィードバックをもたらす。不安や退屈といった経験は，不快な主観的状態を避け，ふたたびフローに入るために，能力水準と挑戦水準のいずれか，あるいは両方を調整することを行為者に要求する（Csikszentmihalyi, 2003, pp.3-4）。

つまり，リラックス，不安，退屈といった情動経験は，活動に対する挑戦水準と能力水準が不均衡に陥っていることを人に知らせ，その知らせ（フィードバック）を受けて人は自らの能力に沿った挑戦的な目標や課題を活動に設定し，それらに臨むことが可能となる。第1章第2節1項でも論じたように，情動は環境（状況や出来事）に対する個人の評価としての性格を有する。そのため，"私たちは情動を媒介として，世界に関する自分自身の見方を発見する"（Hochschild, 1983）のである。この，情動の経験が導く自己理解という現象が，教師にも見られることはこれまでの議論からも明らかである。本研究の教師は授業中に喜びや楽しさといった快情動だけでなく，いらだちや不

安といった不快情動，苦しみや悔しさといった自己意識情動を経験していた。そして，教師たちはこれらの情動を手がかりに授業中の省察と授業後の反省を行い，自らが用いた授業方略の問題点を把握し，実践を改善し再構成するための方策を練っていた。この一連の過程で，教師は授業における活動の挑戦水準と自らの能力水準を常に更新し調整していたと言えるだろう。このような日々の試行錯誤とそこで生起する多様な情動に支えられ，教師は授業中にフローを体験することが可能になる。

　授業において生徒がどのような発言を行い，いかなる活動を示すのかを教師が完全に予測することは不可能であり，授業と教室は不確実な活動であり場である。そのため，教職は恒常的に不安がつきまとう仕事である。しかし，不安がつきまとうからこそ，教師は教材研究に打ち込み，実践に専心没頭することで授業に楽しさを見出すことができるのだろう。

　以上，第Ⅲ部では，主に教師への面接調査から得られたデータを分析することで，授業中に教師が主観的に経験する情動とその生起状況を捉えた。第3章では，授業における教師の情動と認知，思考，動機づけ，行動との関係を示す現象モデルを生成した。また，教師による授業実践の省察過程における情動の役割を検討し生成した現象モデルを精緻化した。第4章では，異なる授業目標を設定する教師2名が経験する情動の相違を明らかにし，教師個々人の専門職としての自律性と，固有の専門性開発過程を示した。第5章では授業における教師のフロー体験に内在する実践的意義を示し，教師が授業中にフローを体験するために求められる条件や方法を記述した。このように，第Ⅲ部では，授業において教師が経験する情動に関する一定の知見を導出するに至った。

　ただし，第Ⅲ部で捉えたのは，授業を対象とした教師の回顧的な情動の経験であり，授業進行中に教師が生徒に対して表出する情動ではない。したがって，授業における教師の情動的実践を探究し，その専門性における布置を明

らかにするためには，教師が授業中に経験する情動だけではなく，その情動を教師がどのように管理しながら生徒に対して表出するのか，そして，教師の情動表出を受けて生徒はどのような授業参加行動を示すのかを検討する必要がある。そこで，第Ⅳ部では，授業における教師の情動表出に焦点を当て，その様式や機能について考究していく。

第IV部　授業における教師の情動表出

第6章　授業における教師の自己開示と情動の物語

　第Ⅲ部では，授業中に教師が経験する情動を捉えることで，教師は授業中，喜び，驚き，楽しさ，心地良さ，満足感，いらだち，哀しみ，不安，退屈感，落胆，苦しみ，困惑，罪悪感，悔しさの少なくとも14種の情動を経験することを明らかにした。それでは，教師は授業中，自らに生起した情動を生徒に対してどのように表出しているのだろうか。

　欧米の幾つかの先行研究では，教師は冷静で理知的な「技術的熟達者」としての専門職の規範や権威を維持するため，生徒との相互作用から生起する怒り，哀しみ，困惑といった情動を抑制し，生徒の授業参加を促し学習意欲を高めるため，喜びや楽しさといった情動を誘発し，それらを自発的，演技的に提示するとされている（Isenbarger & Zembylas, 2006; Winograd, 2003; Zembylas, 2005）。しかし，教師の情動管理方法を検討した先行研究の知見から，教師は生徒の成長や自己実現を支え促すケアリングの規範と，「省察的実践家」としての専門職の自律性と自由裁量に基づいて，自らの生起した情動を抑制，誘発するだけではなく，生徒に対して率直に"開示"する可能性が示唆されている（Oplatka, 2008; 伊佐，2009）。

　そこで，第Ⅳ部では，授業中に教師が行う情動表出の様式と機能を検討することを目的に定め，第6章ではまず，教師が授業中に行う自己開示の内容，様式，及び自己開示に含まれる意図と機能について明らかにする。

第1節　本章の目的

　授業中，教師は生徒に対して様々な発話を行う。その発話内容は教科の知識や教養に関する事柄だけではない。教師は自身のプライベートな事柄，例

えば家族構成や居住地域といった個人情報から,物事に対する考えや価値観,過去の体験に至るまで,自己に関する事柄を生徒に語ることがある。本章では,このような自己に関する事柄の語りを"自己開示"と定義し,日常の授業場面で教師が生徒に対して行う自己開示を分析,検討することで,教師が授業中に自らに生起した情動を開示する可能性を検証する。

　教師の自己開示に言及した論考や研究では,教師の自己開示が生徒との信頼関係の形成に寄与することが指摘されている (e.g., 河村, 1996; 近藤, 1994; 別所, 2001)。これは,自己開示に2者間の親密化を促進する機能が期待されるためである。"社会的浸透理論"(Altman & Taylor, 1973) によると,2者間の関係形成初期には自己開示量は少なく,浅い内容しか現れないが,関係が持続すると自己開示の返報性が進み,内容の広がりと深さが増す。自己開示の返報性とは,人がある自己開示を行うと,その受け手である他者が同質の内容の自己開示を返すことを意味する。つまり,人と人は自己開示を返報し合うことで親密な関係を形成し易くなる (Jourard, 1971)。

　2者間の自己開示の返報性による親密化過程が教師－生徒関係にも適用可能か否かを,これまで多くの研究が検証してきた。例えば,福井・田中 (1997) は小学校教師6名を対象に,教師の自己開示と生徒による教師認知の相関を実験調査から検討した。調査では,教師が規定の内容から任意選択に基づいて自己開示を行う3学級を実験群,教師が自己開示を行わない3学級を対照群とし,実験前後に全学級児童に"HRT(子どもの立場からみた教師と子どもの人間関係調査)"を実施した。結果,対照群学級児童に比べて実験群学級児童は,教師の自己開示後に"教師との人間関係度","教師の態度に対する認知度"の値が高まったことから,教師の自己開示が生徒による教師理解を促進し,その帰結として両者の人間関係が発展すると福井らは解釈している。また,淵上・松田 (2005) は中学校教師1名に約2ヶ月間,意図的に自己開示を行わせ,その前後に生徒の自己開示動機を測る質問紙調査を実施した。結果,教師の自己開示後に生徒の自己開示動機が促進されたことから,淵上

らは教師の自己開示に生徒との信頼関係を形成する一定の効果があると述べている。

　飛田・河野（1990）は，教師が学校生活の中でどのような内容の自己開示を生徒に対して行い，生徒がその内容をどれほど認知しているかを検討する目的で，小学校4・6学年692名を対象に教師の個人情報24項目で構成された質問紙調査を実施した。結果，教師の個人情報を4学年の生徒は平均5.64項目，6学年の生徒は平均7.15項目を認知していたと報告されている。ただし，この研究の質問紙項目は，例えば，"先生の身長をしっていますか"といった一般化された抽象的内容で，教師が実際に開示する特定の個人情報で構成されておらず，さらに回答形式は2件法になっていた。そのため，教師が授業中に行う自己開示の具体的内容が検討されたとは言い難い。

　このように，実験調査では教師の自己開示の内容と場面が統制され，質問紙調査では生徒による教師の自己開示認知度が検討されるため，日常の授業で教師が行う自己開示の内容，あるいは場面は明らかではない。また，心理臨床の専門職が実践過程で他者（クライアント）に対して自己開示を行うには，その内容，様式，文脈に注意を払う必要が指摘されている（榎本，1997）。このことから，教師もまた専門職として，実験で統制されたように決まった時間，場面で自己開示を生徒に対して行うのではなく，生徒の状況に応じながら自己開示を行うと考えられる。この意味で，教師が授業中に行う自己開示には，生徒との親密な関係形成に寄与する機能だけではなく，生徒の成長，授業参加や学習への専心没頭を促す機能も働いていると考えられる。そこで本章では，中学校教師2名の授業観察調査を行い，彼らが授業中に行う自己開示を発話という言語的側面から分析する。そして，教師が授業中に行う自己開示の具体的内容，様式，場面，時期を事例に即して検討し，教師の自己開示に内在する意図や機能を考究していく。

第2節　方法

1．研究方法

　本章では，教師が授業中に行う自己開示を発話という言語的側面から捉えるため，調査者が教室の日常的状況に身を置き，教師と生徒の発話のやりとり，相互作用を記録可能な参与観察法を用いた。研究協力者の選定にあたっては，第2章第2節で論じたように，(1)自己開示と専門職の熟達との関連性から，教職歴10年以上の中堅もしくはベテラン教師であることを第1の条件とし，(2)教師が知り合ったばかりの生徒にどのように自己開示を行うのかを捉えるために，調査時の授業担当学級が1学年で，観察が1学期開始期から可能であることを第2の条件とした。選定の結果，上記条件に適合する桜井先生（教職歴36年，社会科），桑田先生（教職歴13年，英語），小野先生（教職歴20年，英語）に研究協力を依頼し，授業観察を実施した。ただし，小野先生に限っては学級担任を受け持っておらず，教科授業のみの観察となった。本章第3節で後述するが，教師の自己開示は道徳・学活の時間に行われることが多かったため，小野学級の観察では小野先生の自己開示がほとんど見られなかった。そこで本章では，桜井学級と桑田学級の観察データを分析することにした。

　調査者は，2005年4月初旬から7月中旬の1学期間，教師2名の教科授業（桜井先生：10回，桑田先生：7回）と道徳・学活の時間（桜井先生：8回，桑田先生：7回）を観察し，ICレコーダーとフィールドメモを用いて教師と生徒の発話，相互作用を記録した。この観察記録を文字におこし，分析に使用した。

　観察終了後には教師に面接調査，生徒に自由記述式調査を実施した。面接調査では自己開示に対する教師自身の考え方と意図を捉えることを主眼と

し，第2章第2節3項に示した質問を行った。また，観察記録から，教師が自己開示を行ったと同定可能な各発話及び場面を参照し，教師自身に回想していただき，その開示理由について尋ねた。生徒への自由記述式調査では，教師の自己開示に対する生徒の受けとめ方を捉えることを主眼とし，第2章第2節4項に示した質問文を提示して自由記述式で回答を求めた。以上の教師と生徒の回答を観察記録の解釈に用いた。

2．分析手続き

観察により記録した教師の発話は内容，場面，時期によってそれぞれ帰納的に分析した。発話内容の分析手順を以下に示す。

全観察授業で教師が行った全発話プロトコルデータから，まず，1意味あるいは1意図を示す内容を1発話と捉えて切片化し，Jourard & Lasakow (1958) と榎本 (1997) の自己開示質問紙項目分類を参考にして自己開示と同定可能な発話を抽出した。次に，抽出した発話内容を検討し，意味内容を適切に表現するラベル（名前）をつけた。それから，各ラベルと発話プロトコルデータとの適合性を再検討し，異なる内容が混在している発話はさらに1文毎に切片化して文単位でラベルをつけた。よって，ラベルの単位は，複数文単位と1文単位とがあり，各発話の切片の大きさは異なる[25]。この分析から，(1)家族・家庭，(2)居住地域・出身地，(3)友人関係，(4)嗜好・興味，(5)外見，(6)意見（物事や出来事に対する教師個人の主張や考え），(7)価値観（物事や出来事に対する教師の評価的判断），(8)生徒の成長・変容に対する願望，(9)過去の体験，の9ラベルが抽出され，これ以上のラベルは抽出されなかった。

次に，各ラベルを構成する発話プロトコルデータを検討し，内容として類似するラベルを統合してカテゴリーを生成した。(1)〜(4)は，自己開示の深さの観点から浅い内容が多く，(5)は，可視性の高い内容であることから，これらを総合して〈情報の開示〉とした。(6)と(7)は，教師の意識や思考に関する内容であることから，これらを統合して〈思考の開示〉とした。(8)は，教師

の価値観や信念など,意識や思考に基づくものだが,成長・変容の主体は生徒にあることから〈願望の開示〉とし,(9)は独立して〈経験の開示〉とした。最後に,各カテゴリーに相当する全発話とラベルの一致率を2者間で評定したところ,α係数.867の結果が得られた。この結果から,各カテゴリーの内部一貫性が認められ,発話の内容分析は意味飽和に至ったと判断した。評定不一致となった発話のカテゴリーへの分類は評定者間の協議により決定した。

なお,本章ではカテゴリーを〈 〉で表記し,教師の語り,生徒の記述内容を引用する際には「 」で表記している。

次に,教師が授業中,どのような様式で自己開示を行い,教師の自己開示にいかなる機能が含まれるのかを事例分析により検討した。事例分析に際して,まず,教師が自己開示を行った典型的,代表的な事例を抽出し,その解釈は,"厚い記述"(南,1991)と"相互主観性"(やまだ,1997)を保証するよう配慮した。本章では,(1)教師が自己開示を行った事例を検討するために,教師が自己開示を行うに至った経緯を含めて記述し,(2)教師と生徒の発話のやりとりを教室談話過程に即して示し,(3)そこで教師が行った自己開示及び発話意味を面接データに即して検討した。

教師が自己開示を行った場面と時期の特徴を把握するために,発話の内容分析により自己開示と同定した教師の発話を,教科授業もしくは道徳・学活の時間という場面,1学期前期(4月中旬~5月末)もしくは1学期後期(6月初旬~7月中旬)という時期によってそれぞれ分類した。この分類から,教科授業と道徳・学活の時間,1学期前期と1学期後期における4カテゴリーに相当する教師の発話数を算出し,比較分析を行った。

生徒の自由記述は,桜井学級の生徒17名,桑田学級の生徒20名から有効回答を得た[26]。分析はまず,得られた記述内容から生徒たちが想起した教師の発話内容を検討し,それを発話の内容分析で抽出された教師の自己開示4カテゴリーを用いてコーディングした。コーディングの結果,生徒が想起

した教師の発話内容は，4 カテゴリーに相当する〈情報の開示〉，〈思考の開示〉，〈願望の開示〉，〈経験の開示〉の内容と，4 カテゴリーとは異なる〈授業内容の説明〉に関する内容が抽出された。なお，生徒1名につき1記述の内容であった。この結果から，教師の自己開示4カテゴリーに相当する発話内容に対する生徒の想起数を算出すると共に，生徒の回答を事例解釈に援用した。

第3節　結果と考察

1．教師が授業中に行う自己開示の内容

　発話の内容分析から，教師が授業中に行う自己開示の内容として，《情報の開示》，《思考の開示》，《願望の開示》，《経験の開示》，の4カテゴリーが生成された。各カテゴリーに相当する発話数と発話例を Table 6.1 に，教師の発話内容に対する生徒の想起数と記述例を Table 6.2 に示した。

　まず，〈情報の開示〉に相当する発話は，家族や嗜好といった主に浅い内容で，この多くが初回授業における教師自身の自己紹介で行われた。また Table 6.2 に示したように，桜井学級の目黒さんは自由記述で「先生の自己紹介の話が一番印象」に残ったと想起し，「おもしろそうな先生でよかった」と回答していた。これらの現象から，教師は生徒との関係形成の早い段階で個人情報を広く開示することで生徒から見られる自らの不透明さを低減し，生徒との信頼関係の構築に努め，さらに，生徒は教師による〈情報の開示〉を受けて，教師の性格や人間性を評価，判断していることがうかがえる。

　次に，〈思考の開示〉に相当する発話は，学校や教室で起こった出来事，あるいは担当教科に対する教師の個人的な意見や価値観といった意識にかかわる内容であった。このカテゴリーに相当する発話数は，教師2名共に最多であった。また，桑田学級の生徒の多くがこの発話内容を自由記述で想起し

Table 6.1 教師の自己開示内容4カテゴリーに相当する発話数と発話プロトコルデータ例

カテゴリーとラベル		桜井先生発話数	桑田先生発話数	発話例
情報の開示	家族・家庭	3 (3.4)	1 (2.1)	子どもは2人いる。2人とも4小（学校）を卒業した。（桜井先生：4/15 歴史）
	居住地域・出身地	3 (3.4)	0 (0.0)	オレ田舎に住んでいたから、歩いて10分で海だったんだよ、子どものとき。（桜井先生：4/22 地理）
	友人関係	1 (1.1)	0 (0.0)	私、友達多いんです。色んな友達がいて、しょっちゅうお酒飲んだり、旅行したり。（桜井先生：4/22 地理）
	嗜好・興味	4 (4.6)	0 (0.0)	私は、好きなものは何かっていうとね、学年で劇をつくったり、演芸会をやったりすること。（桜井先生：4/11 学活）
	外見	1 (1.1)	0 (0.0)	私たちは生まれた状態を選べないじゃない。（中略）オレだって「こんな顔に生んでくれ」って頼んだ憶えないけどこういう顔になったんだよ。努力しても直せないんだよ。（桜井先生：4/11 道徳）
思考の開示	意見	21 (23.9)	13 (27.7)	「相手に伝えよう」ってのをしっかりやらないと。ただ自分だけ勝手に喋るんじゃなくて、きちんと周りの人に伝えようっていう気持ちが大事。（中略）さっき見てたら上向いて喋っていた。お経みたいに聞こえる。そうすると周りの人達はだんだん聞かなくなってきてだらだらになっちゃう。（桑田先生：6/7 英語）
	価値観	7 (8.0)	6 (12.7)	反省って大事なの。「自分がやったことがこんなに人を苦しめていたのか」とか「自分が言ったことがこんなに傷つけていたのか」ってことに気がついて、一つみんなの道徳レベルが上がる。心の中のレベルが上がっていく。それが多くなればなるほど世の中は幸せになる。（桜井先生：4/25 道徳）
願望の開示	生徒に対する願望	25 (28.4)	17 (36.2)	「なんで勉強するか」って言うと勉強は目的があるんだけど、「学校来て勉強してる」ってのは賢くなって貰うためだけど。私が教師になったのは君らに楽しく生きて欲しいんです。まだ人生何十年もあるんだけどできるだけ楽しく生きて欲しい。（桜井先生：4/22 地理）
経験の開示	過去の体験	23 (26.1)	10 (21.3)	自分の中学校のときの先生が「この3年間で自分を見つめなさい」って、夏休みに「自分を見つめる」っていう作文、毎日書いていたのね。その時はもう分けわかんない。自分って考えたこともなかったし、自分を見つめるっていうのがよく分からない。だけど今になって思うとあの時に自分のことをよーくじっくり考えたことが、後になって色々なときに思い出される。（桑田先生：7/8 道徳）
発話総数		88	47	4カテゴリー発話数の教師間比較のχ^2値：$\chi^2(3)$ =5.755 n.s.

Note. 数値の括弧内は発話総数に対する比率を示す。

Table 6.2 各学級生徒による教師の発話内容の想起数と記述例

教師の発話内容	桜井学級 生徒想起数	桑田学級 生徒想起数	生徒の記述例
情報の開示	1	0	先生の自己紹介の話が1番印象にのこってます。おもしろそうな先生でよかったと思った。(桜井学級：目黒さん)
思考の開示	2	10	「どんな事でもできると思えば必ずできる。もうダメだと思うからできなくなる」って話。いつもマイナス思考だった僕に勇気を与えてくれた。(桑田学級：林くん)
願望の開示	4	4	「やるべきことはやってほしい」という話。僕はふだんからやるべきことをやっていないからやろうという気になった。(桑田学級：大黒くん)
経験の開示	7	5	先生が子供だったころのおはなし。すごいな！先生が子供だったころと今はちがうんだ！おもしろい！と思った。(桜井学級：関さん)
授業内容の説明	3	1	歴史で，人類の変化の話。おもしろいと思いました。(桜井学級：中居さん)
有効回答総数	17	20	

$\chi^2(4)=7.473\ n.s.$

ており，例えば，佐藤くんは「○○くんがいじめられた時に，桑田先生がいじめについて話したこと」が印象に残り，「いじめやケンカをしてもいいことはなにもないし，2組はケンカやいじめが多いのでやめた方がいいと思った」と記述し，岩崎さんは「英語についてのお話」が印象に残り，「英語を勉強する意味がよくわかりました」と記述した。これら生徒の記述から，教師が授業中に学級で起こった出来事や教科に対する意見，価値観を生徒に開示することで，生徒は教師の思考様式や教科・教材に対する態度，考え方を即時的に理解することが可能となり，さらに，学校生活に対する意識を変化させたり，教科に対する学習意欲を高めたりすると推察される。

次に《願望の開示》に相当する発話内容は，教師が生徒に対して抱く成長・変容への願望であった。このカテゴリーに相当する発話数は，教師2名共に〈思考の開示〉に次いで多く，さらに他3カテゴリーに相当する内容の発話と連続して行われることが多かった。これらの結果から，〈願望の開示〉は，

教師の自己開示内容の4カテゴリー中で特に意義あるものと推察され，この点については事項で詳細に検討する。

　最後に，〈経験の開示〉に相当する発話内容は，客観的事実として語られる体験と，ある体験をした時点での情動や思考を含んで構成されていた。特に，このカテゴリーに相当する桜井先生の発話数23の内17，桑田先生の発話数10の内8が，生徒と同年代に近い時期の体験を内容としていた。このことから，〈経験の開示〉は教師から生徒に向けた共感のメッセージが内在し，教師による情動的出来事の語りと考えられる。なお，Table 6.2に示したように，桜井学級の関さんは自由記述において，桜井先生の「子供だったころのお話」を想起し，「おもしろい！と思った」と回答していた。この記述から，教師による生徒と同年代時の体験談は，生徒の関心を惹きつけていたこともうかがえる。

　以上より，教師は授業中，自己に関する様々な事柄を生徒に開示しており，その結果として，生徒から見られる教師の不透明さは低減されると考えられる。さらに，発話の内容分析から，教師の自己開示内容4カテゴリーにそれぞれ個別の機能が内在することが推察される。そこで次に，授業における教師－生徒間対話の中で，教師の自己開示がどのように現れるのかを事例に即して検討し，4カテゴリーの関連性及び機能を考究していく。

2．教師の自己開示様式の特徴

(1) 生徒に対する教師の願いの開示

　教師の自己開示内容4カテゴリーに相当する各発話は，他カテゴリーの発話と連続して行われたと同定されるものと，単独で行われたと同定されるものとがあった。そこで，4カテゴリーに相当する発話を単独／連続に分類してそれぞれ算出したところ，〈願望の開示〉に相当する発話が，他カテゴリーの発話と連続して行われたと同定される比率が教師2名共に高かった（Table 6.3）。

Table 6.3 教師の自己開示4カテゴリーの単独／連続発話数とその比率

カテゴリー	教師	カテゴリー単独	他カテゴリーと連続	発話総数
情報の開示	桜井先生	5 (42%)	7 (58%)	12
	桑田先生	1 (100%)	0	1
思考の開示	桜井先生	5 (18%)	23 (82%)	28
	桑田先生	4 (21%)	15 (79%)	19
願望の開示	桜井先生	1 (4%)	24 (96%)	25
	桑田先生	2 (12%)	15 (88%)	17
経験の開示	桜井先生	3 (13%)	20 (87%)	23
	桑田先生	3 (30%)	7 (70%)	10

単独／連続発話数の教師間比較の χ^2 値： $\chi^2(3) = 2.514$ n.s. ／ $\chi^2(3) = 5.273$ n.s.

そこで，この様式が典型的に見られた桑田先生による道徳の時間の一場面を事例として取り上げ，その談話過程を検討する。事例1（Table 6.4）は，前日の地理の授業で行った小試験の結果を桑田先生が生徒に返却した後の場面である。試験は，全都道府県名称を書くという簡単な内容だったが，成績が思わしくない生徒が大勢いた。この結果を受けて，桑田先生は以下のように語り始めた。なお，事例解釈の説明を明確に示すため，事例の中で要点となる教師の発話に下線を引いた。

事例1ではまず，桑田先生は生徒の試験結果に対する意見を述べるより前に，「学んで欲しいこと」があると生徒に対する願望を述べた（turn 1-1）。この時点では，桑田先生が抱いていた願望の内容は不明だが，この発話により生徒の注意が引き付けられたことがわかる（turn 1-2）。そして，桑田先生は試験の成績が思わしくなかった生徒の心情を推測し，それに対する意見を述べ，学習方法に対する自身の見解と生徒へのアドバイスを述べた（turn 1-3）。

続けて桑田先生は生徒と同年代時の学習体験を語り，さらに生徒に共感を示すように「なかなか自分も覚えられなかった」と経験した情動を踏まえて当時の考えを述べた（turn 1-5）。これらの発話内容から，桑田先生は自らの

Table 6.4 【事例1】桑田学級：道徳 (5/9)「試験のことでみんなに学んで欲しいこと」

turn	発話者	発話内容
1-1	桑田先生	試験のことでいくつかね、みんなに学んで欲しいことがあります。
1-2	生徒たち	｜一斉に顔を上げて桑田先生を見る｜
1-3	桑田先生	たぶん今回40点も満たなかった人は覚えてない人だよね。もう、「途中でもういいや」って諦めちゃった人。「どうせ覚えられないや」って思っちゃったかもしれない。でも、自分で色んな工夫をすれば覚えられると思うんだよね。勉強の仕方って自分で色々考えながら見つけていくんだよね。大事なのは自分で一年間計画を立てて、「しっかりやっていこう」っていう気持ちなんですね。例えば満点とった人、何人かいるんだけど、そういう人たちはどうやったんだろうとか。真似すればいい、良い所は。
1-4	生徒たち	｜桑田先生の話を熱心に聴いている｜
1-5	桑田先生	私が中学生の時は写し紙っていうのがあったのね。＜中略＞それで中学校の時ね、地図を写して自分で地図を書いて自分で問題を作るの。ここがABCD, 1234とか、それで自分が全部答えられるように答えを隠してペイパーをめくると答えが見えるようにね。自分でやっぱり色んな工夫をしながら勉強していた。それは別に誰かが教えてくれたんじゃなくて、なかなか自分も覚えられなかったから。「どうしたらいいかなー」って考えたんだよ、自分で。
1-6	生徒たち	｜桑田先生の話を熱心に聴いている｜
1-7	桑田先生	あとは諦めないってことだよね。「もうどうせ自分はやったんで」って、その先には進まない。だから、まずは自分で「よし今回これだけでも頑張ってみよう」っていうことを自分の計画の中に入れて、頑張って欲しいな。

Note. 「生徒たち」と表記してある場合には不特定多数の生徒の行為,「生徒数人」と表記してある場合には3～5名程の生徒の行為を示す。｜ ｜ は表情, 声の調子, 特徴的な動作,「……」は発話の間を示す。

学習体験とそこで経験した情動を物語ることで、学習方法に悩む生徒に共感のメッセージを伝えたと解釈できる。さらに、この学習体験の開示によって、先の発話の学習方法に対する桑田先生の意見に説得性が付与されたと言える。

そして最後の発話により、桑田先生が初めに述べた生徒に対する願望の内容が「計画的に学習に取り組むこと」と明らかになった（turn 1-7）。この発話を最後に桑田先生は道徳の時間の授業を始めたため、本事例の桑田先生の一連の発話が〈願望の開示〉で括られることがわかる。したがって、本事例で桑田先生が行った〈思考の開示〉と〈経験の開示〉は、それぞれ個別に機能するだけではなく、〈願望の開示〉の意味づけとしても補完的に機能していると解釈できる。

このように，教師の自己開示には〈願望の開示〉を中心にして他カテゴリーがそれを補完するように連続して現れる様式的特徴がある。〈願望の開示〉が自己開示の中心に位置することについて，桑田先生は面接で「これは無意識だね。ただ社会に出た時に立派な人になれとは思わないけど，周りの人達と協力しながら生きていって欲しいなっていうのはありますね」と語っていた。この語りから，生徒の成長・変容に対する桑田先生の責任感が，無意識的な〈願望の開示〉を導いていたと推察される。さらに，Table 6.2 に示した大黒くんの記述から，教師の無意識的な〈願望の開示〉は生徒に受けとめられており，実際に生徒の成長・変容を促している可能性がある。

また事例1から，教師が過去の情動的出来事を物語る〈経験の開示〉に生徒に向けた共感メッセージを伝える機能が内在すると推察される。そこで次に，〈経験の開示〉によって教師が行う情動の物語について事例に基づき検討する。

(2) 教師による情動的出来事の物語

ここでは，教師による〈経験の開示〉が多く連続して現れた事例の典型例として，桜井先生による道徳の時間の一場面を取り上げ，その談話過程を検討する。事例場面の直前，生活委員の菊池くんが泣きながら教室に入ってきた。菊池くんは前週の金曜日，副担任の教師から掃除当番を監督するよう頼まれていたが，副担任の教師が放課後に教室を確認すると掃除が雑であったそうである。そのため菊池くんは朝の全校集会後，道徳の時間の直前に副担任教師に注意されていた。事例2（Table 6.5）は桜井先生が菊池くんに事情を尋ね，神妙な面持ちで生徒たちに事情を話した直後の場面である。菊池くんが小さな声で泣き，生徒たちが静まり返る中，桜井先生は微笑みを浮かべながら語り始めた。

事例2ではまず，桜井先生は自らの中学校1学年時の学級委員体験について語った（turn 2-1）。ここで桜井先生は「菊池ほど」と述べたことから，菊

Table 6.5 【事例2】桜井学級：道徳（7/11）「学級委員体験と失敗経験からの成長」

turn	発話者	発話内容
2-1	桜井先生	｜微笑みながら｜ 私は中学1年生のとき学級委員でした。だけどたいした学級委員じゃありませんでした。オレは菊池ほど勉強できなかった。こんなに和やかなクラスじゃなかった。悪い奴もいっぱいいて，学級委員って結構ね，仕事多くすることあった。先生にね，「学級委員だからこれやれあれやれ」って言われてさ，非常にしんどかったですよ。だけど良いことが一つだけありました。相方の学級委員の女の子がなかなか魅力的な子だった。
2-2	生徒数人	｜クスクスと笑う｜
2-3	桜井先生	｜笑顔を浮かべながら｜ いいことがある。一人好きな人がいる。しかも同じ教室にいると思ったときに，やっぱその子に好かれたいじゃん。そうすると，<u>「普段の自分よりもうちょっと頑張ってみよう！」ってさ，「もっといい自分にしよう！」</u>っていうエネルギーが湧いてくるんだよね。私はその1年生のときに嫌なこともあったけど，｜笑顔で｜ 相方の学級委員のおかげで頑張りました！ <u>ちょっと成長しました。</u>
2-4	生徒たち	｜大きな声で笑う｜
2-5	桜井先生	<u>みんな自分に自信ない子，多いと思います。子どものときってなかなか自分に自信持てないよね。</u>オレもそうだったのね。しかもオレの兄貴たちは勉強できて，すごい優秀だった。だけどオレだけ勉強できないの。<u>だから子どものとき，「オレはたいしたことない」ってずっと思っていたの。</u>でも，子どものときにすごく自信がない自分に対して，オレが好きになった女の子が「桜井くんは確かにね，お兄ちゃんやお姉ちゃんより勉強良くできるわけじゃないけど，桜井くんは性格がいいわ」って言ってくれたんだ。｜笑顔で｜ それ以来，オレは性格に磨きかけたね！
2-6	生徒たち	｜一斉に大笑いをする｜
2-7	桜井先生	恥ずかしいこともいっぱいある。みんなね，今，菊池くん，恥ずかしいと思うよ。みんながいる前でさ。でも若いときってさ，恥ずかしいこといっぱいした方がいいよ。前に言った？ オレが一生の内で一番，恥ずかしかったこと。｜笑顔を浮かべて強い口調で｜ 遠足でうんちを漏らしたこと！ 一生の恥！ 今だから笑って言えるんだけど，ずっとオレは心の屈辱を噛み締めていました。
2-8	生徒たち	｜さらに大きく笑う。菊池くんも目を赤く腫らしながら微笑みを浮かべている｜

池くんに共感のメッセージを示し，彼を励ますためにこの発話を行ったと考えられる。また，桜井先生が微笑みを浮かべながら学級委員の体験談を語ったこと，さらに，「学級委員の女の子」との情動的な物語を語り始めたことによって数人の生徒がクスクスと笑い，教室の雰囲気が和んでいった（turn

2-2）。

　続けて，桜井先生は笑顔を浮かべながら生徒全員の成長を励ますように自らの恋愛観を語り，中学校1学年時の恋愛体験から「成長しました」と述べた（turn 2-3）。この発話内容の繋がりから，桜井先生は先の発話で行ったように菊池くんを励ますためだけではなく，生徒全員の成長を促し励ますために自らの恋愛観と成長の物語を語ったと考えられる。

　そして，桜井先生はまず「みんな」と述べたように，生徒全員に向けて彼らの不安定な心情への意見を述べ，「オレもそうだった」と前置きしてから自信がないと感じた中学校1学年時の体験を共感的に語った。そして，桜井先生は「学級委員の女の子」に言われた言葉から自信がついた体験を語り（turn 2-5），続けて「菊池くん，恥ずかしいと思うよ」と菊池くんの心情に対する意見と共感を示してから，菊池くんの「恥ずかしい」心情に返報するように自らの「一生の内で一番，恥ずかしかった」体験を生徒全員に向けて語った。

　本事例で桜井先生が語った中学校1学年時の学級委員体験とそこでの苦労話，自らの「恥ずかしい」体験談が，同じように学級のリーダーとしての生活委員を任され，さらに友達の前で涙を流して「恥ずかしさ」という非言語的開示を行っていた菊池くんの状況と同質の内容であったことがわかる。したがって，桜井先生はこれら情動的出来事の物語によって菊池くんが行っていた非言語的な自己開示と同質の自己開示を返報したと解釈できる。

　ただし，本事例で桜井先生が行った自己開示の全てが，菊池くんへの返報として現れたわけではないと思われる。なぜなら，桜井先生は事例中盤から「みんな」と述べ始めたように，生徒全員に向けて自らの体験談を語っていたためである。〈経験の開示〉について，桑田先生は面接で「子どもたちって中学生の時に不安だったり，自分もそうだったけど先が見えない。だから頭ごなしにダメだよって言うよりは，自分もそうだったって言っておく」と語っていた。この語りから，桜井先生も桑田先生と同様に，思春期にいる生

徒たちが抱く不安を考慮していたからこそ，彼らが失敗を恐れずに学びや学校生活に取り組むことを励ますため，「恥ずかしい」失敗をした自らの情動的出来事の体験を本事例の状況を活用して意図的に物語り開示したと解釈できる。

また，本事例では，桜井先生が自己開示を行うことによって生徒から笑いが引き出され（turn 2-2, 2-4, 2-6, 2-8)，涙を流していた菊池くんも微笑みを浮かべるまでに至った（turn 2-8)。これらの現象から，教師の自己開示には生徒の心情を変容させる機能が内在し，桜井先生はこの機能を意識した上で自己開示を行った可能性がある。そこで次に，教師による自己開示の意図的，戦略的使用について，教師が自己開示を行う場面と時期の検討と共に考究する。

3．教師が自己開示を行う場面，時期の特徴

それでは，教師はどのような場面で，どのような時期に自己開示を行うのだろうか。この論題を検討するために，授業観察期間中に教師が自己開示を行った道徳・学活の時間及び教科授業の場面別数と，1学期前半及び後半の時期別数を算出した。その結果を Table 6.6 に示した。

Table 6.6　授業における教師の自己開示の場面別，時期別数

	場面		時期	
	道徳・学活	教科授業	1学期前期	1学期後期
桜井先生	59	29	62	26
桑田先生	37	10	30	17
	$\chi^2(1)=2.034$ n.s.		$\chi^2(1)=0.619$ n.s.	

まず，教師2名は教科授業よりも道徳・学活の時間で自己開示を頻繁に行っていた。この現象は，それぞれ授業の目的の相違に起因すると思われる。道徳・学活の時間の主目的は生徒の生活指導にあり，事例1，2のように，教

第 6 章　授業における教師の自己開示と情動の物語　191

師が自らの価値観や体験を開示し，自己をモデルとして生徒に示すことはその目的に適した有効な手段になり得る。一方，教科授業の目的は生徒による教科内容の理解であり，教師の発話は教科の知識や教養に関する内容が主となる。そのため，教科授業では教師が自己開示を行う機会は少なくなると考えられる。ただし，教師 2 名は，授業内容に関連する内容で自己開示を行うことがあった。例えば，桜井先生は地球上の海と陸の比率を学ぶ地理の授業内容に関連して「オレ田舎に住んでいたから，歩いて 10 分で海だったんだよ，子どもの時」と語り（Table 7.1 参照），続けて，父親に「海に放り込まれた」体験を語っていた。これら〈情報の開示〉と〈経験の開示〉を桜井先生が行ったのは，地球上の海と陸の比率という授業内容の抽象的説明を具体化し，生徒の授業内容に対する理解を促進するためと考えられる。自由記述では，桜井学級の沼田くんが「歴史の授業で先生が子どものころ川に水をくみにいった話」から「昔の人は大変だったんだなーと思いました」と回答していた。このことから，教科授業中の教師の自己開示が生徒の授業内容の理解，学びの足場掛けとして機能していたことが示唆される。

　次に，教師 2 名は 1 学期前期に自己開示を頻繁に行っていた。特に，桜井先生は初回授業で個人情報や教科に関する〈思考の開示〉を多く行っており（前期発話数 62 の内 47），教師 2 名は個人の性格にかかわる価値観，桜井先生は外見上の欠点（Table 7.1 参照）など，内容として深い自己開示と同定可能な発話を前期に行っていた。また，桜井先生は歴史の初回授業（記録日：4/15）で，自らの自己紹介を生徒に対して行った後，内容として深い自己開示を行っていた。その語りを以下に示す。

> 歴史，「何でこんなの勉強するの？」って思っている人いっぱいいると思うんだよ。何がわかるかっていうとね，「人間は凄い」ってことをわかって欲しい。みんな人間に生まれてきたってことをさ，「ありがたいな」って思っている人どれくらいいる？　中学生で，せっかく人間に生まれてきたのに，自分で飛び降りて死んじゃうような奴がいる。それから自殺までしなくても「何でオレなんか生まれて

きたんだよ」って思わない？　オレは思った。オレは高校生くらいのとき思ったね。「何でオレは生まれてきたんだろう。生まれてこなかった方がよかったよ」って。現実にね，自殺しちゃった友達がいっぱいいるよ。高校生のときに1人，自殺しちゃって，1番仲の良かった友達が大学卒業して5月に自殺した。みなさんにね，そういう気持ちになるのはしょうがない，なった時に「人間に生まれた」っていうだけで本当は凄くてさ，「すごく幸せなことなんだよ」ってことをわかってほしい。歴史勉強しながらそのことを考えて欲しい。人間ってどんなにすごいかってことを，歴史を勉強しながらわかって欲しい。

　桜井先生は「高校生のときに一人自殺しちゃって，1番仲の良かった友達が大学卒業して5月に自殺した」と，哀しみや悔しさと同定できる情動的出来事を語った。この発話内容は，一般的な2者間の対人関係における関係形成初期にはそぐわない内容と考えられ，深い自己開示と同定できる。この，内容として深い自己開示を桜井先生が行ったのは，その直後に語った「人間ってどんなにすごいかってことを，歴史を勉強しながらわかって欲しい」という願望を生徒に伝えるためであった。桜井先生は面接で「基本的には子どもが殻に閉じ篭らないように，自分を開けるように，学校って場所で。そのためには指導者である教師自身が開かなければ」と語っていた。この語りから，生徒が教師や友達に自己を率直に表現可能な開かれた関係を学級に構築するために，桜井先生は授業中，生徒に対して積極的に自己開示を行っていたと示唆される。

　このように，教師は，生徒による授業内容の理解を促進する教科授業の目的を達成するため，生徒の成長・変容を促進し，学校や教室に開かれた関係を構築するために自己開示を一種の授業方略として活用していた。この結果から，教師は生徒の授業内容の理解や学びを支援するために発話の型を使い分けたり，説明方法を工夫したりするように（茂呂，1991; Wragg & Brown, 2001），授業において自己開示を半ば戦略的に行っていると考えられる。

第4節　本章の総合考察

　本章では，中学校教師2名を対象にした授業観察及び面接調査，各学級生徒に対する自由記述式調査によって得られたデータに基づき，教師が日常の授業で行う自己開示の内容，様式，場面，時期，それぞれの特徴について検討した。その結果，教師が授業中に自らに生起した情動を"開示"する可能性を示す本研究目的を達成するために必要な以下四点の知見が得られた。

　第1に，教師は授業中に自己に関する事柄を生徒に対して開示しており，この教師の自己開示には，9ラベル，4カテゴリー〈情報の開示〉，〈思考の開示〉，〈経験の開示〉，〈願望の開示〉にわたる内容の広がりがあった。この結果から，教師が自己に関する様々な事柄を開示することで教師自身の不透明さは低減され，生徒は教師の個人情報だけではなく，物事や出来事に対する意見や価値観，過去の体験などを知ることが可能となり，教師に対する理解が進展していくことが示唆される。

　第2に，教師の自己開示には〈願望の開示〉を中心にして他カテゴリーが連続して現れる様式的特徴が見出され，さらに，教師はこの様式に無意識であった。この無意識性は，生徒の成長や自己実現を支え促す教師の専門家としての責任，すなわち，ケアリングの文化と倫理に起因しているように思われる。また，生徒の成長・変容に対する教師の願望や期待が教室のコミュニケーションの構造と生徒の授業参加や学習意欲に影響を及ぼす可能性がこれまで多くの研究で示唆されてきた（e.g., Rosenthal & Jacobson, 1968）。先行研究の知見に対応するように，本章では，生徒に対する教師の願望が授業中の発話を媒介として生徒に直接，示されていることが明らかになった。

　第3に，教師は生徒の活動や学習状況を受けて過去に起こった情動的出来事の記憶を想起し，それを〈経験の開示〉として生徒に対して語っていた。特に，教師は生徒と同年代時に体験した出来事の記憶を物語ることで，生徒

に向けて共感メッセージを伝えていることが示された。したがって，教師による〈経験の開示〉は"情動の物語（emotion narrative）"（Greenberg, 2008; Magai, 2008）と捉えることができ，教師は"情動の物語"を語ることで思春期にいる生徒の心情に寄り添いながら，彼ら／彼女らが学校や家庭といった社会生活で抱く不安に共感していることを開示したと言える。また，〈経験の開示〉に関する事例の解釈的分析から，教師が授業中に自己開示を行うことによって生徒の情動状態が変化したことから，教師の自己開示には生徒の心情を変容させる機能が内在することも示唆された。

第4に，教師が自己開示を行う場面は道徳・学活の時間が主であった。これは，教師が自らの体験や価値観をモデルとして生徒に示すことが，道徳・学活の主目的である生徒の生活指導に適した方法であるためと推察された。一方，教科授業で教師が自己開示を行う機会は少なかったが，教師は授業内容の抽象的説明を具体化するために自己開示を行っており，それが生徒の授業内容の理解を深め，学びを足場掛けしている可能性が示唆された。また，生徒との関係形成初期における教師の自己開示が，内容の広がりと深さを示していたことから，教師の自己開示の性質に，社会的浸透理論と一致しない点が確認された。教師は日々の授業実践，生徒の学校生活や学習態度に応じて，生徒に開示すべき自己に関する事柄を取捨選択しており，さらに，生徒が友達に対して率直に自己表現可能な開かれた関係を学級に構築するために，戦略的に自己開示を行っていたと推察された。この意味で，教師は授業実践に"自己を投資している"（Nias, 1989）のであり，自己開示は教師の授業方略の一つとして捉えられる。

以上の知見から，教師の自己開示には，(1)教室に開かれた関係を構築する，(2)生徒の成長・変容を促進する，という二点の長期潜在的な機能と，(3)生徒による教師理解の進展，(4)生徒への共感メッセージの伝達，(5)生徒の心情の変化，(6)生徒の学習意欲の促進，という四点の短期即時的な機能が内在することが示唆された。さらに，これら6つの機能は，開示される内容，様式，

場面,時期によって個別にも複合的にも作用することが示された。

　以上より,教師は生徒の成長・変容を支え促すこと,教室に開かれた関係を構築すること,これらの意図でもって半ば戦略的に自己開示を行うことが示された。このことから,本章では教師の自己開示を発話という言語的側面から分析しその内容や様式について検討したが,教師は情動という非言語的な側面でも生徒に対して自己開示を行う可能性が示唆される。事実,本章で検討した二点の事例において,教師は生徒に共感メッセージを示すように過去の情動的出来事の記憶を物語り,さらに,教師は笑顔を浮かべながら自己開示を含む発話を行うこともあった。これらの現象は教師による情動表出と同定できることから,教師は自らに生起した情動を生徒に対して率直に開示すると考えられる。そこで第7章では,本章の知見に基づきながら,授業における教師の情動表出様式について検討していく。

第7章 授業における教師の情動表出様式

第1節 本章の目的

　第6章の議論を踏まえ，本章では，授業における教師の情動表出様式を分析し，教職特有の"情動労働"（Hochschild, 1983）を描出，考究していく。

　第1章第3節で論じたように，教師は専門職としての自律的な判断と共に，生徒の成長や自己実現を支え促し，生徒との個人的関係を構築することを目指すケアリングの専門職としての文化的規範に基づいて，自らの情動を自由裁量のもとで管理していることが示唆されている（Oplatka, 2008）。このことから，授業における教科指導の専門職として定義される欧米の教師と異なり，生徒への教科指導とケアという二重の役割を期待される日本の教師の情動的実践は，学校による制度的な要請や社会文化的な期待によって情動の制御が規定され，情動が"賃金と引き換えに売られ，したがって〈交換価値〉を有する"（Hochschild, 1983, p.7）ような情動労働には変異していないと考えられる。

　それでは，ケアリングという文化的規範から教師の情動管理方法を捉えると，教師は授業中，生徒に対してどのような様式で情動を表出すると考えられるのだろうか。まず，ケアリングは"ケアするひと"と"ケアされるひと"の信頼関係が構築されて初めて成立する活動である（Noddings, 1984）。そのため，教師は"ケアするひと"として，"ケアされるひと"である生徒たちとの個人的関係や信頼関係を構築しようと努めている（Nias, 1989）。したがって，教師は教科指導上の目的のためだけに，生徒の前で自らに生起した情動を抑制し，異なる情動を誘発して表出するだけではなく，生徒との信頼関係に基づいたケアリング関係を構築するために，第6章で示唆されたように，

生徒の成長・変容を促すために、そして、生徒が友人に対して自己を率直に表現可能な開かれた関係を教室に構築するために、自らに生起した情動を開示することもあると考えられる。

　Clark & Mills（1993）によると、他者の福祉に対して責任感を有し、他者の欲求に自発的に応える規範をもった"共有的人間関係"を望む人は情動表出に積極的で、一方、他者の福祉に対して責任を感じず、他者の存在を利益や便宜で測る"交換的人間関係"を望む人は情動表出に消極的だという。ケアリングの文化的規範を有する教師は前者にあたるだろう。なぜなら、多くの教師は"ケアするひと"として生徒を愛し、生徒の福祉や幸福に責任を負っているためである（Goldstein & Lake, 2000; Nias, 1989, 1999）。この愛情という情動はケアリングの活動の中核に位置する。Noddings（1984）は、ケアリングに含まれる他者への専心没頭の状態を"Buberの言う愛に似たもの"と表現した。Buber（1979）の言う愛とは、瞬間的に生起する情動であると同時に、"持続的"で"潜在的"な他者への責任に基づいた情動状態を意味する。また、愛に関してFromm（1956）は、その能動的性質を現す要素の一つとして"責任"を挙げている。責任とは、他者の要求に応じられる、応じる用意があるという完全に自発的な行為である。Noddingsも"必ずしも愛が伴っているわけではないけれども、ケアリングも部分的には他のひと—ケアされるひとに対する責任である"（pp.62-63）と述べ、さらに、他者への専心没頭を行う"ケアへの態度"には"自己の自由な裁量という性質"（p.31）が含まれると論じている。これらケアリングに含まれる愛情とその構成要素である責任及び自由裁量という性質から、教師は"ケアするひと"として生徒の成長や自己実現を支えるために、そして、生徒との共有的人間関係を望むために、自らに生起した情動を自由裁量の判断で積極的に表出、開示すると考えられ、客室乗務員や集金人の情動労働のように経済的利益を得るために情動を制御するとは言い難い。

　また、Chelune（1975）によると、人が他者に経験などを語るとき、情動

を抑え，ステレオタイプ化した理性的で知性的な表現をとることは"話している経験から真の自己の重要な側面を遠ざけるだけではなく，他者から自己を遠ざけもする"という。つまり，情動の開示には，他者との心理的距離を縮減する機能があり，教師も生徒との心理的距離を縮減し，ケアリング関係を構築するために情動を開示すると思われる。

そこで本章では，授業観察調査により生徒との相互作用における教師の情動表出を捉え，教師への面接調査から，教師の情動表出に含まれる意図を同定する。そして，授業における教師の情動表出様式を情動労働と自己開示の概念を用いて分析する。この分析により，授業における教師の情動管理と情動表出との関係を明らかにし，教職特有の情動労働を描出していく。

第2節　方法

1．研究方法

授業中に教師が行う情動表出を捉え，その様式を分析するために，第6章と同様に桜井先生と桑田先生，及び小野先生の教科授業を対象に，2005年4月初旬から7月中旬の1学期間，参与観察を行った（桜井学級10回，桑田学級7回，小野学級7回）。なお，教師3名が授業中に行う情動表出回数を測る必要があったため，初回の授業観察で得られたデータから，教師3名の授業1時限における情動表出回数を算出した。その結果を先行研究の知見と照合したところ，教師3名が授業1時限で行う情動表出回数は少なくないと判断した（詳細は第2章第2節2項で示した）。

授業観察で調査者はICレコーダーとフィールドメモを用いて教師と生徒の発話のやりとりと相互作用を記録した。特に，表情変化は情動表出を捉える重要指標であるため（Ekman & Friesen, 1987），教師の表情は詳細に記録した。また，プリント教材なども補助資料として収集した。以上の観察記録を

文字におこして分析に使用した。なお，ここでは，第2章第2節2項で論じたように，教科学習がほとんど行われなかった桜井学級の教科授業3回を分析対象から除外した。したがって，分析対象は教師3名共に授業7回分である。

観察終了後，教師に約1時間の面接調査を実施した。面接の前半では，後述する観察データの分析過程で行った情動の種類の判断結果を教師に示し，確認と修正を行った。面接の後半では，情動表出に対する教師自身の考え方と意図を捉える半構造化面接を実施し，第2章第2節3項に示した質問を提示した。各質問に対する教師の回答から発展的質問を示しながら，本章で取り上げる事例も提示し，教師が快／不快情動を表出した意図を同定した。ここでの教師の語りを事例解釈に用いた。

2．分析手続き

観察データの分析は以下の手順で行った。まず，教師が表出した情動の種類を同定するために，Ekman & Friesen（1987）の表情分析方法に基づき，教師が笑顔を浮かべた瞬間を快情動表出，眉間にしわを寄せた瞬間を不快情動表出とコーディングした。次に，教師の声の調子，発話内容，情動表出の先行状況を踏まえ，教師が表出した情動の種類を以下のように総合的に判断した。

快情動の種類の判断では，生徒の正答の発言や課題遂行などの積極的授業参加行動に教師が笑顔を伴って賞賛した発話を"喜び"の表出，教師が同じ状況，同じ表情で「おっ」などの感嘆詞を用いた発話を"驚き"の表出と判断した。また，生徒の冗談，誤答に教師が笑顔を伴って「面白いな」などと返答した発話，教師が笑顔を浮かべながら冗談を言った発話を"楽しさ"の表出と判断した。

不快情動の種類の判断では，生徒の私語，ふざけ，不満の表明などの消極的授業参加行動に教師が眉間にしわを寄せながら強い口調で注意した発話

や，生徒を数十秒間，睨み続けたときを"怒り"の表出と判断した。一方，"怒り"と同じ表情を教師が示したが，弱い口調で生徒を注意した発話，または，呆れたような表情でため息をついたときは"怒り"よりは弱い不快情動と判断し，"いらだち"の表出と定義した。また，同じ状況で教師が腕を組んで考え込む，「困った」と呟いた発話を"困惑"の表出と判断し，眉間にしわを寄せながら唇の両端を下げ，「ごめんね」など謝罪の意を示した発話を"哀しみ"の表出と判断した。この判断結果を調査者と大学院生1名で評定したところ，一致率は94.4%であった。評定が一致しなかった情動の種類の判断は評定者間の協議により決定した。以上の分析から，観察授業で教師が表出した情動として，喜び，驚き，楽しさ，怒り，いらだち，困惑，哀しみの7種が抽出され，これらの情動を教師3名がそれぞれ表出した回数を算出した。

　この分析結果に基づき，教師の情動表出に含まれる意図を同定するために，全観察授業における教師の情動表出回数を算出し，それを1学期前半と後半に分類した。この分類は以下の理由による。中学校1学年，1学期前半の授業では，生徒は中学校に入学したばかりで小学校と異なる授業形式・内容に不慣れで，多くの生徒が緊張感や不安を抱いて授業に臨んでいると考えられる。そこで，教師は生徒を授業に慣れさせ，生徒の緊張や不安を解きほぐす意図で快情動を自発的に表出することが多いと推察される。つまり，1学期後半よりも前半で教師が快情動を多く表出していれば，教師は上記の意図でもって快情動を表出している可能性が高まる。さらに面接調査において1学期前半の情動表出回数を示すことで，特に快情動表出に含まれる意図を教師の語りから引き出し，把握し易くなると考えた。

　第2に，教師が授業中に行う情動表出様式を検討するために，教師が情動表出を行った場面を事例抽出し，その談話過程を分析した。まず，第1の分析結果から，教師が表出した情動を快（喜び，驚き，楽しさ）と不快（怒り，いらだち，困惑，哀しみ）のヴェイレンス（誘因価）で分類し，それぞれの情動

が表出された先行状況を同定した。次に，教師が表出した情動とその先行状況が類似した授業場面を分類し，その典型例を事例抽出して談話過程の解釈的分析を行った。教師が情動表出を行うに至った先行状況の事例は結果と考察で示す。事例解釈の妥当性を高めるために，解釈の相互主観性及び他の解釈可能性を保証する必要がある（やまだ，1997）。そこで本章では以下の項目に沿って解釈を進めた。(1)事例における学習課題を明示した。(2)教師が表出した情動の種類を明記した。(3)教師が情動表出を行った場面での教師と生徒の発話の流れを明示した。(4)面接で得られた教師の語りから，事例内で教師が行った情動表出に含まれる意図を考察した。

なお，談話過程の分析においては，教師と生徒の発話の turn を区切りとし，発話に伴う表情や声の調子，動作は 1turn に含め，発話を伴わない表情や動作，発話内容が明瞭に聴き取れない生徒間の私語は 1turn とした。

第3節　結果と考察

1．教師の情動表出に含まれる意図

観察データから，教師が表出した情動として喜び，驚き，楽しさ，怒り，いらだち，困惑，哀しみの7種が抽出された。Table 7.1 には，1学期前半／後半の授業における教師3名の各種情動表出回数を示した。この算出結果と面接における教師の語りから，教師の快／不快情動表出に含まれる意図として以下，二点が示唆される。なお，本章では，面接における教師の語り，観察事例における教師と生徒の発話，生徒の自由記述を引用する際には「　」で表記した。

第1に，桜井先生と小野先生は桑田先生に比べて楽しさの表出回数が多く，特に1学期前半で快情動表出回数が有意に多かった。この結果から，教師2名は1学期前半に生徒の緊張を解きほぐし，授業参加を促す意図で自発的に

Table 7.1　1学期前半・後半の授業における教師3名の快／不快情動の表出回数

	桜井先生			小野先生			桑田先生		
	1学期前半	1学期後半	合計	1学期前半	1学期後半	合計	1学期前半	1学期後半	合計
快情動表出回数	55*	21*	76（10.9）	50**	14**	64（9.1）	18	32	50（7.1）
喜び	14	3	17（2.4）	11	4	15（2.1）	9	11	20（2.8）
驚き	6	1	7（1.0）	3	0	3（0.4）	0	3	3（0.4）
楽しさ	35	17	52（7.4）	36	10	46（6.5）	9	18	27（3.8）
不快情動表出回数	3*	6*	9（1.2）	17**	78**	95（13.5）	12	12	24（3.4）
怒り	1	2	3（0.4）	11	39	50（7.1）	3	10	13（1.8）
いらだち	2	1	3（0.4）	6	33	39（5.5）	9	2	11（1.5）
困惑	0	3	3（0.4）	0	1	1（0.1）	0	0	0（0.0）
哀しみ	0	0	0（0.0）	0	5	5（0.7）	0	0	0（0.0）
快／不快情動表出回数の時期別比率	*$p<.05$　$\chi^2(1)=5.65$			**$p<.01$　$\chi^2(1)=56.89$			$\chi^2(1)=1.31$, n.s.		

Note. 1学期前半は4月中旬から5月下旬までの授業4回，後半は6月初旬から7月中旬までの授業3回で，各時期の授業における教師の快／不快情動表出回数を比較するχ^2値を示した。（　）内には，各種情動表出の授業1時限の平均回数を示した。

　快情動を表出していたと推察される。そこで，面接で1学期前半の快情動表出回数を教師に示し，「楽しさや喜びを表出することに何らかの意図があるのですか」と尋ねたところ，小野先生は「生徒が楽しいって思ったら勉強しますからね」と語り，桜井先生は「生徒の小さいことを喜べることはかなり意識している」と語った。これらの語りから，小野先生と桜井先生は生徒の学習意欲や積極的授業参加行動を促す意図で自発的に快情動を表出していたと言える。一方，同じ質問を桑田先生に尋ねたところ，「あまり意識していない」と語った。この語りから，桑田先生は自発的に快情動を表出することが少なかったと考えられる。

　第2に，桜井先生は小野先生と桑田先生に比べて不快情動表出回数が少なかった。観察データから，教師の不快情動表出は生徒の消極的授業参加行動

に起因しており，桜井学級ではその生起頻度が少なかったことがこの結果の一因と考えられる。ただし，桜井先生は「教師はタメが必要。そう簡単にキレたら効果はない。＜中略＞だから本当に一番大事なときに怒れないといけない」と面接で語っていた。また，桑田先生も「怒りの感情は抑えようとします。だけど最近抑えきれない」と語っていた。これらの語りから，桜井先生と桑田先生は不快情動表出を可能な限り抑制しながらも，生徒が示す消極的授業参加行動の程度によって不快情動を表出すべき，表出せざるを得ないと考えていたことがうかがえる。一方，小野先生は「生徒のお喋りをそのままにしていると『やってもいいんだ，もうちょっといけるな』ってなるので，私がもう『ダメ』って思ったら怒らないと」と語り，さらに「不快な感情はきちんと，私は人間として今すごく嫌な気持ちなんだってことは表して，それが何でかってことがわかってもらう方がいい。それはやっぱり自己開示だし，距離を縮めることになる」と語った。これらの語りから，小野先生も生徒の消極的授業参加行動の程度によって不快情動を表出する必要があると考えながら，生徒との心理的距離を縮める意図で不快情動の率直な表出に努めていたと言える。

　以上より，(1)教師の快情動表出には生徒の学習意欲を高め，積極的授業参加行動を促す教育方法的な意図が含まれることが示された。また，教師は不快情動表出を可能な限り抑制しようと努めているが，(2)教師の不快情動表出には生徒の注意を喚起し，消極的授業参加行動を中断させる生徒指導的な意図が含まれること，さらに小野先生の語りから，(3)教師の不快情動表出には生徒との心理的距離を縮める関係形成的な意図も含まれること，の三点が示唆された。それでは，教師3名は授業中，どのような様式で快／不快情動を表出していたのだろうか。次に，授業における教師の情動表出様式を事例に則して分析する。

2．授業における教師の快情動表出様式

　教師たちは授業中に，喜び，驚き，楽しさの3種の快情動を生徒に対して表出していた。Table 7.2 には，全観察授業における教師の快情動表出回数，及び教師が快情動を表出するに至った先行状況とその計数の算出結果を示した。この分析結果から，教師3名に共通して見られた快情動表出様式と，それぞれの快情動表出方法の特徴を以下に示す。

Table 7.2　全観察授業における教師の快情動表出回数とその先行状況計数

	表出情動	先行状況			情動表出回数
		自発的表出 （先行状況なし）	生徒の積極的授業参加行動 （正答発言・自発的発言・挙手）	生徒の冗談 や誤答	
桜井先生	喜び	3	10	4	17
	驚き	0	5	2	7
	楽しさ	20	2	30	52
	状況計数	23	17	36	76
小野先生	喜び	2	12	1	15
	驚き	0	2	1	3
	楽しさ	24	1	21	46
	状況計数	26**	15	23	64
桑田先生	喜び	2	15	3	20
	驚き	0	2	1	3
	楽しさ	9	3	15	27
	状況計数	11**	20*	19	50

状況計数の教師間比率：*$p<.05$　**$p<.10$　$\chi^2(4) = 8.383$
情動表出回数の教師間比率：$\chi^2(4) = 6.576, n.s.$

　まず，桜井先生と小野先生は特定の先行状況なしに微笑みながら冗談を言ったり，ユーモアを活用したりするなど，楽しさの自発的表出が多かった。このことから，桜井先生と小野先生は生徒の授業参加を促す意図で楽しさを自らに誘発し，自発的に表出する様式を多くとっていたと考えられる。一方，桑田先生は楽しさを自発的に表出することは少なく，生徒の積極的授業参加

行動を受けて主に喜びを多く表出していた。したがって，桑田先生は生徒の発言や行動から生起した快情動を率直に表出，開示する様式をとっていたと推察される。ただし，教師3名共に生徒の正答発言，自発的発言といった積極的授業参加行動を受けて喜びや驚きを多く表出していた。このことから，桜井先生と小野先生は楽しさを自発的に表出する様式と共に，快情動を率直に表出，開示する様式をとっていたと考えられる。

これらの結果から，(1)桜井先生と小野先生は楽しさを誘発し，自発的に表出する様式をとることが多かった，また，(2)教師3名は生徒の積極的授業参加行動を受けて喜びや驚きを半ば無意識的に表出，開示する様式をとっていたと言える。そこで以下では，この二点の現象が見られた典型的な抽出事例を分析し，教師の快情動表出様式について検討する。

(1) 楽しさの誘発と自発的表出

教師3名，特に桜井先生と小野先生は，笑顔を浮かべながら冗談を言って生徒を笑わせたり，生徒の冗談に対して笑い声をあげ，微笑みを浮かべたりして応答するなど，生徒に対して自発的に楽しさを表出していた。その結果，生徒たちが学びに関心を示し，積極的に授業に参加する事例が23（桜井学級10，小野学級6，桑田学級7）抽出された。そこで，この現象が見られた典型例として小野学級の授業1の一場面を事例として取り上げる。事例1（Table 7.3）は，小野先生が発音した10個の単語を生徒が聴き取った後，小野先生が生徒たちに発問を行いながら正解を確認した場面である。

本事例で，小野先生は笑顔を浮かべユーモアを活用しながら（turn 1-3, 1-20），生徒に問いかけ（turn 1-12），正答の説明をするなど（turn 1-16），生徒に対して楽しさを自発的に表出していた。また，小野先生は生徒の冗談（turn 1-6）や質問（turn 1-9）に対しては笑顔を伴って受容して楽しさを表出していた（turn 1-7, 1-10）。これら小野先生による楽しさの表出により，生徒から笑いや驚きの声が上がり（turn 1-4, 1-11, 1-14, 1-19, 1-21），草壁さんが自

Table 7.3 【事例1】小野学級：授業1（4/26）「英単語の聴き取り問題」

turn	発話者	発話内容	情動
1-1	小野先生 ：	|大きな声で| はい，ナンバーワン，せーの！	
1-2	生徒たち ：	|大きな声で| スパゲティ！	
1-3	小野先生 ：	|微笑みを浮かべながら| パスタって人はだめだよ。ミートソースって書いた人はやりすぎだよ。	《楽しさ》
1-4	生徒たち ：	|大きく笑う|	
1-5	小野先生 ：	次，ナンバーツー，自信のある人？	
1-6	津元くん ：	かんじき！	
1-7	小野先生 ：	|笑顔を浮かべながら大きな声で| 古いねー！	《楽しさ》
1-8	草壁さん ：	セーター。	
1-9	小林さん ：	セーター？	
1-10	小野先生 ：	|笑顔を浮かべて| そう。全然，「セーター」って聴こえないよね。	《楽しさ》
1-11	小林さん ：	|笑顔でうなずく|	
1-12	小野先生 ：	|微笑みながら| じゃあ，ナンバースリー，わかったかな？ わかった人？ 今ならわかるかな？「M」ですよ。はい，せーの！	《楽しさ》
1-13	生徒たち ：	|大きな声で| マクドナルド！	
1-14	生徒数人 ：	|驚いて| えー！？	
1-15	生徒たち ：	|大きく笑う|	
1-16	小野先生 ：	|笑顔を浮かべて| マクドナルドですよー。	《楽しさ》
1-17	生徒数人 ：	|笑顔を浮かべながら大きな声で| うっそー！？	
1-18	小野先生 ：	次，|笑顔を浮かべて| これがわかったら達人だな。4番はホッケー。	
1-19	生徒たち ：	|驚いて| えー！？	
1-20	小野先生 ：	|笑顔を浮かべながら| ごめん，「ほっけ」って書いた人いる？	《楽しさ》
1-21	生徒たち ：	|大きく笑う|	

　この後も，小野先生と生徒たちとの英単語の意味当ては続き，生徒たちは小野先生の問いかけに熱心に答えていた。

Note.「生徒たち」と表記してある場合には不特定多数の生徒の発話や行為，「生徒数人」と表記してある場合には3～5名程の生徒の発話や行為を示す。\| \|は表情，声の調子，特徴的な動作，「……」は発話の間を示した。また，教師が情動を表出した箇所に下線を引き，末尾にコーディングした情動の種類を《　》内に表記した。

発的に発言したり（turn 1-8），小野先生の指示に応じて生徒たちが積極的に発言したりした（turn 1-13）。これらの現象から，小野先生は快情動を表出することによって，生徒たちがリラックスして積極的に授業参加することが

可能な教室の雰囲気を生成していたと推察される。

　本事例における快情動表出について，小野先生は面接で「生徒が『あー，この授業はおもしろかった』って思った授業なら，『次は？』って思ったら勉強もしたくなるじゃない」と語っていた。この語りから，生徒が積極的に授業に参加し，学習課題に関心を示して欲しいという小野先生の願望や意図がうかがえ，この願望や意図を達成するために，小野先生は楽しさの情動を意図的に誘発し，それを生徒に対して自発的に表出したと解釈できる。また，生徒が授業への集中を欠き，私語や"だらけ"といった消極的授業参加行動を示したときでも（次項で詳しく考察するが，生徒の消極的授業参加行動は教師の不快情動表出の先行状況であった），教師3名は怒りやいらだちを表出してその生徒を注意するのではなく，笑顔を浮かべ，冗談を言いながら生徒を授業に集中させようと試みた事例も10（桜井学級2，小野学級5，桑田学級3）抽出されている。桜井先生は面接で，「喜んでやるっていうのも商売の一つ。学校に来た甲斐がないでしょ。教師の最大の喜びは子どもの成長でしょう。嬉しいじゃん」と語っていた。この語りからも，教師は生徒の授業参加や学習意欲を促すために，楽しさや喜びといった快情動を意図的に誘発し，自発的に表出することが示唆される。

　また，桜井先生が先の語りで用いた「商売」という言葉から，教師の快情動表出様式は情動労働と整合する可能性が示唆される。しかし，桜井先生は「最大の喜びは子どもの成長でしょ。嬉しいじゃん」と語り，さらに，小野先生も先の語りに続けて，「楽しいときはメチャクチャ楽しい。このときのクラスは『おもしろいなー』って思っていましたよ」と語っていた。これらの語りから，教師が快情動を意図的に誘発し，自発的に表出しても，意図通りに生徒から積極的授業参加行動が生起すれば，教師は誘発した快情動とは異なる性質の快情動を経験すると考えられ，そこで教師は"心的報酬"（Lortie, 1975）を得ていると考えられる。つまり，教師は情動労働のように金銭的報酬を得るためではなく，生徒の成長や学びを支え促すため，そして，生徒の

成長や学びの進展が明確に把握できる積極的授業参加行動から心的報酬を得るために，快情動を自発的に表出し，その後，生起した快情動を無意識的に開示していると推察される。

したがって，教師は快情動を意図的に誘発し自発的に表出しているだけではないと考えられる。事例1でも，生徒の積極的授業参加行動が小野先生による楽しさの表出（開示）を促していたと捉えられ，教師との対話から生起する生徒たちの様々な発言や行動が教師の快情動表出の先行状況となっていた。そこで次に，生徒の積極的授業参加行動を受けて教師がどのように快情動を表出するのかを検討する。

(2) 生徒の積極的授業参加行動が導く喜びと驚きの開示

教師の満足感に関する一連の研究が指摘してきたように，生徒が授業内容や学習課題に関心を示すとき，教師は喜びや誇りを経験する（e.g., Lortie, 1975; Nias, 1989）。特に，教師に困難と見なされる生徒が授業や学びに関心を示すとき，教師は"報われている"と感じる（Hargreaves, 2000）。本研究の教師3名も，生徒の正答発言や自発的発言などの積極的授業参加行動を受けて，喜び，驚き，楽しさを表出し，さらに，日々の授業の様子から教師自身が「問題ある生徒」と語った生徒が積極的授業参加行動を示したとき，喜びや驚きを表出していた。そこで，この現象が見られた典型的として桑田学級の授業3の一場面を事例として取り上げ，その談話過程を検討する。事例2（Table 7.4）は，桑田先生がアルファベットの発音を生徒に発問していた場面である。事例に登場する大塚くん，沢くん，山田くん，岡崎くんは，日常から積極的に授業参加することは少なく，むしろ，私語を続ける，文句を言う，授業内容に無関係な質問をするなど，消極的授業参加行動を多く示しており，桑田先生が「問題ある生徒」と認めていた男子生徒たちであった。

本事例では，日常から積極的に授業参加することが少なく，授業進行を妨害する無意味な質問を行うことが多かった大塚くん，沢くん，山田くんが桑

Table 7.4 【事例2】桑田学級：授業3（5/17）「問題ある男子生徒たちの積極的授業参加」

turn	発話者	発話内容	情動
		"S"の発音練習が終わり，桑田先生は次のアルファベット"T"の発音を生徒たちに問いかける。	
2-1	桑田先生	はい，｜"T"と書かれたマグネットを指差して｜これは？	
2-2	大塚くん	｜大きな声で｜ッ！	
2-3	桑田先生	｜笑顔を浮かべて強い口調で｜おしい！《喜び》	《喜び》
2-4	河野さん	トゥ。	
2-5	桑田先生	｜笑顔でうなずいて｜そうだね。これは濁らないようにしてください。｜生徒たちに向けて｜トゥ！	《喜び》
2-6	生徒たち	トゥ！	
2-7	桑田先生	はーい。それから，｜"U"と書かれたマグネットを指差して｜これです。これ実はね，2つの読み方がある。1個は？	
2-8	沢くん	｜大きな声で｜ウ！	
2-9	桑田先生	｜笑顔で｜そうだね。｜沢くんにうなずいて｜もう1個は？	《喜び》
2-10	山田くん	｜大きな声で｜ア！	
2-11	桑田先生	｜笑顔で強い口調で｜はい！ベリーグッド，山田くん！これもう1個，なかなか読めないんですね。これね，実はアって読むんです。	《喜び》
2-12	桑田先生	｜"V"と書かれたマグネットを指差して｜これが持っている音は何だろう？予想してください。	
2-13	生徒たち	｜友達と相談する｜	
2-14	桑田先生	はいじゃあ，いいね。確認しながら行こうか。これってどんな発音？	
2-15	生徒たち	ブ！	
2-16	桑田先生	そうだね。ただし，それほど濁らずにFの音，口を尖らせて濁らない。ちょっと何で……言うのかな。	
2-17	岡崎くん	点々がつかない。	
2-18	桑田先生	｜目を大きく開けて｜おっ！さすが！	《驚き》
2-19	桑田先生	｜笑顔を浮かべながら｜点々つけちゃだめ。｜岡崎くんに｜ベリーグッド！サンキュー。	《喜び》

田先生の発問を受けて自発的に発言した（turn 2-2, 2-8, 2-10）。これらの発言に対して桑田先生は笑顔を浮かべ，「おしい」，「そうだね」，「ベリーグッド」と言って肯定的に評価した（turn 2-3, 2-9, 2-11）。また，桑田先生が"V"の発音説明に戸惑っていたとき（turn 2-16），大塚くんたちと同様に日常から消極的授業参加行動が目立つ岡崎くんが説明を付け加えた（turn 2-17）。彼

の発言に桑田先生は驚き，評価し（turn 2-18），笑顔を浮かべて喜びを表出した（turn 2-19）。

　この事例における男子生徒たちの積極的な授業参加について，桑田先生は面接で「嬉しいですね。彼らは普段,〔笑って〕邪魔してばっかりでしたから」と語っていた。この語りから，男子生徒たちの自発的発言という積極的授業参加行動を受けて桑田先生が表出した喜びや驚きは，桑田先生が彼らの積極的授業参加行動を促す意図で誘発し自発的に表出したものではなく，無意識的に生起し表出した情動であることがうかがえる。教師の満足感研究で指摘されてきたように，生徒が授業内容や学習課題に関心を示すとき，教師には喜びや誇りが生起する。ここではさらに，教師は生徒の積極的授業参加行動を受けて生起した快情動を率直に開示していることが示された。

　教師3名はまた生徒の正答発言だけでなく，誤答に対しても快情動を表出していた。この現象が見られた典型例として桜井学級の授業2の一場面を事例として取り上げる。事例3（Table 7.5）は地理の授業で，地球上の6大陸の中でユーラシア大陸に次いで大きい大陸を生徒たちが予想する場面である。ここで，生徒たちは6つの生活班に分かれて地図帳から大陸の大きさを分析していた。

　本事例で桜井先生が提示した「世界で2番目に大きい大陸はどこか？」という発問は，地図の錯覚を利用したひっかけ問題であった。生徒たちが地図帳で見ていたのはメルカトル図法で描かれた地図で，地形が実寸よりも大きく横に広がっていた。つまり，地図上の大陸の面積は全て不正確ということになる。事例では，6班の宮腰くんが「南極大陸」と誤答を示したとき（turn 3-3），桜井先生は笑顔を浮かべて喜びを表出した（turn 3-5）。また，3班を除いた四つの班が「南極大陸」に答えを転じた（turn 3-7）ことを受けて，桜井先生は再び喜びを表出した（turn 3-8）。これらの発話に伴って桜井先生が喜びを表出したのは，「南極大陸」という誤答が地図の図法による特徴の相違を生徒たちが深く理解する契機として捉えたためと推察される。つまり，

Table 7.5 【事例3】桜井学級：授業2（4/22）「世界で2番目に大きな大陸は？」

turn	発話者		発話内容	情動
3-1	桜井先生	:	大陸，6個あったね？　世界で一番大きいのはユーラシア大陸。では，残り5つの中で2番目に大きい大陸はどこか？　副班長に答えてもらおうかな。	
3-2	生徒たち	:	|各グループで相談する|	
			1班から5班までが「北アメリカ大陸」と答えてから，最後に6班の宮腰くんが立ち上がる。	
3-3	宮腰くん	:	南極大陸。	
3-4	桜井先生	:	|目を大きく開けて|　おっ！	《驚き》
3-5	桜井先生	:	|笑顔を浮かべて大きな声で|　きたきた！　南極きたー！	《喜び》
3-6	生徒たち	:	|相談を始める|	
3-7	桜井先生	:	はい，じゃあ，ファイナルアンサーでいいですか？一回だけ変えていいよ。	
			1班，2班，4班，5班が「南極大陸」に答えを変更する。	
3-8	桜井先生	:	|微笑みながら|　急に南極に人気が出てきたね。	《喜び》
3-9	生徒たち	:	|各グループで相談する|	
3-10	桜井先生	:	|笑顔を浮かべながら|　実は南極大陸は5番目，ほとんど氷でできている。	《喜び》
3-11	生徒たち	:	|大きく笑う|	
3-12	桜井先生	:	|笑顔で|　はっはっはっは，1番小さいのはオーストラリア大陸。次に，第4位は南アメリカ。実は2位はアフリカ。3位が北アメリカ。	《楽しさ》
3-13	生徒たち	:	|驚いて|　えー！？	
3-14	桜井先生	:	|笑顔を浮かべながら|　じゃあ，何でみんなが間違えたか，みんなが見ている地図は錯覚なの。	《楽しさ》
3-15	生徒たち	:	|驚いて|　えー！？　なんでー？	
3-16	桜井先生	:	|笑顔を浮かべながら|　なんでか。これ大間違い。これは世界を四角い紙に書いているだろ。丸い地球を四角く直しちゃったわけだ。	《喜び》
3-17	生徒たち	:	|笑顔で桜井先生の説明を聴いている|	

　メルカトル図法で描かれた地図の特徴を生徒たちが本時で理解することによって，今後の授業で行われていく様々な図法で描かれた地図学習の足場掛けになる。

　さらに，桜井先生が提示した問題の意図は，地図の錯覚を生徒たちに学ばせることにあったが，"地球上で2番目に大きな大陸は南極大陸"という誤

答から生徒たちが学んだことは，メルカトル図法で描かれる地形の不正確さだけではなく，南極大陸のほとんどが氷で覆われている (turn 3-10)，という新たな知識にまで拡張した。このように，生徒の誤答が教師の快情動表出を導くことがあるのは，授業展開を進展させ，学習内容の広がりを促進する可能性ある生徒の誤答が，教師にとって"教えることが可能な瞬間"(Lasky, 2005; Schmidt & Datnow, 2005) あるいは"教育的瞬間"(Van Manen, 1991) として認識されるためと考えられる。Jackson (1968) によると，教育的瞬間は教師の予期せぬときに現れるため，教師はそれを逃さず的確に掴んだとき，授業に熱中していくという。したがって，本事例で桜井先生は，生徒の誤答から教育的瞬間を掴んだことから喜びを経験し，授業に熱中しながら，その喜びを無意識的に生徒に向けて開示したと解釈できる。また，生徒の誤答を契機として，本事例の後半から桜井先生は楽しさを継続的に表出していた (turn 3-10, 3-12, 3-14, 3-16)。この楽しさの継続的表出は，桜井先生が授業と生徒との対話に没頭していたため，あるいは，生徒たちが授業内容に関心を抱き，新たな知識の発見に驚きを示し，笑顔を浮かべ楽しみながら授業に参加したために促されていたと解釈できる。

以上より，教師は生徒の授業参加や学習意欲を促すために，快情動を誘発し，自発的に表出することがあったものの，生徒の積極的授業参加行動や授業展開を進展させる誤答に応じて，半ば無意識的に生起した快情動を開示していることが示された。このことから，教師たちは生徒の授業に対する専心，関心の度合いや授業参加行動に応じながら，自由裁量の判断で快情動を表出していたと言える。それでは，教師は怒りやいらだちといった不快情動をどのように管理，表出しているのだろうか。この点を次項で検討する。

3. 授業における教師の不快情動表出様式

本研究の教師は授業中，快情動だけではなく不快情動も生徒に対して表出していた。教師が授業中に表出した不快情動として，怒り，いらだち，困惑，

哀しみの4種が抽出された。Table 7.6には，全観察授業における教師の不快情動表出回数，及び教師の不快情動表出の先行状況とその計数の算出結果を示した。この分析結果から，教師3名に共通して見られた不快情動表出様式と，それぞれの不快情動表出方法の特徴を以下に示す。

Table 7.6　全観察授業における教師の不快情動表出回数とその先行状況計数

	表出情動	先行状況		情動表出回数
		生徒の消極的授業参加行動（私語・ふざけ・だらけ）	生徒の無礼な態度（不満の表明・無意味な質問）	
桜井先生	怒り	2	1	3
	いらだち	3	0	3
	困惑	0	3	3 **
	哀しみ	0	0	0
	状況計数	5	4	9
小野先生	怒り	41	9	50
	いらだち	32	7	39
	困惑	0	1	1 *
	哀しみ	4	1	5
	状況計数	77	18	95
桑田先生	怒り	7	6	13
	いらだち	6	5	11
	困惑	0	0	0
	哀しみ	0	0	0
	状況計数	13	6	24

状況計数の教師間比率：$\chi^2(2) = 4.033$, n.s.
情動表出回数の教師間比率：*$p<.05$　**$p<.01$　$\chi^2(6) = 30.964$

　まず，桜井先生は小野先生と桑田先生に比べて不快情動表出回数が少なかった。この理由は，教師の不快情動表出は生徒の消極的授業参加行動や無礼な態度を先行状況としていたことから，桜井学級ではそれらの生起頻度が少なかったためと考えられる。ただし，桜井先生は面接で「教師が怒りをさらけ出して，『これは，オレは許せないんだよ』ってことを出すってことは基本的に意味がある。だから逆に言うと，つまらないことでガンガン怒る先

生っていうのは良くないってことがオレの自論」と語り，先に示したように「だから本当に一番大事なときに怒れないといけない」と語っていた。この語りから，桜井先生は不快情動，特に怒りを過度に表出するのではなく，生徒の成長や学びにとって「本当に一番大事なとき」に表出する方法を用いていたことがわかる。

　一方，小野先生と桑田先生は多く怒りを表出していたが，同程度に怒りよりは弱いいらだちを表出していた。また，桜井先生と小野先生は困惑や哀しみを生徒に表出することもあった。これらの結果から，教師3名は生徒の消極的授業参加行動に対して，注意するに伴って怒りを表出するだけではなく，その怒りを弱め抑制していた，あるいは怒りやいらだちを抑えて困惑や哀しみを表出していたと推察される。そこで以下，生徒の消極的授業参加行動を受けて教師が不快情動をいかに管理し表出するのかを，抑制と開示の側面から検討する。

(1) 不快情動の抑制：いらだちと困惑の表出

　教師の不快情動表出は二つの生徒の行為を先行状況としていた。第1は，授業中に生徒が私語に興じたり，ふざけて遊び出したり，与えられた課題遂行に集中せず，だらけた素振りを見せたりする消極的授業参加行動である。第2は，生徒が授業進行を妨害するために授業内容や学習課題に無意味な発言や質問を行ったり，教師に対して不満を述べたり，教師の問いかけや声かけを無視したりする無礼な態度である。このような行為を生徒が示したとき，教師は不快情動を表出していた。ただし，教師は生徒の消極的授業参加行動に対して即座に怒りを表出するよりは，まず，いらだちを表出して生徒の授業参加を促していた。そこで，生徒による極的授業参加行動と無礼な態度が見られた典型例として，桑田学級の授業5の一場面を事例として取り上げる。事例4（Table 7.7）は，授業開始のチャイムが鳴った直後の場面である。

　本事例ではまず，生徒たちが授業に集中せずにだらけた態度を示したこと

Table 7.7 【事例4】桑田学級：授業5（6/7）「授業開始直後の男子生徒のだらけ」

turn	発話者	発話内容	情動
4-1	桑田先生	：グッドモーニング，エブリバディ。	
4-2	生徒たち	：|暑がって団扇を扇いだり，経行歩いたり，私語を続けたりしている|	
4-3	桑田先生	：はい，もう一度確認しますよー。	
4-4	生徒たち	：|私語を続ける|	
4-5	大塚くん	：|大きな声で| 先生！ 先生！ ウォーター攻撃をくらった。	
4-6	桑田先生	：|眉間にしわを寄せながら，弱い口調で| なんかね，ぶらぶらしているの座ってよ。	《いらだち》
4-7	大塚くん	：プリントに色，塗らなくちゃいけないの？	
4-8	桑田先生	：|ため息をついてから|「いけないの」じゃなくて塗ってくださいね。はい，それでは今日はユニットワンのところ。前を見てよく聴いて。	《いらだち》
4-9	大島くん	：先生，寒い。	
4-10	小野先生	：|呆れたような表情で| 暑い，……寒い，さっきから。	《いらだち》
4-11	大塚くん	：|大きな声で| 先生！ あたま痛い！	
4-12	岡崎くん	：|大きな声で| はら痛い！	
4-13	大塚くん	：|大きな声で| 先生！あたまが痛い！ はら減った！	
4-14	桑田先生	：|呆れたような表情で彼らを約10秒間，見つめる|	《いらだち》
4-15	生徒たち	：|黙る|	
4-16	桑田先生	：さあではね，間がちょっと開いてしまったので，内容をよく思い出しながらいきましょう。	

に対して（turn 4-2），桑田先生は「はい，もう一度確認しますよー」と言って，授業を始めようとした。しかし，生徒たちが私語を続け（turn 4-4），大塚くんが授業に無関係な発言をしたことに（turn 4-5, 4-7），桑田先生はいらだちを表出して生徒たちの消極的授業参加行動や無礼な態度を止め，授業を始めようと試みた。しかし，大島くん，大塚くん，岡崎くんが立て続けに授業進行を妨害するように無関係な発言を行ったため（turn 4-9, 4-11, 4-12, 4-13），桑田先生は再度，いらだちを表出した（turn 4-10, 4-14）。その結果，男子生徒たちがようやく黙り（turn 4-15），桑田先生は授業を始めることができた（turn 4-16）。

事例の前半，生徒たちが授業に集中せず，だらけた素振りを示したとき，

第7章 授業における教師の情動表出様式　217

桑田先生は特に情動を表出しなかった。また事例の後半においても，授業進行を妨げる男子生徒たちの発言に桑田先生は呆れた表情を示しながらも穏やかに注意することで，彼らの発言を制止するに至った。生徒の消極的授業参加行動や無礼な態度に対してすぐに不快情動を表出しないこと，さらに，怒りではなくいらだちを表出することについて桑田先生は「できるだけ子どもたちに怒鳴らないで，普通の言葉でわかって欲しい。子どもたちは恐れおのいて，何が怖いかって，怒鳴られるのが怖くなるだけ。そういうの見てきたから」と面接で語っていた。この語りから，本事例で桑田先生は自らの教職経験から形成した情動規則に基づいて，怒りの情動を抑制することに努め，「できるだけ子どもたちに怒鳴らない」ように，いらだちの表出に留めていたことがうかがえる。

　事例4の桑田先生と同様に，桜井先生と小野先生も生徒の無礼な態度に怒りを表出しないで，いらだちや困惑を表出することがあった。そこで，桜井先生が生徒の無礼な態度を受けて困惑を表出した地理の授業3の一場面を事例として取り上げる。事例5（Table 7.8）は，生徒たちが地図帳からニューヨークの位置を探す課題場面である。生徒たちが課題を遂行する中，大泉くんが文句を言い出し，課題遂行を拒否した。

　本事例では，大泉くんが突然，ぶつぶつと文句を言い始めた（turn 5-2）。そこで，桜井先生が課題を行うように促しに行ったが（turn 5-3），大泉くんは桜井先生を拒絶して文句を言い続けた（turn 5-4）。この大泉くんの態度に桜井先生は困惑し，もう一度，声をかけて課題を説明したが（turn 5-5），大泉くんは桜井先生の声かけを無視して机に伏してしまった（turn 5-6）。桜井先生は大泉くんの様子を見て，困惑しながらも教卓に戻り，授業を再開した（turn 5-7）。

　本事例で桜井先生は大泉くんの無礼な態度に対して怒りやいらだちを表出するのではなく，ただ困惑し続けるだけであった。そこで，授業終了後の休み時間に本事例場面について桜井先生に尋ねたところ，桜井先生は「今朝，

Table 7.8 【事例5】桜井学級：授業3（5/20）「大泉くんの無礼な態度と拒絶」

turn	発話者		発話内容	情動
5-1	桜井先生	:	はいじゃあこれ，アクティブ地理，これ使って。ニューヨークは隣の地図見たらわかるはず。	
5-2	大泉くん		|アクティブ地理（地区帳）を開かず「くそ！」「むかつく」など，ぶつぶつ文句を言っている|	
5-3	桜井先生	:	|大泉くんのところに行き| 大泉，ほら。	
5-4	大泉くん		|桜井先生を嫌がり，机に伏してぶつぶつ文句を言い続ける|	
5-5	桜井先生	:	困ったな。ほら，今からアクティブ地理でニューヨークの場所を探すんだよ。	《困惑》
5-6	大泉くん		|桜井先生の声かけを無視して机に伏し続ける|	
5-7	桜井先生	:	|口を横一文字に結び，教卓に戻りながら，小さな声で| 困ったなー。困った。	《困惑》

あいつ悪いことしたんだよ。それで怒ったらふてくされちゃって。あそこでまた怒っても意味ないし，困ったよね」と語っていた。この語りから，桜井先生は，大泉くんが無礼な態度をとる理由を十分把握しながら，事例場面では，筆者が観察し判断したように，実際に困惑していたことがうかがえる。つまり，本事例で桜井先生は大泉くんの無礼な態度を受けて困惑を経験し，その困惑を大泉くん，あるいは学級生徒たちに対して半ば無意識的に開示していたと解釈できる。

このように，教師は強い怒りの情動を抑制しようと努めるものの，生徒の消極的授業参加行動や無礼な態度を止めるためにいらだちを表出し，困惑を半ば無意識的に開示することがある。しかし，教師のいらだちや困惑の表出によって，生徒の消極的授業参加行動や無礼な態度が常に改善されるわけではなかった。事例5では，桜井先生は大泉くんの無礼な態度の理由を把握していたため，turn5-7以降も机に伏していた大泉くんを注意することはなかったが，教師3名は生徒の消極的授業参加行動や無礼な態度の継続に対しては頻繁に怒りを表出していた。そこで，教師による怒りの表出について次項で検討する。

(2) 怒りの開示と哀しみの表出

　教師は，生徒の消極的授業参加行動や無礼な態度を改善するためにいらだちや困惑を表出していたが，それにも関わらず生徒が消極的授業参加行動や無礼な態度を継続することもあった。このような場合に，教師はいらだちよりは強い怒りを表出していた。生徒が授業中に無礼な態度を取り続け，授業進行を妨害することについて，桑田先生は面接で「イラっときますね。自分が流れを作っているのにプチッと切られてしまうから」と語っていた。また，小野先生は「生徒のお喋りをそのままにしていると『やってもいいんだ，もうちょっといけるな』ってなるので，私がもう『ダメ』って思ったら怒らないと」と語っていた。これらの語りが示すように，生徒による授業中の私語や無礼な態度が継続することは，教師が主導する授業進行を妨害し，授業展開を停滞させてしまうため，教師は抑制しようと努めている怒りを開示することになる。そこで，生徒の消極的授業参加行動や無礼な態度が継続して現れた小野学級の授業6の一場面を事例として取り上げる。事例6 (Table 7.9) は，アルファベットの母音について，小野先生が説明し始めた場面からである。

　事例では，まず，津元くんと水野くんが小野先生の説明を遮るように私語を始めたため（turn 6-2），小野先生はいらだちを表出して彼らを注意した（turn 6-3）。しかし，津元くんと水野くんは注意されたのにも関わらず私語を継続したため（turn 6-4, 6-6），小野先生は怒りを表出することになった（turn 6-7, 6-9, 6-11）。さらに，小野先生による再三の注意を受けたのにも関わらず，津元くんと水野くんが再び私語を再開したため（turn 6-16），小野先生は再度，怒りを表出し（turn 6-17），他の生徒たちも沈黙して授業が中断してしまった。しかし，永倉さんの発言を受けて（turn 6-19），小野先生は哀しみを表出し，授業を再開した。

　事例4の桑田先生と同様に，小野先生は事例前半の津元くんと水野くんの私語に対して即座に怒りを表出しなかった。このように，教師は生徒の消極

Table 7.9 【事例6】小野学級：授業6（6/28）「男子生徒による私語の継続」

turn	発話者		発話内容	情動
6-1	小野先生	:	アルファベットのこの音，「アイウエオ」，「母音」っていうんです。もとになる音なんだな。母音がないとね，］全部，	
6-2	津元くん／水野くん	:	［　｜ぶつぶつと私語を始める｜	
6-3	小野先生	:	｜呆れたような表情で彼らを見つめ｜ よく喋るね〜。	《いらだち》
6-4	津元くん／水野くん	:	｜私語を続ける｜	
6-5	小野先生	:	｜眉間にしわを寄せて強い口調で｜ よく喋るね！	《怒り》
6-6	水野くん	:	｜津元くんに話かける｜	
6-7	小野先生	:	｜さらに強い口調で｜ 水野！！	《怒り》
6-8	水野くん	:	｜驚いて｜ はい！	
6-9	小野先生	:	｜眉間にしわを寄せ，水野くんを約3秒睨んでから強い口調で｜ 布がいい？ 紙がいい？	《怒り》
6-10	水野くん	:	えっ？	
6-11	小野先生	:	｜さらに強い口調で｜ ガムテープ！！	《怒り》
6-12	水野くん	:	何でもいいよ。	
6-13	小野先生	:	何でもいい？ 口ふさぐよ，本当に。ずっと動いているもん。垂れ流し。じゃあ水野わかった？	
6-14	水野くん	:	｜うなずく｜	
6-15	小野先生	:	｜藤村くんを見て｜ 藤村はいつまでもつかな。	
6-16	津元くん／水野くん	:	｜私語を始める｜	
6-17	小野先生	:	｜眉間にしわを寄せて強い口調で｜ あー，もう喋っている！……あー，もうダメだ！	《怒り》
6-18	生徒たち	:	｜沈黙（14秒）｜	
6-19	永倉さん	:	｜板書の間違いを指差して｜ 先生，そこ。	
6-20	小野先生	:	｜哀しそうな表情を浮かべて｜ ごめんね。喋りながらやっているとこうなっちゃうのよね。はい，ごめんなさい。えー，話を戻しましょう。	《哀しみ》

6-20の発話後，小野先生はアルファベットの母音の説明を始め，授業を再開した。

Note.］［は2つの発話の重なりを示す。

的授業参加行動や無礼な態度に対して，まずいらだちを表出し，強い不快情動である怒りを抑制しようと努めていた。しかし，生徒が教師の情動状態を理解せず，もしくは，教師の情動状態を無視して消極的授業参加行動や無礼

な態度を示し続ける場合には，教師は怒りの情動を表出せざるを得なくなる。ただし，本事例では，永倉さんによる板書の間違いの指摘を受けて，小野先生は津元くんと水野くんに対する怒りを収束させていた。

　ここでの永倉さんとのやりとりについて，小野先生は面接で「頑張っている子の感情状態は，そりゃもうビンビン感じますよ。永倉なんか顔にも言葉にも出しますよ。その嫌な気持ちが報われないと，結局『こんな授業嫌だ』って思っちゃうじゃないですか。だから，『大丈夫，わかっているから，なんとかするから』っていうふうに，『ちゃんと受け止めているよ』ってサインを出すの」と語っていた。この語りから，永倉さんによる板書の間違いの指摘は，彼女の「授業が進まない」「はやく授業を始めてよ」という「サイン」を含んだ哀しみやいらだちの表出であり，小野先生はその永倉さんの情動状態を読み取り，哀しみを共感的に表出したと解釈できる。このように，先に検討したいらだちと困惑の表出様式と同様に，教師の哀しみの表出は，生徒の情動状態に対する推測，理解に基づいて行われていると言える。

　また，教師の情動表出について面接で尋ねたところ，小野先生は「快・不快は出した方がいいと思いますね。どちらも。特に，不快な情動はきちんと，私は人間として今すごく嫌な気持ちなんだってことは表して，それがなんでかってことがわかってもらう方がいい」と語っていた。この語りから，小野先生は生徒との互恵的な"情動理解"（Denzin, 1983）に基づいた関係を築くために，自らに生起した情動を，それが怒りやいらだちといった不快情動であっても，率直に開示すべきと考えていたと言える。また，桜井先生は教師の不快情動表出について，「オレも未だにカーっとくることがある。この間ある生徒に『黒板汚いじゃないか』って怒った。次の日，その生徒は黒板を綺麗にしてくれたんだけど。率直であるっていうことは，大人と子どもの関係ではすごい教育力があるっていうかな。オレが怒ったから黒板を綺麗にしてくれたんじゃ嬉しくないわけ。オレが『昨日は怒りすぎてごめんね』って言ったことによって生まれてきた信頼関係によって生徒が黒板を綺麗にして

くれた。『今までで一番綺麗な黒板だよ』って言って，その生徒は嬉しそうに帰っていった。そういう関係がオレにとっては嬉しい」と面接で語っていた。この語りから，教師が怒りを率直に開示することで生徒の成長が促され，さらに，小野先生の語りと同様に，教師−生徒間の信頼関係が構築されることを桜井先生は期待していたと考えられる。

　以上より，本研究の教師は生徒の消極的授業参加行動や無礼な態度を受けて，怒りを経験し，その表出を抑制しようと努めていたが，生起した怒りは完全に抑制すべきと認識されてはいなかった。教師たちは，生徒の成長を促進するため，生徒との信頼関係を構築するため，これらケアリングの文化的規範が導く目的に基づいて"怒りを開示すべき"と考えており，観察授業において実際に開示していた。このように，教師たちは快情動と同様に，自由裁量の判断でいらだちや困惑，怒りや哀しみといった不快情動を表出していたと言える。

第4節　本章の総合考察

　教職は，客室乗務員や集金人が行う情動労働と同種の仕事だろうか。教師は自らの情動を金銭的報酬と引き換えるための商品に加工し，それを生徒に対して売っているのだろうか。教師の情動管理は学校の要請や社会文化的期待によって規則化されているのだろうか。これらの論題を探究するために，本章では中学校教師3名を対象とした授業観察及び面接調査から，教師が授業中に行う情動表出様式を分析した。その結果，以下四点の知見が得られた。

　第1に，教師は，生徒が発言しやすい開かれた関係を教室に構築し，生徒の授業参加や学習意欲を促進する意図で楽しさを誘発し，それを冗談やユーモアに乗せて生徒に対して表出していた。この結果から，教師は授業中，意図的に快情動を誘発し自発的に表出することがうかがえる。ただし，教師が楽しさを自発的に表出した後，生徒が正答発言や自発的発言などの積極的授

業参加行動を示すと，教師には誘発し自発的に表出した楽しさとは性質を異にする楽しさ，あるいは喜びや驚きが生起し，教師はそれら快情動を半ば無意識的に表出していた。したがって，教師が一時的に誘発し表出した楽しさは，その後の生徒の行動から生起する快情動に取って代わることがあると言える。

　第2に，生徒が学習課題に関心を示し積極的に授業に参加すること，授業進行を促進し学習課題を広げる可能性ある誤答を示すことに，教師は喜びや驚きを表出していた。これら生徒の行為は，教師に心的報酬をもたらすものであった (Lortie, 1975)。このことから，生徒の積極的授業参加行動に対して教師が表出した喜びや驚きは，教師に生起した快情動と整合すると考えられる。したがって，生徒の積極的授業参加行動を受けて教師が表出した喜びや驚きは，決して誘発し，自発的に表出された情動でないことが示唆された。

　第3に，教師は生徒による私語，ふざけ，集中力の欠如によるだらけた態度といった消極的授業参加行動，教師に対する不満の表明，授業進行を妨害する無意味な発言や質問などの無礼な態度を受けて不快情動を表出していた。これら生徒の行為が導く教室の無秩序さは，教師が主導する授業進行を妨げるだけではなく，結果として生徒自身の教科学習を阻害してしまう恐れがある。そのため，教師は生徒を授業に集中させて学習課題に専心させ，授業進行を促すために不快情動を表出せざるを得なかった。しかし，教師は生徒の消極的授業参加行動や無礼な態度に対応する際にいらだちや困惑を表出するように，強い不快情動である怒りの表出を可能な限り抑制しようと努めていた。この意味では，教師にとって怒りは楽しさと同様に制御の対象となっていたと言える。ただし，教師は生徒の表情や態度から彼／彼女の情動状態を読み取り，それに対する推測，理解に基づいていらだち，困惑，哀しみを表出していた。したがって，教師の情動表出は，生徒の情動状態に対する入念な見取りと推測，理解に基づいて行われている可能性が示された。

　第4の知見は，教師は怒りの情動を完全に抑制すべきとは認識していな

かったことである。この認識は，生徒の成長を促し，生徒との信頼関係の構築を志向する教師のケアリングの専門職として責任に基づいていた。特に，教師は生徒との互恵的な情動理解を達成することを期待し，自らに生起した情動が怒りという不快情動であっても開示するよう努めていた。このことから，教師は教室の秩序を統制し，生徒の消極的授業参加を止めるという一時的効果のために不快情動を表出するだけではなく，生徒との心理的，情動的距離を縮めるという長期的効果を期待して，不快情動を率直に開示すると推察される。

これらの知見から，本研究の教師は自律的に情動を管理し，生徒が示す授業参加行動や授業展開に応じながら自由裁量の判断で快／不快情動を表出していたと言える。この自律と自由裁量という意味で，教師の授業における情動的実践は客室乗務員や集金人が従事する情動労働には適合しないと考えられる。つまり，本研究の教師は，学校によって定められた基準もしくは自らの個人的な利益（例えば，金銭的報酬）のために情動を表出していたのではなく，専門職としての自律性と生徒の利益（例えば，生徒の成長）を保証するケアリングの文化的規範及び目的を達成するために自らの情動を管理，表出していたと言える。

また，このことは教師3名それぞれの情動表出方法の特徴からも捉えられる。桜井先生は生徒の成長や学びにとって「一番大事なとき」と判断したときにのみ不快情動を表出し，桑田先生は生徒の積極的授業参加行動を促進するための意図的な快情動の誘発，自発的表出という様式を用いることは少なかった。また，小野先生は生徒の情動状態を探索しながら，桜井先生と桑田先生の授業実践では見出されなかった哀しみを生徒に対して表出していた。このように，教師それぞれの情動表出方法に特徴が見出されることからも，教師の情動労働には自由裁量の余地が強く認められる（Oplatka, 2007）。

また，教師の情動表出様式には，快情動の誘発と不快情動の抑制という側面だけではなく，快／不快情動の開示という側面を含む多面的で複雑な様相

を呈していた。この情動表出様式の複雑さは，教職が個人的な仕事と専門職としての仕事が重奏する混合体であるためと考えられる（Acker, 1995; Nias, 1989, 1996）。Nias（1989）が言うように，教師は仕事に"自己を投資している"ため，教師の個人的自己と専門職としての自己を分け隔てるのは難しい。ゆえに，教師は個人としての自由裁量で情動を管理しながら，専門職としての自律性に基づいて情動を抑制，誘発，開示する複雑な情動管理と情動表出を行っていると言える。特に，日本の教師は欧米の教師に比べて，個人的な自己を専門職としての自己に組み込んでおり，これは，職域と責任の範囲が無制限に拡張する"無境界性"（佐藤，1997）という教職に見られる文化的特徴に帰すると考えることもできる。Markus & Kitayama（1991）が論じたように，日本人は社会的関係の中で自己を定義する"相互協調的自己観"を，欧米人は私的領域と公的領域を分ける"相互独立的自己観"を文化的に共有している。すなわち，教師の情動的実践も日本文化の影響を強く受けており，ゆえに，本研究の教師も一方では教職専門職としての規範と判断によって，他方では生徒へのケアリング，個人的信念や価値観に基づく自由裁量によって情動を管理，表出していると考えられる。

　さらに，本研究の教師が自らの情動表出に期待していた生徒とのケアリング関係の構築は，彼らに心的報酬をもたらす源泉となるように思えた。しかし，多くの先行研究が指摘してきたように，教師の生徒に対するケア，そこでの情動管理がストレスや情動の負担を導き，早期退職やバーンアウトの引き金にもなり得る（Acker, 1995; Carlyle & Woods, 2002; Chan, 2006; Isenbarger & Zembylas, 2006; Troman, 2000）。この現象は，教師とのケアリング関係を維持するために必要とされる生徒側の能力の限界に起因すると考えられる。学校では，教師と生徒の関係は同等ではなく，生徒は教師から"ケアされるひと"であり，教師を"ケアするひと"ではない。そのため，教師の情動表出の対価である心的報酬は慢性的に不足し，教師は生徒をケアすればするほど，不安や悩みといった情動を経験することになる。そして，生徒をケアするため

に行う情動管理と情動表出に教師が重荷を感じ始めたら，ケアリングは経済的利益を得るために行う活動ではないにも関わらず，"賃金と引き換えに売られる情動労働"（Hochschild, 2000）に変異することになる（Goldstein & Lake, 2000; O'Connor, 2008）。

　教師の情動的実践が，客室乗務員のようなサービス職が従事する情動労働に変異し，教師の情動が商品化することは，教師の専門性が切り崩されること，すなわち，"脱専門職化"を意味する（Jeffrey & Woods, 1996）。そうならないためにも，個々の教師が授業中，あるいは生徒との相互作用の中で行う情動管理，情動表出を詳細に分析，検討し，教職特有の情動労働と情動的実践に対する管理職，同僚，保護者による理解と支援を促していくことが必要であろう。また，教師個々人もケアリングの専門職として，生徒をケアするだけではなく自己をケアしなくてはならない（Noddings, 1984; 1992）。情動心理学研究の知見により，情動の過度な抑制は人の心身に負担をかけ，ストレス状態を引き起こすことが知られており（Cioffid & Holloway, 1993; 木村, 2006），さらに，第1章第1節3項で論じたように，情動に内在する適切な情報処理と意思決定を導く機能（e.g., Lazarus, 1991; Oatley, 1992）を阻害する可能性がある（Klein & Boals, 2001）。この意味で，教師は自らに生起した情動を過度に抑制，誘発するのではなく，目の前にいる生徒の状況に応じながら，生起した情動を率直に開示することが必要になる。そうすることで，教師はより授業実践に専心没頭し自らの専門性を高めていくことが可能になると考えられる。

　以上より，本章では授業における教師の情動表出様式を分析し，大幅な自由裁量の余地ある教職特有の情動労働の様相を示した。そして，授業における教師の情動表出様式として誘発，抑制，開示の3様式を示し，この3様式には生徒の授業参加や学習意欲の促進，生徒とのケアリング関係の構築という，教師の意図が潜在することを示した。それでは，教師がこれらの意図を含んで半ば戦略的に，自由裁量の判断で行う情動表出を受けて，生徒はどの

ような授業参加行動を示すのだろうか。第8章ではこの点について詳細に考究していく。

第8章　教師の情動表出を受けて生徒が示す授業参加行動

第1節　本章の目的

　第7章では，授業における教師の情動表出様式をその先行状況から分析し，教師の情動的実践が情動労働と定義できるのか否かを検討した。しかし，教師が授業中に情動表出を行うことによって，生徒はどのような授業参加行動を示すのかは明らかとなっていない。そこで本章では，教師の情動表出に内在する社会的機能を明らかにする。また，教師が情動を表出する先行状況の相違により，生徒が示す授業参加行動がいかに異なるのかも検討する。

　授業において，教師は表情，姿勢，発話を媒介にして情動を表出する（e.g., 河野, 2005; Neil, 1989）。Keltner & Haidt（2001）によると，人の情動表出には，その受け手である他者に進行中の相互作用における望ましい行動を喚起する機能がある。このことから，教師は授業において望ましいと考える行動を生徒に喚起するために，意識的にも無意識的にも情動表出を行い，生徒は教師の情動表出を受けて何らかの授業参加行動を示すと考えられる。一方，第7章で示したように，生徒が私語，居眠り，授業内容への不満などの消極的授業参加行動を示すと，教師はその行動を示した生徒を叱り，注意することがある。この教師の叱る，あるいは注意言葉には，ときに怒りやいらだちといった不快情動が含まれる。したがって，消極的授業参加行動を示した生徒を教師が叱り，注意するとき，同時に教師は不快情動を表出し，その結果，教師の不快情動表出の受け手である生徒は消極的授業参加行動を中断すると考えられる。また，遠藤（2007）は Keltner & Haidt の主張から"悲しみにくれ

る人に接したとき，多くの場合，そのまわりに位置する人はその人をなぐさめ，その人になんらかの向社会的行動をとったりする"（p.13）と述べている。つまり，教師がある生徒の消極的授業参加行動に哀しみなどの不快情動を表出すると，その受け手と異なる生徒が何らかの方法で教師を助ける援助行動（高木，1998），すなわち向社会的行動を示す可能性もある。

　以上の点から，授業中，教師が快情動を表出すると生徒は積極的授業参加行動を示し，教師が不快情動を表出すると生徒は消極的授業参加行動を中断すると考えられる。また，教師が不快情動を表出すると何らかの向社会的行動を示す生徒もいると考えられる。実際に，第7章で示したように，教師はこれら望ましい授業参加行動を生徒に喚起することを意図して情動表出を行っていた。ただし，教師は授業中，常にこれらの意図に沿って快／不快情動を表出しているのかは定かではない。むしろ，生徒が示す授業参加行動によって変化する状況や授業展開の仕方に基づき，教師は多様な意図を混在した情動表出を行っていると考えられる。例えば，教師は消極的授業参加行動を示す生徒の注意を喚起し，授業に集中させる意図で快情動を表出する可能性もある。

　さらに，教師の褒め言葉や叱り言葉に対する生徒の受けとめ方に個人差があるとの指摘がある（中山，1997; 吉川・三宮，2007）。また，生徒指導場面での教師の注意言葉に対する生徒の受けとめ方を，中学生188名への質問紙調査から検討した中山・三鍋（2007）は，"学級集団場面"と"一対一場面"によって教師の注意言葉に対する生徒の受けとめ方が異なり，それゆえに教師の注意言葉が生徒の"問題行動"をやめさせる場合とそうでない場合があると示唆している。したがって，教師が生徒に望ましい授業参加行動を喚起する意図で快／不快の情動表出を行っても，先行状況や生徒個々人の受けとめ方の相違によって，生徒は教師の意図に沿った授業参加行動を示さない可能性が示唆される。

　そこで本章では，第7章に引き続き，中学校教師3名と彼らの授業実践を

対象に観察調査を実施し，授業中に教師が快／不快情動表出を行う生徒との相互作用場面を事例として抽出し，教師はどのような先行状況と意図でもって情動表出を行い，生徒は教師の情動表出を受けてどのような授業参加行動を示すのかを検討する。その際，教師が情動表出を行っても教師の意図に沿った生徒の授業参加行動が喚起されない場合，それはどのような先行状況であるのかを事例の解釈的分析から検討していく。また，Keltner & Haidt は，人の情動表出には他者に社会的に望ましい行動を喚起させる機能だけではなく，表出された情動と同質の情動を誘発，伝染させる機能，送り手の精神状態，出来事や物事に対する嗜好などの個人的情報を知らせる機能があると主張する。この主張から，例えば，教師が笑顔を浮かべて喜ぶ姿を見ると，生徒は同じように喜び，あるいは楽しさを感じ，教師が怒りを表出すると生徒は同じように怒り，あるいは不安を感じるなど，同質の情動を経験すると考えられる。また，教師がある生徒の発言に笑顔を浮かべて賞賛すると，生徒は"先生は楽しそうだ"，"先生はこの種の発言を好むのか"など，教師の情動状態，出来事や物事に対する嗜好を推測，理解すると考えられる。そこで，学級生徒に自由記述調査を実施し，教師の情動表出に対する生徒の受けとめ方を分析し，教師の情動表出が生徒の情動状態に及ぼす影響を検討する。この分析結果を事例解釈の助けとする。

第2節　方法

1．研究方法

　本章では，第7章と同様の方法で，桜井先生，小野先生，桑田先生を対象に授業観察調査と面接調査を実施した。本章ではこれらの調査に加えて，各学級生徒を対象にした自由記述調査を含むフィールドワークを実施した。授業観察調査と面接調査の手続きについては第8章と重複するため説明を割愛

する。収集した観察記録は文字に起こして分析に使用し，面接データからは教師の情動表出に含まれる意図を同定，整理した。

生徒への自由記述調査では，教師の情動表出に対する生徒の受けとめ方を導出することを目的とし，各学級の観察授業最終日の授業終了後に実施した。この自由記述調査では，第2章第2節4項に示した質問を生徒に提示した。ここでの生徒の記述から，教師の情動表出が生徒の情動状態に及ぼす影響を検討するとともに，生徒の記述内容を本章で取り上げる事例解釈に用いた。

2．分析手続き

観察データの分析過程における情動の種類の判断は，第7章第2節で示した通りである。この分析結果に基づきながら，教師の情動表出を受けて生徒が示す授業参加行動を検討するため，教師が情動表出を行った場面を事例抽出し，その談話過程を分析した。ここでは，教師の情動表出の先行状況を同定し事例を抽出した第7章とは異なり，教師の情動表出後に生徒が示した授業参加行動を後続発話から同定し，事例を抽出した。事例は，桜井学級から51，小野学級から56，桑田学級から37抽出された。

談話過程の分析は，まず教師と生徒の発話のturnを区切りとし，発話に伴う表情や声の調子，動作は1turnに含めた。一方，発話を伴わない表情や動作，発話内容が明瞭に聴き取れない生徒間の私語は1turnとした。桜井学級51事例の総発話数は451turn（教師230turn，生徒221turn），小野学級56事例の総発話数は711turn（教師332turn，生徒379turn），桑田学級37事例の総発話数は486turn（教師231turn，生徒255turn）であった。この分析に基づき，事例内で教師が情動を表出した先行状況を同定してから，教師の情動表出直後に生徒が示した行動を授業参加の積極性／消極性の観点から検討し，事例を分類した。この分類結果は結果と考察で示す。最後に，筆者と大学院生1名で事例分類の評定を行った。結果，一致率は92.8％であった。評定が一致しなかった事例分類は評定者間の協議により決定した。

生徒への自由記述調査は，3学級生徒，計85名のうち，61名から回答を得た（桜井学級：22/36名，小野学級：20/21名，桑田学級：19/28名）[27]。分析は，まず生徒61名の全記述を意味内容に即して切片化し，各切片の内容を適切に表現する名前（ラベル）をつけた。次に，内容が類似するラベルを統合してカテゴリーを生成した。この分析結果から，教師の情動表出に対する生徒の受けとめ方として，教師の快情動表出，不快情動表出，情動表出全般を対象とした3カテゴリーが生成され，桜井学級の生徒4名，小野学級の生徒9名，桑田学級の生徒7名が二つのカテゴリーに該当する記述を行った。したがって，生徒41名が1記述，生徒20名が2記述を行い，計81の記述が導出されたことになる。最後に，筆者と大学院生1名で記述データとラベルの評定を行い，一致率は92.3％であった。評定が一致しなかった記述データについては評定者間の協議により決定した。この自由記述の分析結果及び面接での教師の語りを観察データから抽出した事例解釈に用いた。

第3節　結果と考察

1．教師の情動表出に対する生徒の反応と受けとめ方

　観察データから，教師の情動表出前後に生徒が示した授業参加行動を積極性／消極性の観点で分析し，8つの事例カテゴリーが抽出された（Table 8.1）。
　カテゴリーAを除いた7つのカテゴリーに該当する事例において，生徒は教師の快／不快情動表出を受けて積極的／消極的授業参加行動を示していた。そこで，生徒の授業参加行動に変化が見られなかったカテゴリーAを除く7つの事例カテゴリーについて，次項では教師が快情動を表出した事例B～Eを取り上げる。それから，教師が不快情動を表出した事例F～Hを取り上げる。そして，各事例で教師が行った情動表出にどのような意図が含まれ，教師の情動表出とそれに含まれる意図を受けて生徒はどのような授業

Table 8.1 抽出事例8カテゴリーと事例数及び事例内容の定義

抽出事例カテゴリー	抽出事例数 合計	抽出事例数 内訳	事例内容の定義
A 教師の快情動表出による生徒の行動に変化なし	15	桜井学級：5 小野学級：4 桑田学級：6	・生徒の自発的発言や課題への専心に教師が喜びや驚きを表出したり，自発的に冗談を言うことで楽しさを表出したりしたが，授業内容の説明や生徒の活動の見回りを続けたため，生徒の表情や行動に明確な変化が見られなかった事例。
B 教師の快情動表出による生徒の笑いの生起	48	桜井学級：28 小野学級：12 桑田学級：8	・生徒の自発的発言や課題への専心に対して教師が喜びや驚きを表出したり，教師が自発的に冗談を言うことで楽しさを表出したりした直後，生徒が笑顔を浮かべたり，声を上げて笑った事例。
C 教師の快情動表出による生徒の積極的授業参加行動の促進	23	桜井学級：10 小野学級：6 桑田学級：7	・Bと同じ状況で，さらに生徒の自発的発言や課題への専心などの積極的授業参加行動が連続して生起し，教師もそのような生徒の行動を受けて快情動を連続して表出した事例。
D 教師の快情動表出による生徒の消極的授業参加行動の中断	7	桜井学級：1 小野学級：3 桑田学級：3	・生徒の私語，ふざけ，不満の表明といった消極的授業参加行動に教師が快情動を表出した直後，そのような生徒の行動が即座に中断された事例。
E 教師の快情動表出による生徒の消極的授業参加行動の継続	3	桜井学級：1 小野学級：2 桑田学級：0	・Dと同じ状況で教師が快情動を表出したが，生徒の消極的授業参加行動が中断されず，継続した事例。
F 教師の不快情動表出による生徒の消極的授業参加行動の中断	15	桜井学級：2 小野学級：6 桑田学級：7	・生徒の私語，ふざけ，不満の表明といった消極的授業参加行動に教師が不快情動を表出した直後，そのような生徒の行動が即座に中断された事例。
G 教師の不快情動表出による生徒の消極的授業参加行動の継続	27	桜井学級：5 小野学級：19 桑田学級：4	・Fと同じ状況で教師が不快情動を表出したが，生徒の消極的授業参加行動が継続し，さらに他生徒が同様の行動を示した事例。
H 教師の不快情動表出による生徒の向社会的行動（援助行動）の生起	6	桜井学級：0 小野学級：4 桑田学級：2	・Fと同じ状況で教師が不快情動を表出し，授業が一時的に中断した際，教師の不快情動表出の受け手とは異なる生徒が授業内容に関わる発言を行ったり，消極的授業参加行動を示した生徒を注意したりした事例。

第 8 章　教師の情動表出を受けて生徒が示す授業参加行動　235

Table 8.2　教師の情動表出に対する生徒の受けとめ方

カテゴリーと ラベル	記述数	記述内容例
カテゴリー A		教師の快情動表出に対する受けとめ方　($N=26$)
同質の快情動 の経験	19	桜井先生がおもしろいときは授業が楽しくできる。 　　　　　　　　　　　　　　　　　（桜井学級・中井さん） 喜んで話しているときは私もうれしい。（桜井学級・巻さん） 喜んでくれるととてもうれしいです。（小野学級・桜木さん） 喜んでいる時は，私まで嬉しくなる。（小野学級・黒木さん） 楽しそうに話しているときは，楽しい。（桑田学級・山口くん） 喜んで話す時は，自分も同じ気持ちになる。（桑田学級・太田さん）
教師の性格・ 快情動表出へ の肯定的評価	5	いろいろと楽しく話してくれて，とにかく楽しい，優しい先生。 　　　　　　　　　　　　　　　　　（桜井学級・田原さん） 桜井先生はおもしろいし，そのままの先生がスキです！！ 　　　　　　　　　　　　　　　　　（桜井学級・佐原さん） 楽しそうにしている時はクラスの雰囲気も明るくなるのでとても楽しい先生だなと思います。（小野学級・村田さん） 喜んでいる時は授業が進むのでいいと思います。（小野学級・中田さん） 喜んでいるとき，いい先生だなと思う。（桑田学級・安田くん）
懐　疑	2	喜んだりしながら話すのを見ていると，小野先生，本当に喜んでいるのかなぁーと思いました。（小野学級・吉田さん） 喜んでるとき，ほんとはつまらなそう。（桑田学級・大塚くん）
カテゴリー B		教師の不快情動表出に対する受けとめ方　($N=29$)
同質の不快情 動の経験	13	怒ったらいやだけど。（桜井学級・関さん） 怒っているとき等は，あまりいい気持ちではありません。 　　　　　　　　　　　　　　　　　（桜井学級・巻さん） 怒ると怖かったりするけど……。（小野学級・東山さん） おこっているときは授業が進まないからちょっといや。 　　　　　　　　　　　　　　　　　（小野学級・品川さん） 怒っているときは，そうだなぁーと思うときもあるけど，やっぱりいやな気持ちになる。（桑田学級・山田くん） いらいらしているときは，嫌な気持ちになる。（桑田学級・鶴屋さん）
反　省	9	先生が怒っているともっとしっかりやらなくてはいけないと思うことができるのでいいです。（小野学級・押切さん） 怒ったりしている時は反省をしたいと思うけどなぁ。 　　　　　　　　　　　　　　　　　（小野学級・中沢くん） 怒っている時はその怒られた所を直していこうと思いながら聞いている。ちょっと反省してる。（桑田学級・鈴井くん） 先生が怒ったりしているときは，こっちも悪いことをしたなぁと思ったりする。（桑田学級・長門さん）

カテゴリーとラベル	記述数	記述内容例
同情	4	怒ったりしているとき，私はこんなクラスの先生はやりたくないなぁと思う。（小野学級・吉田さん） 怒ったり，いらいらしているとき，先生も大変なんだなぁと思う。（桑田学級・新田くん）
教師の権威への反感	2	怒っているとき，「えらそうにしやがって」。（桜井学級・大泉くん） 怒っているとき，はく力をかんじなーい，つーかこわくなーい。（桑田学級・池辺くん）
支持	1	怒る時は怒ってくれてとても助かります。そうじゃないとずっとうるさいままになっちゃうし。（小野学級・桜木さん）

カテゴリー C　教師の情動表出全般に対する受けとめ方（$N=26$）

カテゴリーとラベル	記述数	記述内容例
教師の性格・情動表出への肯定的評価	14	生徒みんなに自分の気持ちをわかってもらおうと熱心な先生だと思う。（桜井学級・北島くん） 別にいいと思う。それはそれで先生らしいと思うし，それが先生の性格だから。（桜井学級・土屋さん） 「きどあいらく」がはげしい。でもそっちのほうがふつうでいい。いつも笑ってたり，いつもおこってたりするほうがこわい！！（小野学級・三村さん） 「こういう先生がたくさんいたらいいな」と思う。（小野学級・赤羽さん） 生徒に熱心だなーと。自分の感情をちゃんと表している。（桑田学級・永野さん）
教師の情動状態の理解	5	わかりやすくていいです。本当にうれしいときは喜んで，ダメなときは怒って，とてもわかりやすい。（桜井学級・近藤さん） 怒った時は必ず学校の中でなにかわるいことがおこっていたり，喜んでいるときは，ハッピーなことがきっとあったりするのかなぁと思ったりする。（桑田学級・河野さん） 怒ったときはそれで怒っているんだ，喜んだときはそれで喜んでるんだというふうにわかる。（桑田学級・秋山くん）
教師のケアリング行為としての見取り	4	本当にみんなのことを考えてくれているんだなぁーと思う。（桜井学級・上野さん） 自分たちの良い点，悪い点に気づいてくれているみたいです。（小野学級・永倉さん） 先生は生徒1人1人を自分の子どものように大事にしてくれているんだな。（桑田学級・石山くん）
無関心	3	別に。ふつうの先生だなと思った。（桜井学級・朝比奈さん） べつになんとも。（小野学級・大谷くん） なにも思わない。（小野学級・藤村くん）

Note. 記述内用例の最後にデータを引用した生徒名を仮名で（　）内に表記した。"同質の快／不快情動の経験"の計32記述は，生徒14名の1記述と3学級の生徒各3名（9名）の2記述（計18記述）である。したがって，32記述は生徒23名による。

参加行動を示したのか検討していく。

また，Table 8.2には自由記述の分析結果から得られた教師の情動表出に対する生徒の受けとめ方を示した。生徒は，教師の快情動表出，不快情動表出，情動表出全般に対してそれぞれ異なる受けとめ方と評価をしていた。そこで，この分析結果を用いて各事例の解釈的分析を行っていく。

2．教師の快情動表出を受けて生徒が示す授業参加行動

(1) 教師の快情動表出による生徒の積極的授業参加行動の促進

教師が笑顔を浮かべながら冗談を言って楽しさを表出した直後，また，生徒の積極的授業参加行動に笑顔を浮かべて喜びを表出した直後に，多数の生徒が声をあげて笑ったり，笑顔を浮かべたりした事例が48抽出され，さらに，生徒が積極的授業参加行動を示した事例が23抽出された。これらの事例では，教師は生徒の学習意欲や積極的授業参加行動を促す教育方法的な意図で快情動を自発的に表出していたと考えられる。そこで，この典型例として，桜井先生が快情動を最も多く表出した授業1で，桜井先生の快情動表出を受けて多数の生徒が連続して自発的発言を行った事例を取り上げる。事例1（Table 8.3）は，「原始人類が火に関して出来なかったこと」について桜井先生が生徒に発問した場面である。

本事例で，桜井先生は生徒の誤答に対して笑顔を浮かべ，冗談を交えて返答しながら楽しさを表出し，発問を繰り返した（turn1-3, 1-9, 1-15, 1-22, 1-26）。その結果，生徒たちから笑いが起こり（turn1-10, 1-16, 1-23, 1-26），自発的発言が連続して行われた。また，桜井先生の「人類はどうやって火を捕まえた」の第2の発問に対し，近藤さんが「山火事」(turn 1-17)，塙くんが「火山の噴火」と発言したが（turn1-19），桜井先生は「他にないか」とさらに生徒たちに発言を要求した（turn1-18, 1-20）。そして，道場くんが正答を発言したことに（turn1-28），桜井先生は笑顔を浮かべて賞賛し，喜びを表出した（turn1-29）。

Table 8.3 【事例1】桜井学級：授業1（4/15）「原始人類が火に関してできなかったことについての推論過程」

turn	発話者	発話内容	情動
1-1	桜井先生 :	火を使った北京原人さんは，火に関してあることができなかった。何ができなかった？	
1-2	菊池くん :	捨てること。	
1-3	桜井先生 :	|笑顔を浮かべて強い口調で| おもしろいな！ 捨てることはできただろ！ あー，でも捨てなかったんだね。決定的にあることができない。本当は君らだって出来ない。君らは消すことはできるよ。	《楽しさ》
1-4	塙くん :	運ぶこと。	
1-5	桜井先生 :	う～ん，悪くはないが。＜中略＞今は便利なものがあるからいいけど，何も無かったらお前ら絶対できないよ。	
1-6	金沢さん :	火を点ける。	
1-7	桜井先生 :	そう，火をつける。君らは今ライターとかあるけど，何にもなかっ]たら	
1-8	道場くん :	[火打石。	
1-9	桜井先生 :	はっはっはっは，|笑顔で| 火打石なんて何処に転がっているんだよ。	《楽しさ》
1-10	生徒たち :	|笑う|	
1-11	桜井先生 :	火ってそう簡単にはつけられない。＜中略＞最初の火を人類はどうやって火を捕まえた。つけたんじゃない。	
1-12	北島くん :	擦った。	
1-13	桜井先生 :	擦って点けるのって大変よ。自然にある火。	
1-14	松嶋くん :	太陽。	
1-15	桜井先生 :	|笑顔で| 太陽の光そんな簡単に燃えるか。	《楽しさ》
1-16	生徒たち :	|大きく笑う|	
1-17	近藤さん :	山火事？	
1-18	桜井先生 :	そう。時々自然発火して山火事が起こることありますね。そこで燃えている火，普通ならみんな怖くて近づかないけど，人間は近づいていって火をとったんだよね。他にないか？	
1-19	塙くん :	火山の噴火。	
1-20	桜井先生 :	そう火山の噴火。他にないか？ 自然から貰える火ないか。知らない？空から降ってくる。	
1-21	堀さん :	星？	
1-22	桜井先生 :	星？ |笑顔を浮かべて| 隕石か？	《楽しさ》
1-23	生徒たち :	|大きく笑う|	

turn	発話者	発話内容	情動
1-24	桜井先生：	君らも見たことあるよ。すごいよ。本当に火がつくんだよ。現実に。	
1-25	塙くん：	なんか……油とか。	
1-26	桜井先生：	はっはっは，|笑顔を浮かべて| 空から油降ってくるんだ。油は降らないよなぁ。	《楽しさ》
1-27	生徒たち：	|大きく笑う|	
1-28	道場くん：	あっ，雷。	
1-29	桜井先生：	|笑顔を浮かべて| そうだよ道場，雷だよな。空から雷，電気がバーってきて，木に落ちて，火山の噴火による火，山火事による火，雷による火，そういう火を捕まえたんだ。	《喜び》

Note.「生徒たち」と表記してある場合には不特定多数の生徒の発話や動作，| | 内は表情，声の調子，特徴的な動作，「……」は発話の間，] [は2つの発話の重なりを示した。また，教師が情動を表出した箇所に下線を引き，末尾にコーディングした情動の種類を《 》内に表記した。

　本事例では，桜井先生が初めに楽しさを表出してから計7名の生徒が発言し，二つの発問の正答を導く推論過程に参加した。また，第2の発問以降の一連の発話内容から，桜井先生は「雷」という正答を生徒から引き出すことを意図していたと考えられる。そして，桜井先生は道場くんの発言に笑顔で応えたことから，意図した通り生徒の発言から正答を引き出したこと，あるいは道場くんの発言そのものに喜びを感じ，その表出に至ったと解釈できる。

　このように，教師の発問内容の的確さや授業内容の興味深さと共に，冗談を交えた自発的な楽しさの表出により生徒が発言しやすい教室の雰囲気が生成され，生徒の積極的授業参加行動が促されることがある。自由記述では，生徒19名が教師の快情動表出に対して「先生がおもしろいときは授業が楽しくできる」，「喜んではなしているときは私もうれしい」などと記述した。このことから，本事例のような現象が起こるのは教師の快情動表出により生徒に同質の快情動が誘発，伝染されるためと推察される。つまり教師が授業を楽しみ，生徒の新奇な発言に驚きや喜びを表出することで，生徒も授業に楽しさを感じ，新たな知識を発見し獲得することに驚きや喜びを感じるようになる。そして，生徒は誘発された快情動に伴い授業内容への関心や授業への集中を高め，積極的に授業に参加すると考えられる。

(2) 生徒の消極的授業参加行動の中断を促す教師の快情動表出

　教師は生徒の積極的授業参加行動を促す意図で自発的に快情動を表出する一方で，生徒の消極的授業参加行動に対して快情動を表出し，そのような生徒の行動を中断させようと試みていた。その結果，生徒の消極的授業参加行動が即座に中断された事例が7抽出された。これは，面接では把握されなかった生徒指導的な意図を含んだ快情動表出と考えられる。しかし，教師が同状況で快情動を表出しても，生徒の消極的授業参加行動が中断されなかった3事例が抽出されている。そこで，小野先生が授業2で，私語を続けた生徒2名に冗談を交えて楽しさを表出した事例を取り上げる。事例2(Table 8.4)は，生徒がアルファベットの綴りを個人練習する場面である。

　事例ではまず，私語を始めた沼田くんと三村さんに小野先生が笑顔を浮かべて「仲いいね」と冗談を言った（turn2-1）。それに対し三村さんは言い訳をし，沼田くんは続く小野先生の「席替え必要かな」の発話に不満を口にした。すると小野先生は遠藤くんの綴り練習を見て驚きと喜びを表出した（turn2-5, 2-6）。この驚きと喜びは，一方では綴り練習に専念する遠藤くんを見て小野先生が無意識的に表出したものであり，他方では沼田くんと三村さんを綴り練習に集中させることを意図して，意識的に表出したものと捉えられる。しかし2人はすぐに私語を始めたため，小野先生は再び笑顔を浮かべながら冗談を言って彼らの注意を喚起し，綴り練習に専念させようと試みた（turn2-12, 2-14）。この小野先生の冗談に生徒たちから笑いが起こり（turn2-13, 2-16），沼田くんと三村さんはようやく私語をやめた。しかし，三村さんはすぐに綴り練習と無関係な発言を行い（turn2-18），沼田くんは小野先生の発問にだらけた素振りで返答した（turn2-23）。さらに事例終盤，三村さんは授業中にも関わらず教室を出て行ってしまった（turn2-25）。

　本事例で小野先生が行った楽しさの表出には，沼田くんと三村さんの注意を喚起し，彼らを授業に参加，集中させようとする生徒指導的な意図がうかがえる。しかし，彼らは私語を続け，アルファベットの綴り練習という課題

Table 8.4 【事例2】小野学級：授業2（5/10）「アルファベットの綴り練習」

turn	発話者	発話内容	情動
		アルファベットの綴り練習中，小野先生が生徒たちの練習を見て回っている間，沼田くんと三村さんがお喋りを始め，ふざけ合う。	
2-1	小野先生	|沼田くんと三村さんに笑顔を向けて| なんだかんだいって仲いいねー。	《楽しさ》
2-2	三村さん	|恥ずかしそうに笑って| 別にそんなこと……ないよ。	
2-3	小野先生	席替え必要かな。あのー，私が決めようかな。	
2-4	沼田くん	|大きな声で| えー！	
2-5	小野先生	|遠藤くんの作業を見て強い口調で| おっ！	《驚き》
2-6		|笑顔で強い口調で| はやーい！ミスターエンドウ。	《喜び》
2-7	沼田くん／三村さん	|私語を始める|	
2-8	小野先生	|沼田くんと三村さんに| 喋りながらやると間違えるの。私だって喋りながら黒板に書くと間違えるの。	
2-9	沼田くん／三村さん	|私語を続ける|	
2-10	小野先生	亜希さんはさ，もうずーっと健太くんに話しかけている。	
2-11	三村さん	違うの！健太が話しかけて変なこと言ってくるから言い返しているの。	
2-12	小野先生	|笑顔を浮かべて| 大丈夫。このことはAさん（筆者）がずーっと記録しているから。	《楽しさ》
2-13	生徒たち	|笑う|	
2-14	小野先生	|笑顔を浮かべながら| どっちが何回話しかけたか全部メモしているの。知っている？	《楽しさ》
2-15	三村さん	えー！	
2-16	生徒たち	|大きく笑う|	
2-17	小野先生	|生徒たちの綴り練習を見て回る|	
2-18	三村さん	先生！先生！今日の宿題，チェックした宿題，やってくるの忘れちゃった。	
2-19	小野先生	それを今やっているのね？	
2-20	三村さん	違う。だから，今度持って来る。	
2-21	小野先生	みんな今日ペンマンシップ持ってきているよね？	
2-22	生徒たち	イエース！	
2-23	沼田くん	|だらけた素振りを見せながら| な〜い。	
2-24	小野先生	|沼田くんに| え〜。	
2-25	三村さん	行ってきまーす。|教室を出る。小野先生の耳にこの発話は届いていない|	

　2分後，三村さんは教科書を持って教室に戻ってきた。それを見た小野先生は「ダメよ黙って行っちゃ！」と強い口調で注意し，怒りを表出したが，三村さんは陽気に「はーい」と大きな声で応えただけであった。

を行うことはなかった。このような現象が起こる理由として二つの解釈が考えられる。第1は，教師が生徒に提示した課題の水準の問題である。小野先生によると沼田くんは「英語が出来る子」で，おそらく観察時点でアルファベットの綴りを習熟していた可能性がある。すなわち，沼田くんにとって提示された綴り練習という課題の水準が低過ぎ，それを行うことに退屈していたと考えられる。一方，三村さんにとっては沼田くんとの私語の方が課題を行うことよりも楽しかったと考えられる。したがって，小野先生の快情動表出だけでは彼らの消極的授業参加行動を中断させるのは困難であったと推察される。

第2は，先行状況と教師が表出した情動の種類の不一致が挙げられる。自由記述において，生徒2名が教師の快情動表出に対して「本当に喜んでいるのかな」，「ほんとはつまらなそう」と懐疑的な受けとめ方を示していた。この懐疑的な受けとめ方から，教師が不快情動を経験する状況で快情動を表出した際，例えば「先生は本当に抱いている感情と違う感情を出した」と判断した生徒は，教師の快情動表出に含まれる生徒指導的な意図（例えば事例2では生徒の注意喚起）を読み取り，故意に教師の意図に反した消極的授業参加行動を示すと考えられる。したがって，教師が不快情動を表出すべき状況で快情動を表出しても，生徒の消極的授業参加行動を中断できない場合もある。

なお，生徒の消極的授業参加行動が生起した状況を含む全58事例のうち，教師が快情動を表出した事例数10に対し，不快情動を表出した事例数は48であった。このことからも，事例2のような教師の情動表出は先行状況に不一致な情動表出と生徒に受けとめられやすいと推察される。次に，生徒の消極的授業参加行動に教師が不快情動を表出した事例を検討していく。

3．教師の不快情動表出を受けて生徒が示す授業参加行動

(1) 生徒の消極的授業参加行動の中断を促す教師の不快情動表出

生徒が消極的授業参加行動を示した状況で，教師は授業を一時的に中断し，

怒り，いらだち，困惑，哀しみの不快情動を表出することが多かった。そして，教師の不快情動表出直後に生徒が消極的授業参加行動を中断し，授業が即座に再開された15事例が抽出された。自由記述では，生徒9名（小野学級5名，桑田学級4名）が教師の不快情動表出を受けて「もっとしっかりやらなくてはいけないと思う」，「反省している」など，自らの行動への反省を示していた。このことから，教師の不快情動表出は自らの行動を反省できる生徒に対して効果的に働き，彼らの消極的授業参加行動を即座に中断させることが可能になると考えられる。しかし，教師が不快情動を表出しても生徒の消極的授業参加行動が継続し，さらに他生徒も消極的授業参加行動を示した27事例が抽出された。そこでこの典型例として，小野先生が不快情動を最も多く表出した授業5で，生徒の私語，ふざけ，不満の表明が連続して生起した事例を検討する。事例3（Table 8.5）は，英語の疑問文の作り方の学習場面である。

　事例ではまず，私語を始めた沼田くんと藤村くんを小野先生が眉間にしわを寄せ無言で見つめ，いらだちを表出したが（turn3-1），2人は無関係な中沢くんに「うるさい」とふざけて言った。小野先生は呆れた表情を浮かべて授業を再開したが（turn3-4），事例中盤まで2人は私語を続け（turn3-6, 3-10），小野先生はその度に哀しみといらだちを表出した（turn3-7, 3-11）。事例後半，「うるさい」と言われ続けた中沢くんが授業に集中していることを示そうとしたのか，小野先生に板書について質問をしたが，それを小野先生は集中の欠如と捉え，哀しみを表出して注意した（turn3-13）。この注意に中沢くんが不満を表明したため（turn3-16），小野先生は怒りを表出して中沢くんを強く注意し，すぐに授業を再開しようとした（turn3-17）。しかし，男子生徒数人が立て続けに私語を始め（turn3-18,21），小野先生はその度にいらだち，哀しみ，怒りを表出して彼らの私語を止めようと試みたものの（turn3-19, 3-20, 3-22），事例後も男子生徒数人の私語は続き，私語をやめた藤村くんも奇声を発し消極的授業参加行動を示し続けた。

Table 8.5 【事例３】小野学級：授業5（6/21）「疑問文の作り方」

turn	発話者	:	発話内容	情動
			疑問文の作り方の学習中，小野先生が板書をしている最中に沼田くんと藤村くんが私語を始める。	
3-1	小野先生	:	|眉間にしわを寄せながら彼らの様子を見つめる|	《いらだち》
3-2	沼田くん	:	中沢うるさい。	
3-3	藤村くん	:	中沢うるさい。	
3-4	小野先生	:	|呆れた表情を浮かべながら黒板を指差して| これ読めるかな？	《いらだち》
3-5	生徒たち	:	This is your room.	
3-6	沼田くん	:	|ぶつぶつ何か喋り出す（聴き取り不可能）|	
3-7	小野先生	:	|哀しそうな表情を浮かべて他生徒に| 辛いよな。ごめんな。動詞どれ？　何動詞って言うんだっけ？	《哀しみ》
3-8	黒木さん	:	be 動詞。	
3-9	小野先生		be 動詞だよね。|板書を指差しながら| これはまだ写さなくていいよ。これは「なになにです」，ねっ。でもさ，何だっけ？今日やろうとしている］のはね，	
3-10	藤村くん	:	[ぶつぶつ何か喋り出す（聴き取り不可能）|	
3-11	小野先生	:	|眉間にしわを寄せ，弱い口調で| はい中断。……いいですか？今日やろう］として，	《いらだち》
3-12	中沢くん	:	[先生それ書いた方がいいの？	
3-13	小野先生	:	|哀しそうな表情を浮かべて| 私さっき書かなくていいって言ったでしょ。話を聞いてくれる？	《哀しみ》
3-14	生徒たち	:	|沈黙|	
3-15	小野先生	:	はい，今日やるのはね，「これ君の部屋なの？」って聞きたいんですよ。いい？	
3-16	中沢くん		|不満げな表情を浮かべながら小さな声で| なんだよ。	
3-17	小野先生	:	|眉間にしわを寄せ，強い口調で| 中沢！　ダメだ。はいもう一回やり直し！　これ，「なになにですか？」っていう質問の文ことをね，疑問文っていうの。	《怒り》
3-18	男子生徒数人	:	|私語を始める|	
3-19	小野先生		|眉間にしわを寄せ，弱い口調で| いいですか，ちょっと聞いて。中間に出るから。	《いらだち》
3-20	小野先生	:	|黙っていた生徒たちに哀しそうな表情を向けて| ごめんね，聴いていた人ごめんね。はい，be 動詞やったね。	《哀しみ》
3-21	男子生徒数人		|私語を続ける|	
3-22	小野先生	:	|眉間にしわを寄せ，強い口調で| あー，もう中断！	《怒り》

この後も男子生徒数人の私語，藤村くんの奇声や文句など，一部の生徒の消極的授業参加行動が継続し，小野先生は怒りやいらだちを表出した。しかし，授業終了のチャイムが鳴るまで彼らは消極的授業参加行動を示し続けた。

本事例で小野先生が不快情動を表出したにも関わらず，生徒2名が私語を続けたように，教師の不快情動を受けても生徒は消極的授業参加行動を中断しないことがある。さらに，小野先生が中沢くんに不快情動を表出した直後に男子生徒数人が私語を始めたように，教師が生徒に不快情動を表出すると，その受け手と異なる生徒の集中が低減し，新たな消極的授業参加行動が現出する。これらの現象が起こる理由として，自由記述の結果から以下二点が示唆される。

　第1は情動の誘発と伝染である。教師の不快情動表出を生徒13名が「いやな気持ちになる」，「怖かったりする」と記述した。教師の不快情動表出はその受け手である生徒やその様子を周りで見ている他生徒に同質の不快情動を誘発し，結果，生徒は誘発された不快情動から授業への集中や学習意欲が低減し，消極的授業参加行動を示すことになると考えられる。さらに，教師が表出する不快情動やその受け手である生徒に誘発された不快情動が周囲の生徒に伝染し，他生徒も授業への集中が低減すると推察される。

　第2は受け手の捉え方である。生徒2名が教師の不快情動表出を反感的に受けとめ，生徒3名が教師の情動表出全般に無関心であった。特に，これらの受けとめ方を示した3名は各学級で消極的授業参加行動を示すことが多く，教師の不快情動表出の主な受け手であった。この結果から，教師の不快情動表出を頻繁に受ける生徒は教師の権威に反感的な意識を有し，教師の情動表出に無関心になる，あるいは，そのような生徒は教師の権威に反感的な意識をそもそも有し，教師の情動表出に無関心なため，教師の不快情動表出を頻繁に受けると考えられる。したがって，教師の権威に反感的な意識を有する生徒は教師の不快情動表出を受けても故意に消極的授業参加行動を継続するのである。

　ただし，本事例で小野先生に不満を表明した中沢くんは教師の権威に反感的な意識を有しているわけではない。彼は事例前半から集中して授業に臨んでおり，教師の不快情動表出を受けて「反省したいと思う」と記述した生徒

である (Table 8.3)。彼が不満を表明したのは，授業に集中していたところで級友に「うるさい」と言われ続け，さらに質問をしたのにも関わらず，小野先生に"授業に集中していない"と捉えられたためと考えられる。このように，生徒が示した積極的授業参加行動を，教師が消極的授業参加行動と誤解して不快情動を表出してしまうと，その生徒に不快情動を誘発してしまい，結果，生徒は教師に不信感を抱き，教師との心理的距離を遠ざけてしまう可能性が考えられる。

(2) **生徒の向社会的行動の生起**

　一方，教師の不快情動表出により授業が一時中断した際，他生徒が授業再開に寄与する行動を示した事例が6抽出された。そこで，そのような生徒の行動が生起した典型例として，桑田学級の授業4の一場面を事例として取り上げる。事例4 (Table 8.6) は，生徒がペアで教科書の会話文を音読し合う場面である。

　本事例では，池辺くんが机に伏す，不愉快そうな素振りを見せる，言い訳をするなどの消極的授業参加行動，あるいは反抗的な態度を示し続け (turn 4-3, 4-6, 4-8, 4-14)，その度に桑田先生は怒りを表出して彼を注意した (turn 4-4, 4-7, 4-15)。しかし，池辺くんの態度は一向に改善されなかった。そして事例後半，桑田先生が池辺くんを睨み続けた約30秒間，他生徒も沈黙し，重苦しい雰囲気が教室を包み込んで授業が中断した。このとき，長門さんが静寂を破るように，桑田先生が池辺くんに出した発問に対する回答を発言した (turn 4-17)。この長門さんの発言に桑田先生は喜びを表出し，授業を再開した。

　このように，ある生徒の消極的授業参加行動に教師が不快情動を表出し，授業が一時的に中断した際，他生徒が授業再開に寄与する発言を行うことがある。また，小野学級の2事例では，消極的授業参加行動を示した生徒を教師に代わって注意した生徒もいた。これらの現象から，教師の不快情動表出

Table 8.6 【事例4】桑田学級：授業4（5/31）「ペアで行う会話文の音読，Be 動詞を用いた英文作成」

turn	発話者		発話内容	情動
4-1	桑田先生	:	はいじゃあ，チェンジしてください。はい，いくよー。＜中略＞よーい……よーい，スタート。	
4-2	生徒たち	:	|隣同士のペアで教科書の会話文を音読する|	
4-3	池辺くん／大島くん	:	|池辺くんは机に伏し，大島くんはぼんやりしている|	
4-4	桑田先生	:	|池辺くんと大島くんに強い口調で| ちゃんとやる！	《怒り》
4-5	桑田先生	:	はいストップ。それではこのカード失くさないように。|池辺くんに| はいじゃあ，池辺くん戻るよー。	
4-6	池辺くん	:	|机に伏したまま動かず，桑田先生に声かけに反応しない|	
4-7	桑田先生	:	|眉間にしわを寄せ，約10秒間，黙って池辺くんを睨み続ける|	《怒り》
4-8	池辺くん	:	|不愉快そうな素振りで顔を上げる|	
4-9	桑田先生	:	はい，じゃあしまって。新しいプリント配ります。|生徒たちにプリントを配りながら| 括弧の中にふさわしい英語を入れて文を作ってください。1番，2番は全員がわかる。「私はなになにです」の「です」は何だったっけ？	
4-10	生徒たち	:	|プリントに答えを書き込む|	
4-11	桑田先生	:	ここは迷わず書いたね。じゃあボケッとしている子に聞いてみよう。池辺くん。「私はKenです」は何だっけ？	
4-12	池辺くん	:	えっ？	
4-13	桑田先生	:	「私はKenです」は？	
4-14	池辺くん	:	まだ……書いてないんで。	
4-15	桑田先生	:	|眉間にしわを寄せ，強い口調で| 書く！ |池辺くんを睨む|	《怒り》
4-16	生徒たち	:	|約30秒間，沈黙|	
4-17	長門さん	:	am.	
4-18	桑田先生	:	|長門さんに笑顔を向けて| I, am だよね。I am Ken. はい。I am Ken. |両手を前に差し出して| はい。	《喜び》
4-19	生徒たち	:	I am Ken！	

はその受け手と異なる生徒に，授業再開に寄与し，教師を助ける向社会的行動を喚起することが示唆される。自由記述では，教師の不快情動表出を受けて生徒4名が「先生も大変なんだ」などと同情を示し，生徒1名が「怒ってくれてとても助かります」と支持を示した。これらの同情や支持が，教師の不快情動表出を受けて生徒が示す向社会的行動の背後にあると考えられる。

そして，教師は生徒の向社会的行動を喚起する意図で不快情動を表出しているわけではないため，生徒の向社会的行動の生起は教師に強い喜びをもたらし，教師が先行状況で経験し表出した不快情動を緩和させると考えられる。

最後に，生徒19名が教師の快情動表出と情動表出全般を受けて「優しい先生」，「熱心な先生」などと教師の性格を肯定的に捉え，「自分の感情をちゃんと表している」などと教師の情動表出を肯定的に評価していた。また，生徒5名が教師の情動表出を受けて教師の情動状態を推測，理解し，生徒4名が「みんなのことを考えてくれている」，「大事にしてくれている」などと教師のケアリング行為の現れと受けとめていた。これらの記述から，多くの生徒が教師の快／不快情動表出を肯定的に受けとめていることがうかがえる。したがって，教師が授業中の生徒との相互作用から生起した情動を率直に表出することで，生徒による教師の性格や情動理解が促され，結果，小野先生が面接で語ったように，教師－生徒間の心理的距離の縮減が期待される。

第4節　本章の総合考察

本章では，中学校3学級の授業観察，教師3名への面接調査から得られたデータに基づき，教師が授業中に行う情動表出に含まれる意図と，教師の情動表出を受けて生徒が示す授業参加行動を検討した。また，生徒への自由記述調査から，教師の情動表出に対する生徒の受けとめ方を検討した。その結果，以下二点の知見が得られた。

第1に，教師の喜びや楽しさといった快情動表出が生徒の積極的授業参加行動を促すことが示され，この過程において，教師の快情動表出により生徒に同質の快情動が誘発されることが示唆された。特に，教師が授業中に用いる冗談については，教室ユーモア研究により教師－生徒の緊張関係を緩和すると指摘されており，この指摘を本研究の知見は支持するものである。しかし，生徒が私語やふざけなどの消極的授業参加行動を示した状況で，教師が

生徒指導的な意図で自発的に快情動を表出しても，生徒の消極的授業参加行動を中断できないこともあった。その理由として，(1)教師が生徒に提示した課題の水準の問題，(2)教師が表出した快情動と先行状況の不一致，(3)教師の快情動表出に対する生徒の懐疑的な受けとめ方，の三点が示唆された。

第2に，教師の怒りやいらだちといった不快情動表出が生徒の消極的授業参加行動を中断させることが示され，この過程において，教師の不快情動表出が生徒に当該行動への反省を同時に促していることが示唆された。しかし，教師が不快情動を表出しても生徒の消極的授業参加行動が継続し，さらに他生徒の授業への集中が低減して新たな消極的授業参加行動が生起することもあった。これらの現象の背後には，(1)教師の不快情動表出が生徒に誘発する同質の不快情動，(2)教師の権威に対する生徒の反感的な意識，(3)教師の情動表出に対する生徒の無関心，という生徒の情動状態があると推察された。ただし，教師が不快情動を表出して授業が一時的に中断した際，他生徒が授業再開に寄与する発言を行う，消極的授業参加行動を示した生徒を注意するなど，教師を援助する向社会的行動を示すこともあった。向社会的行動が生徒に喚起されるのは，彼ら／彼女らが，生徒指導的な意図で授業中にも不快情動を表出せざるを得ない教師に同情するため，教師の不快情動表出を円滑な授業展開に寄与するものとして支持するためと推察された。

これらの知見から，教師が授業中に行う情動表出に内在する機能として以下の点が示唆される。まず，教師が冗談やユーモアを活用して行う快情動表出には，生徒の積極的授業参加を促す機能が内在すると考えられることから，授業における教師の快情動表出は，生徒の授業参加や学びへの専心没頭など，教師にとって望ましい生徒の行為を引き出すのに有効な授業方略と考えられる。ただし，生徒は教師の情動表出を入念に観察していることが示唆されたため，仮に，教師が自らに生起した情動と異なる情動を偽って表出し，その情動が，先行状況から見て明らかに不一致なことが生徒に見抜かれれば，生徒は教師の情動表出に含まれる意図を読み取り，その意図に反する授業参加

行動を故意に示す可能性が示唆される。したがって，教師が意図的に快情動を誘発して自発的に表出する際には，表出する情動の種類が先行状況から見て適切であるのか否かを考慮し，先行状況に不一致な情動表出を可能な限り避ける必要があると言える。

　また，教師による怒りやいらだちなどの不快情動表出には，生徒の消極的授業参加行動を中断させ，反省を促し，さらに，受け手とは異なる生徒に向社会的行動を喚起する機能が内在することが示された。ただし，教師の不快情動表出を否定的に受けとめる生徒がいることや，教師の不快情動表出が生徒に同質の情動を誘発してしまうことから，教師が不快情動を表出したからといって，必ずしも生徒の消極的授業参加行動が中断されるわけではない。特に，生徒により教師の不快情動表出に対する受けとめ方は異なり，この受けとめ方の相違が教師の不快情動表出を受けて示す授業参加行動の相違を導くことが示唆される。そのため，教師は不快情動を表出した際，それに対する生徒の反応から彼ら／彼女らがどのような情動を経験するのかを推測，理解し，生徒の特性に応じて不快情動の表出様式を変化させる必要があると思われる。

　その一方で，多くの生徒が教師の快／不快情動表出を肯定的に評価し，さらに，教師の情動表出を受けとめて，教師の性格や情動状態を判断，理解することが示唆された。第7章第4節では，教師は自己をケアするために情動の過度な抑制，誘発を回避し，自らに生起した情動を率直に開示する必要性を指摘した。本章の知見からはさらに，教師は快情動を自発的に表出したり，不快情動を抑制したりするだけではなく，生徒による教師理解の促進とそれに基づく教師－生徒間の心理的距離の縮減，ケアリング関係の構築，維持という観点から，授業中に生起した情動を開示する必要があると言えよう。

　ただし，教師の情動表出に対する生徒の受けとめ方は自由記述の分析結果であり，本章の結果は示唆にとどまる。したがって，今後は自由記述の分析結果に基づき質問紙を作成し，教師の情動表出が生徒の情動状態に及ぼす影

響，個々の生徒の特性，例えば，性別，年齢，パーソナリティによる教師の情動表出の受けとめ方の相違を定量的に検証することが課題となる。

第Ⅴ部　本研究の総合考察と今後の展望

第9章　情動的実践としての教師の専門性

　本研究では，教師が授業中に経験し表出する情動が，実践過程でいかなる役割を果たしているのかを検討し，教師の専門性における情動の布置と情動的実践の意義を明らかにすることを目的とした。第1章第1節では，教職が生徒との社会的相互作用と人間関係に基づく専門職であると同時に，生徒の成長や自己実現を支え促すケアリングの文化に基づく専門職であることを示した。このことから，教職はその社会文化的起源から情動的実践としての性格を帯びていることを明確化した。その上で，情動心理学や情動社会学の知見を援用しながら，第1章第2節及び第3節において教師の情動研究を概観し，実践過程で教師に生起する情動は教師自身の認知や思考，動機づけ，行動と密接不可分な関係にあることを示した。また，授業における教師の情動表出には教職専門職の文化とケアリングの文化によって規定された情動規則が潜在し，生徒とのコミュニケーション過程で作用する社会的機能を有することを示した。

　以上の先行研究の概観を踏まえ，本研究では教師の情動的実践を専門性という視点から検討するための理論的背景を定め，第1章第4節において以下5つの研究課題を定めた。

(1) 授業において教師が経験する情動とその生起状況，及び情動と認知，思考，動機づけ，行動との関連を検討し，教師が授業中や授業後に行う省察過程で情動が果たす役割を検討する。
(2) 異なる授業目標を設定する教師間の情動を比較し，教師の専門職としての固有性と自律的な専門性開発過程を示す。
(3) 授業における教師の快情動の経験とフロー体験の実践的意義を示す。

(4) 授業における教師の情動表出様式を分析し，教職特有の情動労働を考究する。そのために，教師が授業中に行う自己開示を分析し，教師が授業中に情動を開示する可能性を探索する。
(5) 教師の情動表出を受けて生徒が示す授業参加行動を明らかにする。

以上の研究課題を検討するために，本研究では高校教師11名，中学校教師3名の授業実践を対象とした観察調査，教師への面接調査及び質問紙調査，学級生徒への自由記述調査を実施した（第Ⅱ部第2章）。これらの調査により収集された授業における教師の情動の経験と表出に関するデータを，GTAや談話分析などの定質的方法及び統計による定量的方法により多角的に分析した。

そこで本章では，5つの研究課題に対応する第Ⅲ部及び第Ⅳ部の各章の知見を概観，考察してから，教師の専門性における情動の布置，情動的実践の意義を探究する。最後に，本研究の限界と今後の研究課題を示す。

第1節　本研究知見の概観

1．第Ⅲ部「授業における教師の情動と心理的事象」の知見と考察

第Ⅲ部では，授業における教師の内的過程における情動の役割を明らかにするために，教師が授業中に経験する情動に焦点を絞って検討を進めた。

(1) 第3章の知見と考察

第3章では，生徒間の学び合う関係形成を授業目標に設定する高校教師10名への面接調査から，授業中に教師が経験する情動とその生起状況，情動と認知，思考，動機づけ，行動との関連をGTAの手法により分析した。そして，教師の専門性として説明されてきた授業中の意思決定，省察過程，

創造的思考の展開に情動がいかなる役割を果たしているのかを考究した。ここでは特に，授業の省察過程における情動の役割に分析の焦点を絞り，授業において教師が半ば無意識的に行っている"行為の中の省察"と，授業後に行う"行為についての省察"において，情動がいかなる実践的知識の検索，実行，精緻化に関与しているのかを考究した。その結果，以下の知見が得られた。

第1に，分析により生成された現象モデルから，教師は生徒の行為に対して情動を経験するだけではなく，自らが用いる授業方略の成否という，自己の行為にも情動を経験することが示された。また，情動の生起過程において，教師は授業中の生徒の行為あるいは自己の行為を，主に授業目標に基づいて評価・判断することが示された。

第2に，教師は授業中の特定状況で異なる情動を混在して経験することが示された。これは，(1)教師は生徒の行為から自らが用いる授業方略の成否を評価，判断するため，(2)教師は生徒の成長や変容可能性という長期的視点を持ち，それに基づいて生徒が示す行為を評価するため，(3)教師が経験する情動の種類による持続時間の相違のため，であった。このように，教師は混在した情動を経験することで，生徒が授業中に示す様々な行為をステレオタイプ化した見方で判断するのではなく，自らの実践との関連や生徒の成長や変容可能性など，多元的で長期的な見方で判断することが可能となっていた。

第3に，教師が授業中に経験する様々な情動は，心的報酬の即時的獲得，柔軟な認知と創造性の高まり，悪循環，反省と改善，省察と軌道修正，という5つの過程で教師自身の認知，思考，動機づけ，行動に関連することが示された。さらに，教師に生起した情動の種類によって異なる省察過程が展開し，実践の改善と再構成に結びつくことが示された。

喜び，驚き，楽しさ，心地よさといった快情動は，教師の授業への内発的動機づけを高めながら，教師が教職を継続する上で必要な活力をもたらすことが示された（心的報酬の即時的獲得）。その結果，授業後には，新たな授業

方略の発想，教材理解の発展など，快情動の経験が既存の実践的知識に新たな発見を加える実践の再構成を教師に導いていた。授業中には，生起した快情動が教師の注意や集中といった認知能力を高めることが示された（柔軟な認知と創造性の高まり）。その結果，教師は生徒の活動状況を即時的に分析しながら，新たな授業方略を発想しそれを実験的に実行する意思決定を瞬時に行い，即興的に授業を展開することが可能となっていた。

　一方，いらだちや哀しみなどの不快情動は，教師の身体的消耗や認知能力の低下を導き，教師が用いる授業方略の精度も低下させることが示された。その結果，生徒が教師の授業目標に不一致な行為を示し続けることとなり，教師は授業中に不快情動を繰り返し経験する可能性が示唆された（悪循環）。そのため，教師は不快情動を経験した状況を即座に分析することが困難となり，さらに，"行為の中の省察"によって必要な実践的知識を検索，実行するのも困難となっていた。ただし，教師は授業中に経験したいらだちを振り返る中で，過去に同質の情動を経験した出来事の記憶を想起し，その記憶から過去と現在の生徒に対する見方や指導方法を対比していた。したがって，授業中の強い不快情動の経験は，教師による中期的・長期的な実践の振り返りと再評価に寄与し，教職専門職としての変容や成長の認識を促す重要経験と推察された。

　苦しみや悔しさなどの自己意識情動は，授業後の反省と授業中の省察に結びつき，教師が実践を改善し，即興的に授業を展開するのを可能にしていた。授業後には，教師は自己意識情動の経験から実践を振り返り，既存の教科内容や教育方法の知識，生徒の見方や接し方に関する知識の問題点を把握し，次の授業に向けた実践の改善を目指す思考を展開していた（反省と改善）。授業中には，自己意識情動の生起原因となった状況を打開するため，教師は既存の実践的知識を検索し，それを即興的に適用することが可能となっていた（省察と軌道修正）。これらの現象が起こるのは，自己意識情動の生起過程で行われる内省が，教師による実践の省察を支えているためと推察された。

以上の知見を整理すると，(1)快情動の経験は，教師に柔軟な認知と創造的思考をもたらし，教師が既に持つ実践的知識に新たな知識を加え，再構成し，その実験的で即興的な実行に寄与する，(2)授業中の強い不快情動の経験は，瞬間的には教師の認知や行動に悪影響を及ぼすが，その生起原因となった出来事と共に教師の記憶に深く定着するため，中期的・長期的な省察過程を導き，教師が自らの教職経験を振り返って過去の実践を意味づけ直し，教師としての専門性開発を明確に認識するのに寄与する，(3)自己意識情動の経験は，教師が既に持つ実践的知識の検索，実行，改善に寄与する，の三点が示された。

　教師による実践の省察は実践的な知識や技術を洗練し，専門職として成長，発達していくために必要な行為である。また，実践において教師が"行為の中で省察する"とき，"現象の新たな理解と状況の変化をともに生み出すために実験を行う"(Schön, 1983)。この一連の省察過程を促しているのが，教師が授業中に経験する情動，特に自己意識情動と快情動と言える。

(2) 第4章の知見と考察

　第3章では，生徒間の学び合う関係形成を授業目標に設定し，生徒主体の協働学習や話し合い形式で授業を行う高校・社会科教師10名の語りの分析により生成された現象モデルから，教師が授業中に経験する情動と認知，思考，動機づけ，行動，実践との関連性を示すと共に，情動の種類によって異なる省察過程が展開することを明らかにした。ただし，Schön (1983) の"省察的実践"に関する議論を踏まえると，情動が生起した後の過程については省察的実践に従事する多くの教師に共通して見られる現象と考えられた。そこで，第4章では，第3章の研究協力者である菊地先生と，菊地先生と同性，同年代，同教科，学校規模と生徒の学力水準が類似した高校に勤務するが，生徒の快情動・学習意欲の喚起を授業目標に掲げ，主に講義形式で授業を行っていた石川先生を選定して面接調査を実施した。そして，両者が授業中に経

験する情動を授業目標と認知評価様式に着目して比較，検討したところ，以下三点の類似状況で教師2名が経験する情動に相違点が見出された。

第1は，教室の対話状況であった。石川先生は生徒の沈黙と同程度に発言を重視し，教師－生徒間の対話の成立を求めていた。一方，菊地先生は生徒の発言よりも聴くという行為を重視し，生徒間の対話の成立を求めていた。この授業目標と生徒に対する願いや期待の相違が，教室の対話状況における両者の認知評価様式に相違を生み出し，特に，石川先生は生徒との対話が成立しない状況に退屈感やいらだちを経験し，菊地先生は生徒間の対話が成立しない状況に困惑や苦しみを経験していた。

第2は，生徒の授業参加行動と情動状態であった。生徒の授業参加行動と情動状態に対して，石川先生は教師－生徒間の対話の成立可能性の観点で，菊地先生は生徒間の聴き合う関係の成立可能性の観点で認知評価していた。また，居眠りや授業・学びへの退屈表明などの生徒の行為に対して，石川先生は生徒側に，菊地先生は教師側（自己）にその原因を帰属して認知する傾向が示された。この認知評価様式の結果として，特に，石川先生にはいらだちに象徴される不快情動が，菊地先生には苦しみに象徴される自己意識情動が授業中に生起していた。

第3は，授業準備と授業展開に関する授業方略の成否であった。授業の前段階において，石川先生は生徒の活動や授業展開を予測し，菊池先生はその予測を最小限にとどめていた。さらに，授業準備と授業への臨み方が授業展開の成否に関与しており，これらが両者で異なるために，授業展開の成否と即興的対応の成功に対して一見すると共通のように思われる情動の経験の質的な相違を導いていた。授業展開の成否は，石川先生にとって授業予測との一致／不一致を意味し，菊地先生にとって生徒の発言や活動に応じながら授業を展開できたか否かを意味していた。また，即興的対応の成功とは，石川先生にとって事前に計画した授業展開の柔軟な変更を意味し，菊地先生にとって生徒の発言や活動に即興的に応答しながら授業を展開することを意味

していた。

　以上より，授業中の類似状況における教師2名の情動経験の相違は，両者が授業に設定する目標とそれに規定された認知評価様式の相違に起因することが示された。ただし，情動が生起した後の過程は教師2名に大きな相違点は見出されなかった。講義形式を中心にして授業を行っていた石川先生も，授業中に生起した情動を手がかりにして実践の改善及び即興的な授業展開を行っていた。この結果から，教師はそれぞれ固有の授業目標を設定して実践に臨み，そこで生起する情動を手がかりにして省察を繰り返しながら，自律的に専門性開発を行っていることが示唆された。そして，石川先生の語りのプロトコルデータから，授業における喜びや楽しさといった快情動の経験に教師の実践を精緻化，洗練する肯定的機能が内在することが示唆された。

(3) 第5章の知見と考察

　第5章では，これまでの議論で繰り返し示唆されてきた授業における教師の快情動の実践的意義を明らかにするために，フロー理論を分析枠組みに措定することで授業中の快情動の経験が教師自身の認知，思考，動機づけ，行動にいかなる影響を及ぼすのかをESM質問紙調査から検討した。そして，授業事例の分析から，教師が快情動を強く経験しフローを体験する授業において生徒に具体的にどのような働きかけを行い，生徒はどのような反応を示すのかを検討した。その結果，以下三点の知見が得られた。

　第1に，ESM質問紙調査の結果から，授業の挑戦水準と自己の能力水準の双方を高く評価する授業で教師は喜びや楽しさを強く経験し，同時に教師の認知能力，活動性，動機づけが高まることが示された。また，教師はフロー体験後に自己感覚を高め，授業中の自らの行為を振り返り，実践のさらなる発展や改善を思案することが可能となっていた。

　第2に，面接データの分析結果から，特に教師が喜びと驚きを経験する授業中の生徒の行為として説明傾聴，生徒間の意見の交流，自発的発言，新視

点・解釈の提起といった積極的授業参加行動が明らかとなった。この結果を踏まえて授業の談話過程を数量的に分析したところ，教師の経験がフロー状態の授業では，教師の説明や問いかけという積極的な働きかけに対する生徒の反応として上記の行為が多く生起していた。したがって，教師は自らの働きかけに対する明確なフィードバックを即時的に得ることで授業中に喜びや驚きを経験し，教師の経験がフローに近づくことが示された。

第3に，教師が授業中に楽しさや心地よさを経験する自己の行為は，授業準備・教材研究が充実したとき，生徒の発言や質問に対する即興的対応が成功して円滑に授業が展開したとき，さらに，生徒と協働で学習課題を探究するときであった。この結果を受けて授業事例の分析を行ったところ，フロー状態の授業で教師は生徒の積極的授業参加行動を受けて生起する快情動に伴って即興的に授業展開を変更し，生徒の発言に即応しながら生徒と共に学習課題の探究を始めていた。

以上の知見は，第3章・第4章の議論で示された快情動が教師の認知の柔軟化，創造的思考の展開，授業への動機づけの高まりを支え促すという知見に対応していた。さらに，教師が快情動を強く経験し，フローを体験することで，即興的な授業展開と生徒との協働探究という，教師の専門性という視点から捉えると高度で挑戦的な授業実践を行うことが可能となっていた。

(4) 第Ⅲ部の意義

以上の知見から，第Ⅲ部で探究した授業における教師の情動と心理的事象との関連に関して，教師の情動研究の前進に資する意義として以下四点を示す。

第1に，本研究では授業場面に限定して教師に生起する情動を捉え分析し，その実践的意義を示したことである。教師の情動の性質や機能を検討してきた先行研究で分析対象とされたのは，授業を含めた教師の学校生活全般で生起する情動であった。そのため先行研究では，教師の専門性が最も発揮され

る授業において，教師に生起する情動が授業中の瞬間的な情報処理や意思決定，実践的知識の形成と実行，即興的思考の展開，これらの基盤となる授業中と授業後を含めた一連の省察過程でいかなる役割を担うのかは検討されてこなかった。

　これに対して，第3章では，教師が授業中に経験する情動は教師自身の認知や思考を方向づけ，生徒の学習状況や授業展開に応じて用いるべき授業方略の選択と実行を教師に動機づけていることが示された。つまり，教師は意識的にも無意識的にも自らに生起した情動を活用しながら授業を行っているのである。そして，授業中では教師の専門性を特徴づける思考様式として注目されてきた"即興的思考"（佐藤・岩川・秋田，1990; Sawyer, 2004; 村瀬，2006）の展開に，教師の快情動と自己意識情動が深く関与していることが示された。また，授業後には，教師は授業中に経験した情動を手がかりにして実践を振り返ることで，自らが用いた授業方略を改善していくことが示された。したがって，日々の授業における生徒との相互作用から生起する情動が，教師の実践を変容させ，専門性開発を促進するのに重要な役割を果たしていると言える。

　また，第3章において教師が授業中に経験する情動を分析したことで，教師の専門性と専門性開発を特徴づける省察過程の具体的内容に関する知見を示した点が第Ⅲ部における探究の意義として挙げられる。教師はどのように実践を省察することで生徒の見方や自らの授業実践を変容させ，PCKに象徴される実践的知識を形成，精緻化，実行するのか，これら問いは教師の知識研究や教師教育研究の領域で検討されてきた論題である（e.g., Loughran, 2002; Davis, 2006）。第3章では，授業中に生起する情動が教師による日々の実践の省察を促していることを示し，特に，困惑，悔しさ，苦しみ，罪悪感という自己意識情動が実践の省察と改善を教師に導くと示唆された。ただし，自己意識情動が導く授業中の省察過程では，既存の実践的知識の検索と適用が主で，授業後の反省過程においても既存の実践的知識の問題点の把握と改

善が主であった。また，いらだちや哀しみといった不快情動は教師に授業中の省察を促しにくいことが示された。ただし，不快情動がその生起原因となった出来事と共に教師のエピソード記憶として定着し，さらに，そのエピソード記憶の想起にも寄与していたことから，中期的・長期的な実践の省察と変容を教師に導くことが示唆された。

また，喜び，驚き，楽しさ，心地よさといった快情動が教師に導く授業中の省察過程では，新たな実践的知識の創造と形成及びその実験的実行を促すことが示された。授業後の省察過程において，教師に生起した快情動は既存の実践的知識に新たな発見を加えて再構成するのに結びついていた。このように，教師が経験する情動の種類により，情動生起後に展開する省察過程が異なることを本研究で明らかにした。

第3に，第4章において特定状況に対する認知評価様式に着目し，異なる授業目標を設定する教師間で生起する情動と情動生起状況の相違点を示したことが意義として挙げられる。実践過程における教師の情動を分析した先行研究の多くが，大多数の教師が特定の情動を経験する共通状況を同定する手法を採用してきた（e.g., 河村・鈴木・岩井, 2004; Lortie, 1975; Nias, 1989; 都丸・庄司, 2005）。これらの先行研究では，教師個々人が主観的に経験する情動とその生起状況はデータの一事例として扱われ，専門性開発の過程で重要事象となる出来事の想起と再評価（Day & Leich, 2001），個人的信念や価値観の明確化（Golby, 1996; Zembylas, 2004），ケアリングの専門職としてアイデンティティ構築（O'Connor, 2008）に寄与する教師個々人の主観的な情動経験の検討を捨象してきた。これに対して，第4章の研究課題とその知見は，教師個々人が授業で経験する情動の相違からその固有性を明らかにし，教師がそれぞれ主観的な情動経験を手がかりにして実践を省察し，改善していくことを描き出した。本知見は，教師の自律的な専門性開発過程に対して授業における情動とその主観的解釈や評価が影響を及ぼすことを示唆するものであった。また，本知見は教師の情動を研究対象とする際，教師個々人が授業や生徒指導に設

定する目標に配慮する必要を示すものであった。つまり，研究者が実践者である教師の情動を捉えるためには，授業や生徒指導に設定する目標に即した対象選定が必要と言える。

第4に，第5章において教師が授業中に経験する喜びや楽しさといった快情動の実践的意義をフロー理論に基づき示したことに本研究の意義が認められる。専門職の実践と発達を性格づける"省察的実践"の概念がSchön (1983) によって示されて以来，教師が実践を振り返って問題点を把握し改善し続けていくという，教職の省察的性格が広く知られるようになった。しかし，教師による実践の省察は失敗体験から生起する悔しさや苦しみ，あるいは哀しみや不安といった情動のみに導かれるわけではなかった。生徒の積極的授業参加行動を導いた成功体験から生起する喜びや"授業が上手くいっている"という感覚から生起する楽しさは，実践をより複雑化・洗練化し，さらなる専門性開発を促進する発展的で志向性ある省察過程を教師に導いていた。したがって，教師による実践の再構成と専門性開発を一層促すのは，授業における生徒との相互作用から生起する快情動と言うことができる。

2．第Ⅳ部「授業における教師の情動表出」の知見と考察

第Ⅳ部では，生徒との社会的関係における教師の情動の役割を明らかにするために，授業における教師の情動表出に焦点を絞り検討を進めた。

(1) 第6章の知見と考察

第6章では，教師が授業中に行う自己開示の質的分析を行った。これは，教師の情動管理方法を検討した先行研究により，教師は生徒の成長や自己実現を支え促すケアリングの規範と専門職としての自律性に基づいて，自らに生起した情動を生徒に対して率直に"開示"する可能性が示唆されたためであった（伊佐, 2009; Oplatka, 2008）。ここでは，中学校教師2名を対象に授業観察と面接調査を実施し，授業における教師の発話内容の分析を行った。そ

の結果，教師が授業中に行う自己開示の内容と様式，場面と時期，自己開示に含まれる意図と機能について以下の知見が得られた。

　第1に，教師の自己開示には情報，思考，経験，願望にわたる内容の広がりがあり，特に，生徒の成長や変容に対する願望の開示を中心に他の開示内容が連続する特徴が見出された。この結果から，教師が自己に関する様々な事柄を開示することで生徒から見られる教師の不透明さは低減し，生徒による教師理解が進展することが示唆された。また，教師は半ば無意識的に，ケアリングの文化に基づく生徒の成長や変容への願望を授業中に開示していることが示された。さらに，教師は生徒の学習状況や生活状況に応じて，過去に経験した情動的出来事を物語の様式で授業中に語り，その発話内容の多くは生徒と同年代時の体験であった。したがって，教師は"情動の物語"を開示することにより，思春期にいる生徒の心情に共感メッセージを伝達していることが示された。

　第2に，教師が自己開示を行う場面は教科授業よりも道徳と学活の時間が主であった。ただし，教師は授業内容の抽象的説明を具体化するために自己開示を行っており，それが生徒の授業内容の理解を深め，学びを足場掛けする可能性が示唆された。さらに，教師は生徒との関係形成初期に頻繁に自己開示を行い，そこで内容として深い自己開示も行っていた。

　以上の知見，及び自己開示に対する教師の語りと捉え方から，教師は生徒の成長や自己実現を支え，生徒が自己を率直に表現可能な開かれた関係を教室に構築することを目指して，半ば戦略的に自己開示を行っていることが示された。つまり，教師の自己開示はケアリングの専門職としての規範や責任に基づく授業方略の一つとして捉えられたのである。そして，教師は"情動の物語"を語り，自己開示に伴う表情変化から情動表出を行っていたことから，自らに生起した情動を生徒に対して率直に開示している可能性も示された。

(2) **第7章の知見と考察**

　第7章では，中学校教師3名の授業実践の観察調査により，生徒との相互作用における教師の情動表出を捉えた。ここでは，第6章で導出した知見を援用して授業における教師の情動表出様式を分析し，教職特有の"情動労働"を描出し考究することを目指した。その結果，以下四点の知見が得られた。

　第1に，教師は授業において生徒の授業参加や学習意欲を促進する意図で楽しさを誘発し自発的に表出していた。つまり，教師は授業方略の一つとして快情動を戦略的に表出することが示された。ただし，教師が楽しさを自発的に表出した後，生徒が正答発言や自発的発言などの積極的授業参加行動を示す現象が多く見出された。そして，生徒の積極的授業参加行動を受けて教師は半ば無意識的に楽しさや喜びといった快情動を表出していた。このことから，教師が誘発し自発的に表出した快情動は，その後の生徒の行為や反応から質的に異なる快情動に変異することが示唆された。

　第2に，生徒が学習課題に関心を示して積極的に授業に参加すること，授業進行を促進し学習課題を広げる可能性ある誤答を示すことに，教師は喜びや驚きを表出していた。これら生徒の行為や反応は教師に心的報酬をもたらす積極的授業参加行動であった。このことから，生徒の積極的授業参加行動を受けて教師が表出した喜びや驚きは意図的に誘発された情動というよりは，半ば無図的に開示された情動であると示唆された。

　第3に，教師は生徒の消極的授業参加行動や無礼な態度に対応する際，生徒の情動状態を推測しながら，それに応じた適切な情動として，いらだち，困惑，哀しみを表出していた。したがって，教師は生徒の情動状態に対する入念な分析と理解に基づいて情動表出を行っていることが示された。一方，教師は強い不快情動である怒りの表出を可能な限り抑制しようと努めていた。この意味で，教師にとって怒りという強い不快情動は楽しさと同様に制御の対象となっていたと言える。

　しかし，第4に，教師は怒りの情動を完全に抑制すべきとは認識していな

かった。この認識は教師のケアリングの専門職としての責任に基づいていた。教師は生徒の成長を支え促し励ますために，生徒との互恵的な情動理解を達成するために，自らに生起した怒りを率直に開示するように努めていた。この点から，教師は生徒との心理的，情動的距離を縮めるという長期的効果を期待して，不快情動を率直に開示するという様式が明らかとなった。

以上より，教師は自律的な情動管理を行っており，授業展開あるいは生徒が示す授業参加行動や情動状態に応じながら，自由裁量の判断で情動を表出することが示された。この自律と自由裁量という意味で，教師の情動労働は客室乗務員のようなサービス職が従事する情動労働と異なる性質をもっていた。すなわち，教師の情動労働は教職の責務や公共的使命を基盤とすることが示された。

(3) 第8章の知見と考察

教師の自己開示及び情動表出様式の検討を踏まえ，第8章では，授業における教師の快／不快情動の表出を受けて生徒がどのような授業参加行動を示すのかを検討した。その際，教師が情動を表出する先行状況の相違により，生徒の授業参加行動がいかに異なるのかも検討した。その結果，以下三点の知見が得られた。

第1に，教師の喜びや楽しさといった快情動表出が生徒の積極的授業参加行動を促進し，この過程で教師の快情動表出により生徒に同質の快情動が誘発されると示唆された。しかし，生徒が私語やふざけなどの消極的授業参加行動を示した状況で，教師が生徒指導的な意図で自発的に快情動を表出しても，生徒の消極的授業参加行動を中断できないこともあった。その理由として，(1)教師が生徒に提示した課題の水準の問題，(2)教師が表出した快情動と先行状況との不一致，(3)教師の快情動表出に対する生徒の懐疑的な受けとめ方，の三点が示唆された。

第2に，教師の怒りやいらだちといった不快情動表出が生徒の消極的授業

参加行動を中断させ，この過程で教師の不快情動表出が生徒に当該行動への反省を同時に促していると示唆された。しかし，教師が不快情動を表出しても生徒の消極的授業参加行動が継続し，さらに他生徒の授業への集中が低減して新たな消極的授業参加行動が生起することもあった。これらの現象の背後には，(1)教師の不快情動表出が生徒に誘発する同質の不快情動，(2)教師の権威に対する生徒の反感的意識，(3)教師の情動表出に対する生徒の無関心，という生徒の心理・情動状態が存在すると推察された。

第3に，教師が不快情動を表出して授業が一時的に中断した際，他生徒が授業再開に寄与する発言を行う，消極的授業参加行動を示した生徒を注意するなど，教師を援助する向社会的行動を示すこともあった。このような行動が一部の生徒に喚起されるのは，彼ら／彼女らが，生徒指導的な意図で授業中に不快情動を表出せざるを得ない教師に同情するため，教師の不快情動表出を円滑な授業展開に寄与するものとして支持するため，と推察された。

以上より，教師の快情動表出には生徒の積極的授業参加行動を促進する機能が内在すると示された。ただし，生徒の消極的授業参加行動が生起する状況で教師が快情動を表出しても，生徒の消極的授業参加行動を中断できないことも示された。また，教師の不快情動表出には，生徒の消極的授業参加行動を中断させる機能が内在することが示された。ただし，教師の不快情動表出を受けても消極的授業参加行動を継続する生徒の存在と，授業再開を促す発言を行う，消極的授業参加行動を示した生徒を注意するなどの向社会的行動を示す生徒の存在も示された。これらの現象から，教師が授業中に情動表出を行う際には，先行状況と表出する情動の一致性，情動表出の受け手である個々の生徒の特性，の二点に配慮する必要が示唆された。

(4) 第Ⅳ部の意義

以上の知見から，第Ⅳ部で探究した授業における教師の情動表出に関して，第1章で示した先行研究の前進に資する意義として以下二点を示す。

第1は，教師の自己開示と情動表出様式の検討から，教職特有の情動労働に関する実証的知見を示したことである。教職における情動労働の側面を考究した先行研究では，面接法や内観法を用いて教師が実践過程で自らの情動を制御している経験的事実を導出してきた（e.g., Intrator, 2006; Isenbarger & Zembylas, 2006; Winograd, 2003; Zembylas, 2005）。しかし，これらの先行研究では二つの研究課題を保留したままであった。第1は，教師が授業においてどのように情動表出を行っているのかを観察によって捉えていない研究方法上の課題，第2は，労働者の情動管理に対する"制度や企業による外的統制"（Hochschild, 1983）という情動労働の現象を，"文化的期待"や"歴史的規範"に置き換えた概念定義を行っていたという課題である。

これらの課題に対して，第6章では授業において教師が行う自己開示を観察調査から捉え質的に分析し，教師が授業中に"情動の物語"を語り，自らに生起した情動を"開示"する可能性を示した[28]。この知見に基づき，第7章で教師の情動表出様式を分析したところ，教師は快情動を誘発し自発的に表出し，不快情動を抑制する様式を採っていたものの，これらの様式は生徒の授業参加行動や授業展開に応じながら教師が行う自由裁量の判断に基づくものであった。また，教師の情動表出様式は快情動の誘発と不快情動の抑制という側面だけではなく，快／不快情動の開示という側面を含めた多面的な様相を呈していた。この情動表出様式の複雑さが教職専門職の文化とケアリングの文化に基づくこと，さらに，日本の教師が個人的な自己と専門職としての自己を明確には区分していないこと，すなわち，民族文化により規定された固有の自己観（Markus & Kitayama, 1991）に起因する可能性を示した。

第2は，第8章において教師の情動表出を受けて生徒が示す授業参加行動を観察調査から捉え，分析したことである。教室ユーモア研究や日本の生徒指導研究において，教師による快情動表出が生徒の緊張を解きほぐし，授業参加や学習課題への内発的動機づけを高めること，教師の不快情動表出が生徒の問題行動を停止させ，その行動に対する反省を促すが，生徒によっては

自尊情動の低下と無力感が生起することが示されてきた (e.g., 石橋, 2003; 神村, 1997; Martin & Baksh, 1995; 中山・三鍋, 2007; Robert, 1980; 坂本, 1986; 桜井, 1993; 塚田, 1997; 吉川・三宮, 2007)。しかし，これらの研究では生徒に対する質問紙調査から授業中の教師の情動表出（ユーモア，誉め言葉，叱り言葉）の効果を検証したため，教師の情動表出を受けて生徒がどのような授業参加行動を示すのかを質的に分析してはいなかった。

これに対して，第8章では，授業観察調査に基づき抽出した事例の解釈的分析により，教師の情動表出を受けて生徒が示す授業参加行動の特徴と，教師が情動表出を行う先行状況の相違により生徒が示す授業参加行動の相違を明らかにした。さらに，学級生徒に対する自由記述調査によって，教師の情動表出を受けて生徒が示す授業参加行動の背後にある，生徒の情動状態に関する一定の知見を導出するに至った。

第2節　総合考察：情動的実践としての教師の専門性

本研究では，授業において教師が経験し表出する情動に分析の焦点を当て，教師の専門性における情動の布置と情動的実践の意義を明らかにすることを目的に定めた。この目的を達成するために，第1章第2節において，先行研究の知見から授業における教師の情動と認知，思考，動機づけ，行動との関連，及び教師の情動の社会文化的性質を示し，5つの研究課題を設定した。本節では，第1章第2節における議論に基づき，第Ⅲ部及び第Ⅳ部の知見の総合考察を行う。

教師の専門性に関する議論は，実践過程における教師の認知や思考様式，実践的知識を検討した研究知見によりこれまで展開してきた (e.g., Shavelson & Stern, 1981; Clandinin, 1986; Shulman, 1987; 佐藤・岩川・秋田, 1990; Sawyer, 2004; 村瀬, 2006)。また，教師の専門性開発は，瞬間的な意思決定や即興的で創造的な思考の展開を支え促す"行為の中の省察"(Schön, 1983) で特徴づけられ

てきた (佐藤, 1997)。しかし, 教師は授業において認知や思考だけを展開して自らの専門性を発揮するわけではなかった。Figure 9.1 に示した第Ⅲ部の知見から, 教師が授業中に経験する多種多様な情動が, 教師の専門性として説明されてきた認知や思考, 省察過程に深く関与していることが明らかとなった。また, 教師個々人が授業中に経験する情動の相違から, 専門職としての固有性と自律性が描出され, さらに授業における快情動の経験とフロー体験が教師の実践をより洗練し, 専門性開発の機会を導くという実践的な意義が示された。

本研究ではまず, 教師は授業中に生起する情動を手がかりにしながら生徒の発言や活動の意味, 自らが用いるべき授業方略を瞬間的に分析, 判断し, 実践を改善し続けていることを示した。そして, 教師が経験する情動はその種類によって, 認知, 思考, 動機づけ, 行動に異なる過程で関連しながら, それぞれ特異な省察過程を導くことが示された (Figure 9.1 ①)。

第1に, 苦しみ, 困惑, 罪悪感, 悔しさという自己意識情動は, 教師による授業中の省察とそれ自体の振り返りを促し, 実践の改善へと結びつく重要経験であった。これは, 自己意識情動の生起過程で行われる内省によって (Lewis, 1992), 教師の省察が促されているためと推察された。授業中には, 教師は生徒の学習意欲の不顕在や低下, 生徒間の協働の停滞に自己意識情動を経験することで, 生徒の心情, 学習課題への関心の程度や協働学習が停滞した原因を見積もり, 自らが提示した学習課題や授業展開などの授業方略に内在する問題点を把握し, 生徒の授業参加を促進するための異なる方略を思案していた。つまり, 自己意識情動が導く"行為の中の省察"によって, 教師は即興的思考を展開し, 状況を打開するための授業方略を検索, 選択し, それを実行することが可能となっていた。また, 授業後には, 教師は自己意識情動の経験から自らが用いた授業方略を反省し, その反省を次の授業に向けた実践の改善に活かしていた。つまり, 自己意識情動が導く省察過程では, 教師が既に持つ実践的知識の検索, 実行, 改善が主になされることが示され

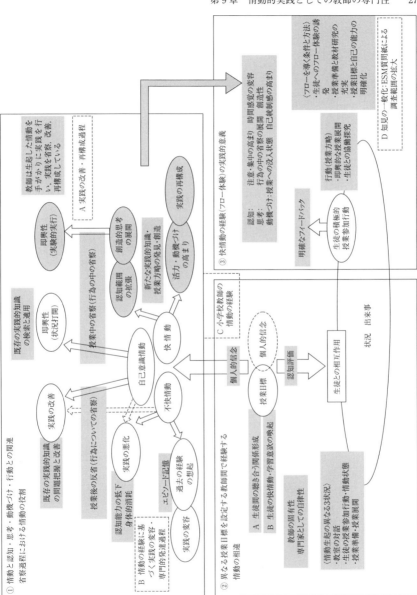

Figure 9.1 教師の専門性発揮における情動の関与

Note. 本研究により導出された知見を単線枠内に課題番号と共に示し、今後の研究課題を点線枠内に示した。

た。

　第2に，いらだち，不安，哀しみ，落胆という不快情動も自己意識情動と同様に授業後の反省に結びついていた。しかし，これら不快情動は，授業中には教師の注意や集中といった認知能力の低下や身体的消耗を引き起こすことがあり，瞬間的な情報処理や意思決定，それらに基づく実践的知識の検索，実行を阻害する可能性が示された。したがって，不快情動は，教師の専門性として説明されてきた実践過程における認知や思考の展開を脅かす可能性が示された。ただし，強い不快情動の経験は教師の記憶に深く定着し，ある程度の時間が経過してから教師によって想起される可能性が示唆された。榊（2006）が論じるように，強い情動を伴った出来事はそうでない出来事に比べて記銘という記憶の処理が促進され，その結果，鮮明な記憶が形成されやすいと考えられている。そのため，教師は不快情動を経験した出来事を想起し，振り返ることで，その出来事を自らの専門性開発の軌跡を跡づける物語として再評価することが可能となると言える。そして，この振り返りによって，教師は自らの発達・成長を認識し，教職専門職としてのアイデンティティを構築・再構築したり，自己の個人的信念や価値観を明確に認識したりすると考えられる（Golby, 1996; Zembylas, 2004）。

　第3に，喜び，驚き，楽しさ，心地よさなどの快情動の経験から，教師は専門職として成長・発達し続けていくために不可欠な授業実践への活力と内発的動機づけを高めることが可能となっていた。教師が学校生活における生徒との相互作用から経験する快情動は，教職の継続を支える上で最も重要な報酬と指摘されてきた（Lortie, 1975; Nias, 1989）。本研究で示されたことは，教師は自らの専門性を最も発揮する授業場面において，生徒たちが示す様々な積極的授業参加行動，例えば，生徒が学習課題の探究に専心没頭し，自発的に発言して教師の予測を超えた見解を示すことなどから明確で直接的なフィードバックを受け，快情動を経験していたことであった。すなわち，教師は日常的な授業における生徒との相互作用の中で，"心的報酬"を即時的

に獲得していたのである。

　快情動はまた，教師の授業への集中を高め，生徒及び教師自身を含めた教室全体の状況把握を可能にする柔軟な認知を導き，教材理解の発展や新たな授業展開方略の発想など，創造的思考をもたらすことが示された。そして，教師は快情動の経験に伴う柔軟な認知と創造的思考に基づいて，即興的に授業を展開し，授業後には自らの実践をより良く改善することが可能となっていた。つまり，授業における快情動の経験は，教師に新たな実践的知識の創造，実践的知識の再構成をもたらすことが示された。また，これらの結果から，教師は授業中に快情動を強く経験する瞬間があり，そこでフローを体験していると示唆された（Figure 9.1 ③）。

　授業におけるフロー体験は，教師に授業実践への没入状態，自己統制感，注意集中，時間感覚の変容を導いていた。さらに，これらフロー体験に伴う心理的事象の肯定的変化によって，教師は無意識的，自動的に生徒の発言や活動に対して即興的に応じながら，生徒と共に学習課題を探究しながら授業を展開していた。したがって，教師の専門性として説明されてきた即興性，創造的思考の展開は，フローに象徴される楽しさや喜びなどの快情動の経験によってより促されると言えるだろう。もちろん，教師が日常的に，強い快情動あるいはフローを授業で体験しているとは言い難い。本研究から示唆された教師にフロー体験を導く三点の条件と方法—(1)生徒へのフロー体験の誘発と生徒との協働探究，(2)授業準備と教材研究の充実，(3)授業目標と自己の能力の明確化—は，教師が日々の授業において絶え間なく実践の試行錯誤と改善を繰り返す長期的・継続的過程に基づくと考えられた。そして，先述したように，教師が実践の問題点を把握し改善していくのを支え促すのは，授業中に生起する自己意識情動であった。したがって，教師は日常の授業で経験する快情動，自己意識情動，また，不快情動を手がかりにしながら，実践を省察し，その発展性と問題点を明らかにする"〈実践－省察－再構成〉のサイクル"（森，2007）を絶え間なく繰り返し，専門性開発を遂げていくこと

が可能になると言える。

　また，教師が実践の改善を絶えず行っていくことを専門性開発の過程と考えると，多くの若い教師が授業で経験する悩みや苦しみといった自己意識情動は彼らの専門性開発を促進する重要経験と捉えられる。また，熟練教師にとっても，授業中の自己意識情動や快情動の経験が生涯にわたる持続的な専門性開発を支え促すと考えられる。このことから，本研究の知見は教師の生涯学習を支援し，専門性開発を促すことを目指す教師教育分野の発展に寄与するものと考えられる。例えば，教師が授業中に経験した快／不快情動を他者（同僚，教職志望の学生，教育研究者など）に語ることを促し，それらを丁寧に振り返り，自らの意識に顕在化して実践を変容，改善，再構成していく機会を保証する。このような教師教育方法やカリキュラムを構築できるだろう。

　授業において教師間で経験する情動の相違は，それぞれ特異な学校文化，教室文化，学級生徒の構成などの社会文化的状況を背景としながら，教師個々人の教職経験や個人的信念によって培われた授業目標とそれに基づく認知評価様式の相違によって導かれていた（Figure 9.1 ②）。この結果は，教師の情動を研究対象とする際に，個々の教師の授業目標に配慮すべきという方法上の留意点を示すだけではなく，教師それぞれの固有性，言い換えれば，教職専門職としての自律性を意味する現象である。教師たちが授業に設定する目標や個人的信念や価値観は一様ではなく多様であり個性的であるからこそ，それぞれの専門性を活かし，専門職としての自律性を保持しながら実践に臨むことが可能となる。教師の"実践的な知見や見識は，1人ひとりの教師の教室で生成され"（佐藤，1997, p.103），この生成過程で，教師は授業中に生起した情動を手がかりにして，目の前にいる特定の生徒たちに必要な個別具体的な教材や課題，説明や発問を自らの責任に基づいて自律的に取捨選択していくことが本研究で示された。"授業は決められた手続きの履修や，ルーティンワークではなく，教師の持ち味や創造性が生かされる仕事である"（稲垣，2006, p.171）。ゆえに，教師は専門職として個別の学級生徒の学びと成長に責

任を負いながら実践にあたり，生起した情動を主観的に知覚した感情経験として蓄積し，それを媒介に自律的な専門性開発を遂げて行うのである。この自律性は教師の専門性の中核に位置している（稲垣，2006）。

また，教師は授業において生起した情動を主観的な感情経験とし，その経験を同僚と共有することで，あるいは他教師が語る情動的出来事のエピソードから異なる授業目標や信念を知ることで，自らの実践を省察，再構成し（Noddings, 1996; Day & Leich, 2001），さらに，情動管理と情動表出方法を規定する情動規則を変容させることが可能になると考えられる（Zembylas, 2005）。そして，授業中に経験する情動の相違に基づいた教師間の実践の語り合い，聴き合いによる共有が，学校における同僚性や実践コミュニティの構築（Hargreaves, 1994; Little, 1982），教員の組織学習の展開（松木，2008），自律的な専門職文化の形成（佐藤，1997）を促す可能性もある。

次に，Figure 9.2に示した第Ⅳ部の知見からは，授業における教師の情動表出が専門的な授業方略の一つとして捉えられることが示された。生徒の授業内容の理解や学習課題に対する関心を高めるために教師が授業中に用いる方略は，発話の型とコードスイッチング（岡本，1997; 茂呂，1991），鍵概念の説明とその提示順序（海保，1992; Wragg & Brown, 2001），板書の技術や教材の提示（河野，2005）など，多岐にわたる。教師の情動表出はこれら技術的で明示的な方略とは異なり，発話や表情を媒介にしながら潜在的に生徒の授業参加を促進する方略であった。

教師が授業中に行う情動表出には，生徒の成長や変容を支え促し，教室の中で生徒同士が互恵的に，率直に自己表現可能な開かれた関係を構築する意図が内在していた。これらの意図は，教職専門職の文化とケアリングの文化に基づいており，授業における教師の情動表出の3様式の中で体現されていた（Figure 9.2 ④）。第1の様式は，快情動の誘発と自発的表出であった。教師は生徒の授業参加や学習意欲を促すために快情動を，特に楽しさを意図的に誘発し，生徒に対して自発的に表出していた。第2の様式は，不快情動の

278　第Ⅴ部　本研究の総合考察と今後の展望

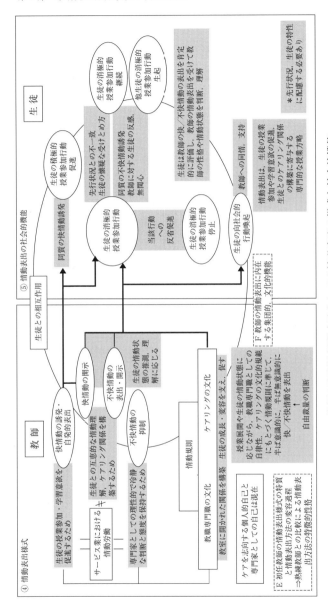

Figure 9.2　教師の専門的授業方略としての情動表出の様式と社会的機能

抑制であった。教師は生徒の消極的授業参加行動や無礼な態度に怒り，いらだち，困惑，哀しみを経験し，特に，怒りの表出を可能な限り抑制しようと努めていた。教師が怒りの表出を抑制しようと努めていたのは，「技術的熟達者」としての専門職の理性的で冷静な判断と態度を保持するためと考えられる（Zembylas, 2005）。ただし，教師は生徒たちの発話，表情，行動から彼らの情動状態を推測，理解し，その情動状態に応じていらだち，困惑，哀しみの表出を行っていた。

　これら快情動の誘発及び自発的表出，不快情動の抑制という2様式は，教師の情動管理方法を検討した先行研究の知見，及びサービス業における情動労働に対応していた。しかし，第3の様式として，快／不快情動の開示が見出された。教師は自らに生起した情動を，それが怒りという不快情動であっても，生徒に対して率直に開示していた。この開示という様式は，生徒との互恵的な"情動理解"（Denzin, 1984）を達成し，"共有的人間関係"（Clark & Mills, 1993）の構築を志向する教師のケアリングの専門職としての責任や愛情に基づいていると推察された。教師は"ケアするひと"として生徒を愛し，生徒の成長と将来の自己実現に責任を負い，期待をかけている。ゆえに，生徒が教室という公共的空間で示す私語やふざけなど私的な行動，教師に対する不満の表明や授業進行を妨害するなど無礼な態度に対して怒りやいらだちを表出し，生徒の社会化，成長と発達を促していると考えられる。つまり，教師は専門職としての自律性，ケアリングに含まれる生徒に対する責任と愛情，そして，自由裁量の判断に基づいて情動表出を行っていると考えられた。

　また，教師の情動表出には生徒の授業参加行動に影響を及ぼす社会的機能が内在することが示された（Figure 9.2 ⑤）。教師による自発的な快情動表出は，教師の意図に沿った授業参加行動を生徒に喚起するのに有効な授業方略であった。ただし，生徒が消極的授業参加行動を示す先行状況で，教師が生徒指導的な意図でもって快情動を自発的に表出しても，常に生徒がその意図に沿って消極的授業参加行動を中断するわけではなかった。また，教師の不

快情動表出には生徒の消極的授業参加行動を中断させ，生徒に反省を促す機能が内在していたが，生徒の中には消極的授業参加行動を継続する者もいた。一方，教師の不快情動表出を受けて，授業を進展させる発言を行ったり，消極的授業参加行動を示した生徒を注意したりする向社会的行動を示す生徒もいた。これらの行動の背後には，生徒による教師の情動表出に対する入念な観察と受けとめ方の相違があった。したがって，教師の情動表出は生徒の授業参加を促す授業方略であるが，その使用に際しては先行状況との一致／不一致に配慮すると共に，情動表出の受け手である生徒の特性に応じた思慮深い洞察が必要になると示唆された。

特に，生徒に対する思慮深さという点は，教師が生徒の発話，行動，表情から彼らの心理・情動状態を読み取り，それらに含まれる意図や思考を推測し，共感的に理解することによって保証されると言える。Hargreaves（2000）は，教師による生徒の情動理解を促すのは"教師と生徒の強固で継続的な関係性"であるとし，特に，中等学校において教師と生徒の相互作用機会を断片化する学校の構造，カリキュラム，教科担任制（物理地勢）及び教職専門職の"古典的"文化（専門性地勢）を転換する必要性を提示した。もちろん，これら中等学校に存在する"情動地勢"は，教師と生徒との互恵的な情動理解を阻害しているかもしれない。しかし，本研究協力者である中学校，高校教師は，授業における生徒との相互作用から快／不快の多種多様な情動を経験し，それらの情動を手がかりにして生徒の情動状態を読み取ろうと努めていた。このような，授業中に経験した情動に基づく教師による生徒の情動理解が，生徒の情動状態に応じた思慮深く適切な情動表出を導くと考えられる。

以上より，授業中に教師が経験し表出する情動は，教職専門職の文化とケアリングの文化を基盤とする社会文化的な構成物である。そして，授業中に生起する情動は教師の認知や思考，動機づけ，行動に深く関与し，実践の改善に結びつきながら，その表出には，生徒との互恵的な情動理解とそれに基づくケアリング関係の構築，生徒の授業参加の促進に寄与する社会的機能が

内在していた。したがって，授業における生徒との相互作用から教師が経験し表出する情動は，即興的思考や実践的知識の実行といった教師の専門性の発揮に寄与し，生徒の授業参加や学習課題への意欲を高める上で必要不可欠な授業方略を構成する。さらに，教師の専門性開発を特徴づけ促す省察的実践は，授業における情動的実践に支えられ促されていると言える。すなわち，教職は"省察的実践家"としての専門職であると同時に，"情動的実践家"としての専門職と言うことができる。

第3節　今後の研究課題

最後に，本研究で残された理論的課題と方法論的限界及び課題を今後の展望として示す。ここではまず，授業における教師の情動と心理的事象との関連，教師の情動表出に関する理論的課題を示し，最後に方法論的課題を示す。

授業における教師の情動と心理的事象との関連についての理論的課題として以下四点が挙げられる。

第1に，授業において教師が経験する情動が導く実践の改善，再構成の過程を明らかにすることである（Figure 9.1 点線枠内 A）。教師は"子どもの教室での居方や学びの中に，問題，課題として探究する「私の問い」をみつけ"（秋田，2000, p.183），実践の省察を行いながら"授業や学習環境，カリキュラムをデザインし実践"（p.184）し続けている。この点について，第3章では，教師による実践の省察過程における情動の役割を検討し，教師は主に自己意識情動の経験から実践を振り返り，実践の問題点を把握し，改善に努め，快情動の経験から自らの授業方略や生徒に与える学習課題を洗練し，再構成しようと日々，努めていることが示された。このように，本研究では，授業における情動の経験が教師による実践の省察と改善，再構成に結びつくことを明らかにした。しかし，具体的に，教師は情動の経験を手がかりにして実践をどのように改善，再構成し，次の授業に活かしていったのかは，本研究で

示した知見からは明らかではなく，検討課題として残されている。この課題を検討する方法として，例えば，中等学校教師が異なる複数学級で行う同一単元の授業を観察し，各授業後に教師に対して経験した情動を尋ねる面接調査を行いながら，実践がどのように変容していくのかを分析する研究が考えられる。

また，第3章では，教師が授業中に経験する不快情動と記憶の記銘及び想起との関連が見出された。この知見から，授業における教師の情動の経験に着目しながら，実践の変容，専門性開発過程を描出していくことが第2の理論的課題として挙げられる（Figure 9.1 点線枠内B）。本研究の教師は，いらだちの経験を語ることで過去の経験を想起し，その想起した出来事から自らの実践の変容について語っていた。したがって，強い不快情動の経験は教師のエピソード記憶の形成に寄与することが示唆され，さらに，その記憶の想起（振り返り）が教師の専門性開発や教職アイデンティティの形成に深く関与していると考えられる。さらに，本研究では明確な関連は見出されなかったが，不快情動だけではなく自己意識情動や快情動もその強さの程度によっては教師の記憶に深く定着し，教師がキャリアを積むにつれて自らの軌跡を振り返り，成長を確認していくのに重要な役割を果たしていると考えることもできる。

この課題を検討するために，本研究協力者である教師を対象として，調査時点から1，2年後，第Ⅲ部で導出した授業における情動の経験と，情動の生起状況を再度尋ねる面接調査を実施し，2時点間もしくは複数時点間でのデータを比較して，経験する情動の変容から実践の変容を捉える研究が考えられる。

あるいは，初任教師や中堅教師と共に長期にわたる共同生成的アクションリサーチを実施し，授業における情動の経験を聴き取りながら教師が自らの実践と情動を意識化・顕在化するのを支援し，実践の変容と専門性開発を遂げていく過程を描き出す研究が考えられる。教師は授業中に経験した情動を

振り返り意識化することで実践を改善する機会を得るのであり，さらに自らが体験した情動的出来事を物語（story）として他者に語り，振り返り，意識化し，再評価していくことで，教師としての変容や成長を実感していく（Day & Leich, 2001; Noddings, 1996）。これらの調査で，教師の実践と情動に変化が見出されれば，変化を引き起こした情動的出来事の特徴を検討し，教師の情動と中期的・長期的な省察過程及び実践の変容と専門性開発の軌跡を描出することが可能になると考えられる。

　第3に，小学校教師が授業中に経験する情動を分析，検討することである（Figure 9.1 点線枠内 C）。第Ⅲ部では，教科担任制である高校の教師を対象として，授業中，教師に生起する情動と認知や思考などとの関連を示し，さらに，第4章では，異なる授業目標を設定する高校教師2名が経験する情動の相違に関する知見を導出するに至った。しかし，学級担任制を中心とする小学校では，授業における教科指導と学級経営及び生徒指導が不可分であり，教師が経験する情動も，教科指導に専念することが可能な高校教師と異なると予想される。そこで今後は，小学校教師が授業中に経験する情動の特徴を本研究知見と比較しながら明らかにする必要があるだろう。

　第4に，授業における教師のフロー体験を捉えるために実施した ESM 質問紙の大規模調査を実施することが挙げられる（Figure 9.1 点線枠内 D）。第5章では，教師の経験がフローと同定された授業で快情動，活動性，認知能力，動機づけに関する各変数が高い値を示し，さらに，教師は自らの説明や問いかけといった働きかけに対する生徒からの直接的で明確なフィードバックを受け取っていると共に，即興的な対応と生徒との協働探究という，教師の専門性という視点から見ると高度な授業方略を発揮することが示された。これらの現象が，教師一般に見出されるものなのか，さらに，教師の教職歴，性別，教科，学校種，授業形式といった属性の相違によってそれぞれ特徴が見出されるのかを，研究対象を拡大して検討する必要がある。

　次に，授業における教師の情動表出に関する理論的課題として以下二点が

挙げられる。

　第1に，初任教師の情動表出様式の特質と情動表出方法の変容過程を検討すると共に，その熟練教師との相違を比較し，教師の専門的授業方略である情動表出方法の特徴的性格を明らかにすることである（Figure 9.2 点線枠内E）。第6章及び第7章では，教師の自己開示及び情動の開示に熟達化過程が関連すると想定し，教職歴13年，20年，35年の中堅からベテラン教師3名を選定し，教師の情動表出には誘発，抑制，開示という3様式があることを示した。また，教師の情動表出には教職専門職の文化とケアリングの文化によって規定された意図が内在することを示した。しかし，Winograd（2003）は1年間の教職経験から，怒りや哀しみといった"暗い情動（dark emotion）"の提示を避ける情動規則を示し，Zembylas（2005）の研究では，対象教師は初任期から数年間，フラストレーションや怒りといった"強い情動（strong emotions）"を生徒に表出することを非専門的な行為として捉えていた。これら経験の浅い時期，初任期における情動規則と情動表出方法は，一方では個々の教師の固有性，あるいは民族文化による影響と考えることができるが，教職におけるケアリングの文化的規範に対する"単純な見方（simplistic perspective）"（Goldstein & Lake, 2000）から生じると考えることができる。

　Noddings（1996）によると，このような単純な見方は教職専門職に対する古典的規範（classic notion）に基づき，初任教師は"冷静な合理性（dispassionate rationality）"を保持する専門職として自らの情動と距離を置く，すなわち情動を隠す（concealment）傾向があるという。そして，教師が授業中に情動を隠し続けることによって，生徒は教科学習に関心を示さなくなるとし，"教師の中に教科に対する情動がなければ，生徒の中にも教科に対する情動も生じない"（p.441）と Noddings は述べている。ただし，Zembylas（2005）の研究でも示唆されたように，教師は経験を積むにつれて自らの情動規則と情動表出方法を変容させていくと考えられる。このことから，情動表出という教師の専門的授業方略の特徴的性格を明らかにするために，初任期における情

動表出様式の特質と変容及び熟達化過程を検討する必要があり，さらに，熟練教師の情動表出方法を初任教師のそれと比較する課題が残されている。

　第2に，教師の情動表出に内在する学級集団と文化レベルの機能を明らかにすることである（Figure 9.2 点線枠内F）。第8章では，教師－生徒の2者間レベルで作用する教師の情動表出に内在する社会的機能に焦点を絞り，事例分析に即してその検討を行った。しかし，Keltner & Haidt（2001）は，情動表出の2者間レベルから集団，文化レベルへの拡張的機能を想定している。例えば，教師が授業中に情動を表出することによって，教師と生徒は学級集団内での個々の役割や地位を認識し，それらに即した行動をとったり，学級集団への帰属意識を高めたりする可能性がある。また，教師の情動表出には学校や学級の文化的価値，教職専門職とケアリングの文化的規範が内在し，そのような文化的価値や規範が教師の生徒に対する権威を正当化したり，生徒のアイデンティティ構築や社会化過程に影響を及ぼしたりする可能性も考えられる。このような教師の情動表出に内在する集団的，文化的機能を明らかにするためには，教室談話過程における教師の発話とそれに伴う情動表出を学校や教室の文化的規範から読み解く定性的分析を行う必要がある。

　最後に，本研究の方法論的限界及び課題について述べる。

　本研究では，第3章においてGTAの手法に基づき，生徒間の学び合う・聴き合う関係形成を授業目標に設定する高校・社会科教師10名を理論的にサンプリングし，彼らの語りから協働学習授業における教師の《情動の生起》現象モデルとその5過程を捉えた。しかし，理論的サンプリングを行ったとはいえ，10名という事例数では本研究のモデルを一般化するには限界がある。そこで，第1の課題として，《情動の生起》現象モデルの再現性を保証するために事例数を増やすことはもちろん必須であり，さらにモデルの適用範囲を拡げるために，教師10名と同様の目標を授業に掲げ，協働学習・話し合い形式で授業を行う他教科の高校教師を研究対象とすることも求められる。

第 2 に，第Ⅲ部では，教師への面接調査から得られたデータに基づき，授業中に教師が経験する情動とその生起状況を分析，検討した。しかし，第Ⅲ部で分析したのは，授業後の面接過程で教師に意識化された情動，言い換えれば主観的経験として知覚された感情経験とも捉えられ，授業が進行している中で教師に生起する情動とは言い切れない。このような授業進行中に教師に生起する情動を捉えるためには，生理学的指標（心拍速度，皮膚電位反応，脳波など）や行動・認知指標（表情・姿勢などの変化）による測定方法が考えられる（木村・榊，2006）。しかし，生理学的指標による測定方法では，情動の測定機器を教師の身体につける必要があることから，実践研究で実施するには教師に負担をかけ，生徒にも日常と異なる授業と学びを強いてしまう倫理的問題が生じる。さらに生理学的指標は，情動の快／不快を客観的に推測するのには適しているが，情動は社会文化的に生起する個人の主観的経験であるため，それのみで個人（教師）に生起する様々な情動の種類を同定することは困難である（船橋，2007）。

　一方，行動・認知指標による測定方法は，授業中，教師が表出する情動を観察により捉えることとなり，実践研究に適していると考えられる。さらに，面接では把握しづらいであろう，教師が授業中に無意識的，無自覚的に経験し表出する情動を測定することが可能であると思われる。ただし，情動表出は意識的な制御が可能であるため（大渕，2005），教師が表情や姿勢を媒介にして情動を表出したとしても，それが本当に教師に生起した情動であるのかを客観的に判断するのは難しい。したがって，授業進行中の教師の情動を可能な限り正確に捉えるには，授業観察から教師に生起した情動を表情や姿勢の変化という表出の側面から測定し，その測定結果を面接によって引き出す教師の情動の経験に関する自己報告（語り）と照合する必要があると考えられる。

　第 3 に，授業における教師の自己開示と情動表出に対する生徒の受けとめ方を実証的に分析，検討する必要が課題として残されている。第 6 章では，

教師の自己開示の肯定的機能について一定の知見を導出し，さらに，自由記述に回答した全ての生徒は教師の自己開示を肯定的に評価していた。しかし，自由記述に無回答の生徒も多数おり，彼らは教師の自己開示に無関心か，あるいは否定的評価を下していた可能性がある。河村（1996）は，教師の自己開示が自慢話になると生徒は教師を自己顕示欲の強い人と見なして忌避し，教師が自己開示を説教の中で用いると生徒から不評を買うと述べている。このように，内容や様式によって教師の自己開示は否定的に機能する可能性がある。よって，今後は本研究知見を援用し，教師の自己開示の各内容，特に，教師が行う情動の物語に対する生徒の評価を検討する必要がある。

同様に，第8章では，教師の情動表出を受けて生徒が示す授業参加行動の特徴と，教師が情動表出を行った先行状況の相違により生徒が示す授業参加行動の相違，さらに，それらの行動の背後にある生徒の情動状態に関する一定の知見を導出するに至った。しかし，教師の情動表出に対する生徒の受けとめ方は自由記述の分析結果であり，示唆にとどまる。したがって，今後は本研究で行った自由記述の分析結果に基づき質問紙を作成し，教師の情動表出が生徒の情動状態に及ぼす影響，個々の生徒の特性による教師の情動表出の受けとめ方の相違を定量的に検証することが課題として残されている。

以上の理論的課題を順次，検討し，さらに方法論的限界を克服することで，教師の日常生活に埋め込まれた情動的実践としての専門性を，本研究で検討した以上に明確に示し，明らかにすることが可能になると考えられる。

註
1) 心理学研究において，瞬間的に生起する強い情動は"情動（emotion）"，持続的で比較的弱い情動は"気分（mood）"，情動と気分を包括して"感情（affect）"，人が主観的に知覚し意識化された情動は"感情経験（feeling）"と概念・用語が定義されている。本稿ではこの定義に従って表記し訳語に関しても同様である。したがって，邦訳として定着している"感情表出（emotion expression）"や"感情労働（emotional labor）"についても，それぞれ"情動表出"，"情動労働"と表記する。
2) ケアリングは，"ケアするひと"の活動に先立って"ケアされるひと"の要求があり，"ケアするひと"がその要求に専心し注意深く応えることによって始まる。そして，ケアリング関係は，"ケアされるひと"が"ケアするひと"の"ケアしようとする努力を受け入れるときに完成"（Noddings, 1992, p.44），成立する。
3) Bruner（1996）によると，"文化と個人の相互作用が，個人の思想に一つの共同体的鋳型を与え，かつ生活，思考，情動についてのいかなる文化的様式にも予想を超えた豊かさを賦与する"（p.17）。つまり，ある出来事や状況に対する個人の"意味解釈"は，"文化のもつ規範的信条とされるものに対する判断に絶えずさらされている"（p.18）。
4) ただし，このような個人化した目標と信念に基づく認知評価様式は，生徒の学習や成長に対する学校の集団的責任を排除し，同僚や保護者との協働に基づく教師の専門性開発を阻害すると結論づけられている。
5) 喜び，誇り，楽しさといった快情動や楽観思考などのポジティブな（肯定的な）心理に焦点を当て，人がそれらを社会的生活の中でより多く経験して幸福や福利を追求できる方法を探究する心理学の研究領域。
6) Lortie の研究では，多くの教師が昇給という金銭的報酬，昇進という地位向上報酬，これら外発的報酬を心的報酬よりも重視しないことが示されている。
7) 2002年までの教師バーンアウト研究の動向及び展望については落合（2003）が概観しているので，そちらを参照。
8) Kelchtermans（1996）は，教師のヴァルネラビリティを"教えること（teaching）に付随する無力感，フラストレーション，失望，幻滅感，罪悪感，怒り，恐怖を含んだ情動"と定義している。
9) Denzin（1984）は，"情動性（emotionality）"を"情動が生起する過程"と定義している。すなわち，情動理解は情動性という，"私"と"あなた"との間にある共通の場，相互作用に埋め込まれた意味を理解することである。
10) (1)の規則は，教師と生徒との互恵的関係を築くため，(2)の規則は，教科に対す

る教師と生徒双方の関心を高めるため，(3)の規則は，反抗的な生徒に対峙する際に冷静さを保つため（ただし，教室を統制したり，生徒との対人関係における問題を解決したりするために，怒りの情動を見せかける（faking）こともある），(4)の規則は教職アイデンティティを強固にするため，(5)の規則は，授業中に生徒の注意を引きつけるためである（Winograd, 2003）。

11) この分析では，"組織的市民行動（OCB: organizational citizenship behavior）"という概念が用いられた。OCBとは，"義務的で，報酬獲得を目指す役割行動（obligatory, rewarded role behavior）"と"自由裁量の，報酬獲得を目指さない役割行動（discretionary, unrewarded role behavior）"を区別する組織研究の概念である。Oplatkaは，前者を情動労働に適合する役割行動，後者を私的生活における情動作業に適合する役割行動と捉えた。

12) ただし，生徒の失敗を支えたり，生徒を励ましたりするために行われる教師の"親和的ユーモア"（例えば，"先生は，ちょっと困ったことがあっても，ゆかいなじょうだんでホッとさせてくれる）は，言葉遊びやだじゃれといった"遊戯的ユーモア"に比べて生徒に認知されにくいことが示唆されている。

13) 研究課題3では，授業観察と質問紙調査を各教師に4回行った。小松先生については，先生の時間割や学校業務の都合により授業観察と質問紙調査を2回しか行えなかったため，データ間の条件一致性の観点から，ここでの分析対象から除外した。

14) 臨床心理学領域では，弱点や悩みといった他者に容易には示しにくい，深い内容を示すことが自己開示と定義されるが，趣味，意見，過去の体験など，自己に関する様々な事柄を他者に示すことが自己開示の概念的意味である（榎本，1997）。

15) プロパティとディメンションは，分析を記述レベルから概念レベルに進めるために，切片化したデータにラベル（名前）をつけて現象を構成するカテゴリーの特徴を把握し，さらに複数のカテゴリーを関連づけるものである。プロパティはデータの意味内容を示す視点，ディメンションはその視点から見たときの範囲である。例えば「お喋りは困ったなーって。困った。あるよね，そういうグループは」（菊地先生）というデータでは，"困惑の要因：生徒の私語""困惑の強さの程度：強い（二度の「困った」から）""不快情動の対象：生徒の行為""状況：協働学習"と捉えられる。括弧内の左がプロパティ，右がディメンションで，本データは"生徒の私語に対する困惑"というラベルがつけられ，《不快情動の生起》カテゴリーに属する。なお，ディメンション・プロパティ・ラベル・カテゴリーは全て概念で，順に抽象度が高くなる（戈木クレイグヒル，2006）。

16) 情動名の判断では可能な限り教師の語りに現れた情動語をラベルに適用した。

ただし，類似した情動語，情動語として曖昧な言葉はLazarus（1991）を参考に統合，変換した。例えば，"嬉しい"は喜び，"面白い"は楽しさ，"びっくりする"，"感心する"は驚き，"気持ちがいい"，"気持ちが乗る"は心地良さ，"面白くない"は退屈感，"がっかり"は落胆，"辛い"は苦しみ，"申し訳ない"，"ごめんねって感じ"は罪悪感とした。

17) データに明示された教師の言葉，面接中の教師の表情から情動の強さの程度を判断した。例えば，"一番嬉しい"の喜びは強い，"ちょっとは嬉しい"の喜びは弱い，"｜顔をゆがめて｜悔しかったな"の悔しさは強いとした。このような明示的情報のないデータについては情動の強さの程度を全て"中"とした。

18) このカテゴリーには，教師に「目標」として語られる内容を含んでいたため（Table 3.1参照），ステップ2までの分析では〈授業目標〉を構成する1ラベルと捉えていた。しかし，生徒の知的関心の促進，生徒間の聴き合う・学び合う関係の形成は，生徒の学習や友人との関わり方に関する目標であり，教師自身が授業でどのように振る舞い，どのような方略を用いるべきかという目標と性質を異にすると考えた。そこで該当データを〈授業目標〉から外し，ステップ3のデータを踏まえて再検討した。その結果，該当データは生徒の学習や友人との関わり方に関する〈授業目標〉を達成するための意味を有し，〈協働学習形式を用いる理由〉から生じ，さらに教師が用いる〈授業方略〉に直接関連することが示された。そこで，この該当データによって構成される〈教師主体授業の抑制〉を生成した。

19) このカテゴリーはステップ1で〈活力の増進〉と〈授業への動機づけの高まり〉に分かれていた。ステップ2以降，Table2.2に示した質問項目④を修正，追加したことで，2カテゴリーを構成するラベルが多く抽出されると共に，これらは同過程を辿ることが示された。ステップ3でもこのことが再確認されたため，2カテゴリーを統合して〈活力・動機づけの高まり〉を生成した。

20) このカテゴリーはステップ1前半，菊地先生の面接データから生成されていない。これは，筆者が調査時点で行為の中の省察と情動との関連を想定しておらず，この点を菊地先生から十分に聴き取れなかったためである。ただし，菊地先生のデータ分析から〈授業後の反省〉が生成されたことで，《不快情動の生起》から〈即興的な授業展開〉を繋ぐプロパティとカテゴリーが想定され（理論的比較），ステップ1後半，新川先生の面接から質問項目を修正したことで〈授業中の省察〉が生成された。本カテゴリーはステップ3で構成ラベルがほぼ出そろい，ステップ4と5で精緻化された。

21) 生徒の気分の明るさに対して，石川先生は楽しさを，菊地先生は喜びを感じる

と語った。本研究では，これらを類似した情動の経験と捉えた。収集データからは，両者が用いた情動語の相違理由を示すことは困難であるが，仮説として，楽しさという情動は挑戦的課題に取り組む際に生起することが多いと考えられ，石川先生は，"生徒の気分の明るさ→生徒との対話成立→対話に基づく授業展開の難しさ"という過程で楽しさを経験したと考えられる。一方，菊地先生は協働学習形式で授業を行っていたため，"生徒の気分の明るさ→生徒間の交流・協働→第2の〈授業目標〉の達成"という過程で喜びを経験したと考えることができる。また，二次評価の責任性の観点から捉えると，生徒の気分の明るさを導いた主体を石川先生は"自己"と認知評価して楽しさを経験し，菊池先生は"生徒"と認知評価して喜びを経験したとも推察される。

22) 石川先生と菊地先生への面接が調査初期段階であり，Table 2.2 で示した質問項目の修正・追加を行っていないため，収集データからは〈授業中の省察〉と〈即興的な授業展開〉との関連は捉えられていない。ここでは，それ以外のカテゴリー同士の関連を現すデータを Table 4.6 に示した。

23) これらの結果から，各教師の授業に対する挑戦水準と能力水準の評価はベテラン，中堅，若手といった教職歴による特異な傾向は見出されない。つまり，個々の教師の情動は教職歴で規定されるというよりは，授業における生徒との相互作用の中で生起する様々な出来事や状況を，授業目標や個人的信念や価値観からどのように認知評価するかに規定されるように思われる。また，Csikszentmihalyi (1990) は，フロー状態に入りやすい人は"結果生じる外発的目標を実現するためより，その活動を行うために活動する"傾向がある"自己目的的パーソナリティ"を有すると想定している。つまり，授業中に生起する出来事や状況をどのように評価するかは教師個々人のパーソナリティ特性によって多少異なると考えられる。

24) アメリカ合衆国第37代大統領リチャード・ニクソンが提唱した国際金融の枠組みを変革する政策で，その主な内容は，アメリカ国内のインフレ加速，貿易赤字拡大を是正するための金―ドル交換停止，固定相場制から変動相場制への移行である。

25) 本章の Table に示す発話数は，ここでつけたラベル単位で算定されている。

26) 無効回答は24名の無回答と「ものまね」という質問内容に適さない3名の回答である。この無効回答数の多さは，記名式の自由記述で生徒に回答を求めた本研究の方法に起因すると思われる。第9章でも論じるが，今後は本章の知見を援用し，教師の自己開示に対する生徒の評価を検討する必要がある。方法としては，多数の生徒による評価を検証可能な質問紙調査が望ましいと思われる。

27) 3学級の生徒24名の無回答は，自由記述及び記名式で回答を求めた研究方法の

問題に起因すると思われる。したがって今後の調査では生徒61名の記述に基づき質問紙を作成し，教師の情動表出に対する生徒の受けとめ方を再検討する必要がある。

28) ここではまた，授業における教師の自己開示を質的に分析し，専門的な授業方略の一つとして捉えたことに意義がある。教師の自己開示に関する先行研究では，教師の自己開示を統制する実験調査，生徒に対する質問師調査が方法として採用されてきた。実験調査では教師の自己開示の内容と場面が統制され，質問紙調査では生徒による教師の自己開示認知度が検討されるため，日常の授業で教師が行う自己開示の内容，様式，場面，時期は明らかではなかった。

引 用 文 献

Acker, S. (1995) Carry on caring: The work of women teachers. *British Journal of Sociology of Education*, 16, 21-36.
赤岡玲子・谷口明子 (2009) 教師の対人ストレスに関する基礎的研究―ストレス経験に関する教師の語り―, 教育実践学研究：山梨大学教育学部附属教育実践研究指導センター研究紀要, 14, 159-166.
秋田喜代美 (1996) 教師教育における「省察」概念の展開 森田尚人・藤田英典・黒崎勲・片桐芳雄・佐藤学 (編) 教育と市場 (pp.451-467) 世織書房.
秋田喜代美 (2000) 子どもをはぐくむ授業づくり―知の創造へ― 岩波書店.
Altman, I., & Taylor, D.A. (1973) *Social penetration.* London: Holt, Rinehart & Winston.
青砥弘幸 (2007)「教室ユーモア」研究の枠組みに関する考察, 広島大学大学院教育学研究科紀要, 56, 119-128.
Averill, J. R. (1982) *Anger and aggression: An essay on emotion*, New York: Springer-Verlag.
Averill, J. R. (1990) Emotions in relation to systems of behavior. In Stein, N. L., Leventhal, B., & Trab-asso, T. (Ed). *Psychological and biological approachs to emotion* (pp.385-404). Hillsdale: Lawrence Erlbaum.
別所靖子 (2001) カウンセリングから学ぶ教師の自己開示, 月刊生徒指導, 31, 42-43.
Bruner, J. S. (1996) *The culture of education.* Boston: Harvard University Press. (岡本夏木・池上貴美子・岡村佳子 (訳) 2004 教育という文化 岩波書店).
Buber, M. (1979) *Ich und Du, Zwiesprach.* (植田重雄 (訳) 1979 我と汝・対話 岩波書店).
Cannon, W. B. (1929) *Bodily changes in pain, hunger, fear and rage.* New York: Appleton-Century-Crofts.
Carlyle & Woods (2002) *Emotions of teacher stress*. London: Trentham Books.
Chan, D. W. 2006 Emotional intelligence and components of burnout among Chinese secondary school teachers in Hong Kong. *Teaching and Teacher Education*, 22,

1042-1054.

Chelune, G. J. (1975) Self-Disclosure: An Elaboration of its basic dimensions. *Psychological Reports*, 36, 79-85.

Cioffid, D., & Holloway, J. (1993) Delayed costs of suppressed pain. *Journal of Personality and Social Psychology*, 64, 274-282.

Clandinin, D. (1986) *Classroom practice: Teacher images in action*. Lewes: Falmer Press.

Clark, M. S., & Taraban, C. (1993) Reactions to and willingness to express emotion in communal and exchange relationships. *Journal of experimental social psychology*, 27, 324-336.

Csikszentmihalyi, M. (1990) *Flow: The psychology of optimal experience*. New York: Harper and Row.（今村浩明（訳）1996 フロー体験―喜びの現象学 世界思想社）.

Csikszentmihalyi, M. (1996) *Creativity: Flow and the psychology of discovery and invention*. New York: Happer Collins Publishers.

Csikszentmihalyi, M. (1997) *Finding flow: The psychology of engagement with everyday life*. New York: Basic Books.

Csikszentmihalyi, M. (2003) フロー理論のこれまで 今村浩明・浅川希洋志（編）フロー理論の展開（pp.1-39）世界思想社.

Csikszentmihalyi, M., & Larson, R. (1987) Validity and reliability of the experience sampling method. *The Journal of Nervous and Mental Disease*, 175, 526-536.

Davis, E. A. (2006) Characterizing productive reflection among preservice elementary teachers: Seeing what matters. *Teaching and Teacher Education*, 22, 281-301.

Day, C., & Leitch, R. (2001) Teachers' and teacher educators' lives: The role of emotion. *Teaching and Teacher Education*, 17, 403-415.

Denzin, N. K. (1984) *On understanding emotion*. San Francisco: Jossey-Bass.

遠藤利彦（2007）感情の機能を探る 藤田和生（編）感情科学（pp.3-34）京都大学学術出版会.

榎本博明（1997）自己開示の心理学的研究 北大路書房.

Ekman, P., & Friesen, W. V. (1975) *Unmasking the face: A guide to recognizing emotion from facial clues*. New Jersey: Prentice-Hall.（工藤 力（訳）1987 表情分析入門 誠信書房）.

Etzioni, A. (1969) *The semi-professions and their organization*. New York: Free

Press.

Franagan, J. C. (1954) The critical incident technique. *Psychological Bulletin*, **51**, 1-33.

Fredrickson, B. L. (2001) The role of positive emotions in positive psychology: The broaden-and-build theory of positive emotions. *American Psychologist*, **56**, 218-226.

Frijda, N. H. 1986 *The emotions*. Cambridge; Cambridge University Press.

Fromm, E. (1956) *The art of loving*. New York: Harper Collins Publishers.（鈴木 晶（訳）1991 愛するということ 紀伊國屋書店）.

藤江康彦（2000）一斉授業における教師の『復唱』の機能—小学5年の社会科授業における教室談話の分析—，日本教育工学雑誌，**23**，201-212.

藤江康彦（2007）教育・学習研究における質的研究の留意点 秋田喜代美・藤江康彦（編）はじめての質的研究法—教育・学習編—（pp.21-45）東京図書.

福井芳明・田中雄三（1997）教師の自己開示が児童との人間関係に及ぼす影響，鳴門生徒指導研究，**7**，73-88.

船橋新太郎（2007）感情の神経科学 藤田和生（編）情動科学（pp.85-110）京都大学学術出版会.

布施光代・小平英志・安藤史高（2006）児童の積極的授業参加行動の検討—動機づけとの関連および学年・性による差異—，教育心理学研究，**54**，pp.534-545.

淵上克義・松田雅美（2005）教師のメンタリングスキルとしての自己開示が生徒の自己開示、学校適応に及ぼす効果に関する研究，早稲田大学人間科学学術院研究成果報告書「アクションリサーチに基づく教師の力量発達を支援するメンタリングに関する研究」，（pp.61-83）.

Golby, M. (1996) Teachers' emotions: an illustrated discussion. *Cambridge Journal of Education*, **26**, 423-434.

Goldstein, L. S., & Lake, V. E. (2000) "Love, love, and more love for children": Exploring preservice teachers' understanding of caring. *Teaching and Teacher Education*, **16**, 861-872.

Greenberge, L. S. (2008) The clinical application of emotion in psychotherapy. In Lewis, M., Haviland-Jones, J. M., & Barrett, L. F. (Ed) *Handbook of emotions*. (pp.88-101). New York: The Guilford Press.

Hargreaves, A. (1994) *Changing teacher, changing times: Teachers' work and culture in the postmodern age*. New York: Teachers College Press.

Hargreaves, A. (1998) The emotional practice of teaching. *Teaching and Teacher Education*, 14, 835-854.

Hargreaves, A. (2000) Mixed emotions: Teachers' perceptions of their interactions with students. *Teaching and Teacher Education*, 16, 811-826.

Hargreaves, A. (2005) Educational change takes ages: Life, career and generational factors in teachers' emotional response to education. *Teaching and Teacher Education*, 21, 967-983.

Hargreaves, A., & Goodson, I. (2005) Teachers' professional lives: Aspirations and actualities. In Goodson, I., & Hargreaves, A. (Ed). *Teachers' professional lives*. (pp.1-27) London: RoutledgeFalmer.

Hochschild, A.R. (1983) *The managed heart: Commercialization of human feeling*. Berkeley: University of California Press. (石川 准・室伏亜希 (訳) 2000 管理された心―感情が商品になるとき― 世界思想社)

今村浩明・浅川希洋志 (2003) フロー理論の展開 世界思想社.

稲垣忠彦 (2006) 教師教育の創造―信濃教育会教育研究所五年間の歩み― 評論社.

Intrator, S. M. (2006) Beginning teachers and the emotional drama of the classroom. *Journal of Teacher Education*, 57, 232-239.

伊佐夏美 (2009) 教師ストラテジーとしての感情労働. 教育社会学研究, 84, 125-144.

Isen, A. M., Daubman, K. A., & Nowicki, G. P. (1987) Positive affect facilitates creative problem solving. *Journal of Personality and Social Psychology*, 52, 1122-1131.

Isenbarger, L., & Zembylas, M. (2006) The emotional labour of caring in teaching. *Teaching and Teacher Education*, 22, 120-134.

石橋尚子 (2003) 子どもがやる気を出す叱り方・ほめ方. 児童心理, 57, 43-48.

伊藤美奈子 (2000) 教師のバーンアウト傾向を規定する諸要因に関する探索的研究―経験年数・教育観タイプに注目して―. 教育心理学研究, 48, 12-20.

Jackson, P. W. (1968) *Life in classrooms*. New York: Teachers College Press.

Jeffrey, B., & Woods, P. (1996) Feeling deprofessionalised: The social construction of emotions during an OFSTED inspection. *Cambridge Journal of Education*, 26, 325-343.

Jourard, S.M. (1971) *The transparent self*. New York: D. Van Nostrand (岡堂哲雄 (訳) 1974 透明なる自己 誠信書房).

Jourard, S.M., & Lasakow, P. (1958) Some factors in self-disclosure, *Journal of Abnormal & Social Psychology*, **56**, 91-98.

海保博之 (1992) 一目でわかる表現の心理技法―文書・図表・イラスト― 共立出版.

神村栄一 (1997) しかる・ほめる行為の背後にある心の動き，児童心理，**51**, 53-60.

河村夏代・鈴木啓嗣・岩井圭司 (2004) 教師に生ずる感情と指導の関係についての研究―中学校教師を対象として―，教育心理学研究，**52**, 1-11.

河村茂雄 (1996) あなたは自己開示できる教師か―自己開示の技術，児童心理，**50**, 175-182.

河野義章 (2005) 授業を実施する 高垣マユミ (編) 授業デザインの最前線―理論と実践をつなぐ知のコラボレーション― (pp.103-121) 北大路書房.

Kelchtermans, G. (1996) Teacher vulnerability: Understanding its moral and political roots. *Cambridge Journal of Education*, **26**, 307-323.

Kelchtermans, G. (2005) Teachers' emotions in educational reforms: Self-understanding, vulnerable commitment and micropolitical literacy. *Teaching and Teacher Education*, **21**, 995-1006.

Keltner, D., & Haidt, J. (2001) Social functions of emotions at multiple levels of analysis. *Cognition and Emotion*, **13**, 505-522.

木村 晴 (2006) 感情の制御 北村英哉・木村晴 (編) 情動研究の新展開 (pp.193-210) ナカニシヤ出版.

木村 晴・榊 美知子 (2006) 感情の研究法 北村英哉・木村晴 (編) 情動研究の新展開 (pp.43-64) ナカニシヤ出版.

木村 優 (2008) 挑戦的課題が方向づける思考―探求するコミュニティづくり 秋田喜代美 (編) 教師の言葉とコミュニケーション (pp. 110-114) 教育開発研究所.

岸野麻衣・無藤隆 (2005) 授業進行から外れた子どもの発話への教師の対応―小学校2年生の算数と国語の一斉授業における教室談話の分析―，教育心理学研究，**53**, 86-97.

北村英哉 (2006) 感情研究の新たな意義 北村英哉・木村 晴 (編) 感情研究の新展開 (pp.3-19) ナカニシヤ出版.

Klaasen, C. A. (2002) Teacher pedagogical competence and sensibility. *Teaching and Teacher Education*, **18**, 151-158.

Klein, K. & Boals, A. (2001) Expressive writing can increase working memory capacity. *Journal of Experimental Psychology*, **130**, 520-533.

小林明子・上田明日美 (2008) 小学生の学校の楽しさに影響を与える教師のユーモア

行動に関する研究,静岡大学教育実践総合センター紀要,15, 125-132.
近藤邦夫 (1994) 教師と子どもの関係づくり 東京大学出版会.
久冨善之 (1995) 教師のバーンアウト（燃え尽き）と『自己犠牲』的教師像の今日的転換―日本の教員文化・その実証的研究（5）―, 一橋大学研究紀要社会学研究, 34, 3-42.
Kyriacou, C., & Kunc, R. (2007) Beginning teachers' expectations of teaching. *Teaching and Teacher Education*, 23, 1246-1257.
Lasky, S. (2005) A sociocultural approach to understanding teacher identity, agency, and professional vulnerability in a context of secondary school reform. *Teaching and Teacher Education*, 21, 899-916.
Lazarus, R. S. (1991) *Emotion and adaptation*. New York: Oxford University Press.
Levenson, R. W. (1999) The intrapersonal function of emotion. *Cognition and Emotion*, 13, 481-504.
Lewis, M. (1992) *Shame: The exposed self*. New York: Free Press.
Little, W. L. (1982) Norms of collegiality and experimentation: Workplace conditions of school success. *American Educational Research Journal*, 19, 325-340.
Little, W. L. (1990) The persistence of privacy: Autonomy and initiative in teachers' professional relations. *Teachers College Record*, 87, 84-102.
Liu, X. S., & Ramsy, J. (2008) Teachers' job satisfaction: Analysis of the Teacher Follow-up Survey in the United States for 2000-2001. *Teaching and Teacher Education*, 24, 1173-1184.
Lortie, D. C. (1975) *Schoolteacher: A sociological study*. Chicago: The University of Chicago Press.
Loughran, J. J. (2002) Effective reflective practice: In search of meaning in learning about teaching. *Journal of Teacher Education*, 53, 33-43.
Magai, C. (2008) Long-lived emotions: A life course perspective on emotional development. In Lewis, M., Haviland-Jones, J. M., & Barrett, L. F. (Ed) *Handbook of emotions*. (pp.376-392). New York: The Guilford Press.
Markus, H. R., & Kitayama, S. (1991) Culture and the self: Implications for cognition, emotion, and motivation. *Psychological Review*, 98, 224-253.
Martin, B. W. & Baksh, I. J (1995) *School humour: Pedagogical and sociological considerations*. Newfoudland: Memorial University of Newfoudland.
丸野俊一 (2005) 授業の効果を上げる 髙垣マユミ（編）授業デザインの最前線―理論

と実践をつなぐ知のコラボレーション―（pp.123-157）北大路書房.
松平信久（1994）教師の励まし・教師のことば 松平信久・小熊伸一（編）日本の教師，16，136-138，ぎょうせい．
松木健一（2008）学校を変えるロングスパンの授業研究の創造 秋田喜代美・キャサリン・ルイス（編）授業の研究 教師の学習―レッスンスタディへのいざない 明石書店．
Mayeroff, M (1971) *On caring*. New York: Harper & Row Publishers Inc.（田村 真・向野宣之（編）1987 ケアの本質―生きることの意味―，ゆみる出版）．
南 博文（1991）事例研究における厳密性と妥当性―鯨岡論文（1991）を受けて―，発達心理学研究，2，46-47.
森 透（2007）教育実践の事例研究を通した教育学の再構築―〈実践―省察―再構成〉の学びのサイクルの提案―，教育学研究，74，140-151.
茂呂雄二（1991）教室談話の構造，日本語学，10，63-72.
村瀬公胤（2006）教師の即興性と実践的知識 秋田喜代美（編）授業研究と談話分析（pp.187-198）放送大学教育振興会．
村瀬孝雄（1996）中学生の心とからだ 岩波書店．
中山堪次郎（1997）しかられてやる気がでる子・ほめられてやる気がでる子，児童心理，51，101-108.
中山堪次郎・三鍋由貴恵（2007）教師の「注意言葉」に対する中学生の受けとめ方，上越教育大学研究紀要，26，367-379.
Neil, S. (1989) The effect of facial expression and posture on children's reported responses to teacher nonverbal communication. *British Educational Research Journal*, 15, 195-204.
Nias, J. (1989) *Primary teacher talking: A study of teaching as work*. Lodon: Routledge.
Nias, J. (1996) Thinking about feeling: The emotions in teaching. *Cambridge Journal of Education*, 26, 293-306.
Nias, J. (1999) Primary teaching as a culture of care. In Prosser, J. (Ed) *School culture*. (pp.66-81). London: Paul Chapman Publishing.
二谷貞夫・和井田清司（2007）中等社会科の理論と実践 学文社．
Noddings, N. (1984) *Caring: A feminine approach to ethics and moral education*. Berkeley: University of California Press.（立山善康・清水重樹・新茂之・林 泰成・宮崎宏志（訳）1997 ケアリング－倫理と道徳の教育―女性の観点から―，晃

洋書房).

Noddings, N. (1992) *The challenge to care in schools.* New York: Teachers' College Press.(佐藤 学(監訳)2007 学校におけるケアの挑戦―もう一つの教育を求めて ― ゆみる出版).

Noddings, N. (1996) Stories and affect in teacher education. *Cambridge Journal of Education,* 26, 435-447.

Oatley, K. (1987) *Cognitive science and the understanding of emotion.* London: Lawrence Erlbaum Associates.

Oatley, K. (1992) *Best laid schemes: Psychology of emotions.* Cambridge: Cambridge University Press.

落合美貴子(2003)教師のバーンアウト研究の展望, 教育心理学研究, 51, 351-364.

O'Connor, K. E. (2008) "You choose to care": Teachers, emotions and professional identity. *Teaching and Teacher Education,* 24, 117-126.

大渕憲一(2005)感情と人間関係の制御 畑山俊輝(編)感情心理学パースペクティブ (pp.2-10) 北大路書房.

Oplatka, I. (2007) Managing emotion in teaching: Toward an understanding of emotion displays and caring as nonprescribed role elemnts. *Teachers College Record,* 109, 1374-1400.

Robert, A, S. (1980) The role of humor in teaching: Strategy and self-expression. In Woods, P. (Ed). *Teacher strategies: Exploration in the sociology of the school* (pp.84-97). London: Croom Helm.

Rogers, D., & Webb, J. (1991) The ethic of caring in teacher education. *Journal of Teacher Education,* 21, 985-993.

Rohlen, T. P. (1983) *Japan's high school.* California: The Regents of the University of California. (友田泰正(訳)1988 日本の高校 サイマル出版会).

Rosenthal, R., & Jacobson, L. (1968) *Pygmalion in the classroom.* London: Holt, Rinehart & Winston.

Rowe, M. B. (1974) Wait-time and rewards as instructional variables, their influence on language, logic, and fate control: Part one-wait-time. *Journal of Research in Science Teaching,* 11, 81-94.

戈木クレイグヒル滋子(2006)グラウンデッド・セオリー・アプローチ―理論を生み出すまで― 新曜社.

佐橋由美(2003)中年期女性の日常余暇場面におけるフロー 今村浩明・浅川希洋志(編)

フロー理論の展開（pp.214-240）世界思想社．

榊 美知子（2006）感情と記憶 北村英哉・木村晴（編）感情研究の新展開（pp.93-111）ナカニシヤ出版．

坂本篤史（2007）現職教師は授業経験から如何に学ぶか，教育心理学研究，55，584-596．

坂本善一（1986）授業にかかわる叱り方・ほめ方，児童心理，40，160-164．

桜井茂男（1993）ほめる効用・叱る効用—子どもの動機づけを中心に—，児童心理，47，20-26．

佐藤 学（1996）カリキュラムの批評—公共性の再構築へ— 世織書房．

佐藤 学（1997）教師というアポリア—反省的実践へ— 世織書房．

佐藤 学・岩川直樹・秋田喜代美（1990）教師の実践的思考様式に関する研究（1）：熟練教師と初任教師のモニタリングの比較検討を中心に，東京大学教育学部紀要，30，177-198．

佐藤正寿（2004）授業のアイデア 3・4 年生—授業を楽しむコツ 70— ひまわり社．

Sawyer, R. K. (2004) Creative teaching: Collaborative discussion as disciplined improvisation. *Educational Researcher*, 33, 12-20.

Sawyer, R. K. (2006) *Explaining creativity: The science of human innovation.* Oxford: Oxford University Press.

Schmidt, M., & Datnow, A. (2005) Teachers' sense-making about comprehensive school reform: The influence of emotions. *Teaching and Teacher Education*, 21, 949-965.

Schön, D. A. (1983) *The reflective practitioner: How professionals think in action.* New York: Basic Books Inc.（佐藤学・秋田喜代美（訳）2001 専門家の知恵—反省的実践家は行為しながら考える— ゆみる出版）．

関口宏文（1996）教師の外的強化が児童の内発的動機づけに与える影響—賞賛についての検討—，日本教育心理学会第 38 回総会発表論文集，190．

Shavelson, R., & Stern, P. (1981) Research on teachers' pedagogical thoughts, judgments, decisions, and behavior. *Review of Educational Research*, 51, 455-498.

Sheroff, D., Knauth, S., & Makris, E. (2000) The quality of classroom experiences. In Csikszentmihalyi, M. & Schneider, B. (Ed) *Becoming adult: How teenagers prepare for the world of work.* (pp.95-112). New York: Basic Books.

Shulman, L. (1987) Knowledge and teaching: Foundations of the new reform. *Harvard Educational Review*, 57, 1-22.

Sutton, R. E. & Wheatley, K. F. (2003) Teachers' emotions and teaching: A review of the literature and directions for future research. *Educational Psychology Review*, **15**, 327-358.

庄井良信・中嶋 博（2005）フィンランドに学ぶ教育と学力　明石書店.

高木展郎（2008）これからの授業のあり方を考える，月刊高校教育，**41**，24-27.

高木 修（1998）人を助ける心—援助行動の社会心理学—　サイエンス社.

高木 亮・淵上克義・田中宏二（2008）教師の職務葛藤とキャリア適応力が教師のストレス反応に与える影響の検討—年代ごとの影響の比較を中心に—，教育心理学研究，**56**，230-242.

高木 亮・田中宏二（2003）教師の職業ストレッサーに関する研究—教師の職業ストレッサーとバーンアウトの関係を中心に—，教育心理学研究，**51**，165-174.

高浦勝義（1997）教室の中の高校教育改革　菊池栄治（編）高校教育改革の総合的研究（pp.111-129）多賀出版.

竹内史宗・三宮真智子・遠藤由美（1991）小学生の「叱りことば」認知，日本教育心理学会第33回総会発表論文集，**33**，337-338.

田中孝彦・佐藤博・宮下 聡（1999）中学教師もつらいよ　大月書店.

田村修一・石隈利紀（2001）指導・援助サービス上の悩みにおける中学校教師の被援助志向性に関する研究，教育心理学研究，**49**，438-448.

都丸けい子・庄司一子（2005）生徒との人間関係における中学校教師の悩みと変容に関する研究，教育心理学研究，**53**，467-478.

飛田 操・河野義章（1990）教師によって自己開示される個人情報に関する研究—こども達は，教師をどこまで知っているか—，福島大学教育学部論集，**48**，9-14.

Troman, G. (2000) Teacher stress in the low-trust society. *British Journal of Education*, **21**, 331-353.

塚田紘一（1997）しかっても好かれる先生・ほめても嫌われる先生，児童心理，**51**，130-136.

Van Manen, M. (1991) Reflectivity and the pedagogical moment: The normativity of pedagogical thinking and acting. *Journal of Curriculum Studies*, **23**, 507-536.

Van Veen, K., Sleegers, P., & Van de Ven, P. (2005) One teacher's identity, emotions, and commitment to change: A case study into the cognitive-affective processes of a secondary school teacher in the context of reforms. *Teaching and Teacher Education*, **21**, 917-934.

和井田節子（2008）高校まなびの広場，月刊高校教育，**41**，32-35.

Winograd, K. (2003) The functions of teacher emotions: The good, the bad, and the ugly. *Teachers Colledge Record*, **105**, 1641-1673.

Wragg, E., & Brown, G. (2001) *Explaining in the primary school*. London: Routledge Falmer.

やまだようこ (1997) モデル構成をめざす現場心理学の方法論 やまだようこ (編) 現場心理学の発想 (pp.161-186) 新曜社.

吉川正剛・三宮真智子 (2007) 生徒の学習意欲に及ぼす教師の言葉かけの影響. 鳴門教育大学情報教育ジャーナル, **4**, 19-27.

油布佐和子 (1995) 教師の多忙化に関する一考察. 福岡教育大学紀要, **44**, 31-44.

Zembylas, M. (2004) The emotional characteristics of teaching: An ethnographic study of one teacher. *Teaching and Teacher Education*, **20**, 185-201.

Zembylas, M. (2005) Discursive practices, genealogies, and emotional rules: A poststructuralist view on emotion and identity in teaching. *Teaching and Teacher Education*, **21**, 935-948.

謝　辞

　本稿の執筆にあたり，調査研究に御協力いただいた中学校の3名の先生方，高等学校の11名の先生方に心より感謝申し上げます。また，先生方がそれぞれ勤務する中学校と高等学校の先生方と学校職員の方々には，外部者である筆者を快く学校に迎え入れていただけたことに厚く御礼申し上げます。それから，私の授業参観を歓迎してくれた各学校の各学級の生徒たちにも心より感謝申し上げます。

　さて，本稿の主題「情動的実践としての教師の専門性」の着想は，私がまだ「授業において教師と生徒の関係を紡ぐ事象とは何か」という曖昧な研究課題を抱えながら先生方の授業実践を参観させていただいたときに生まれたものです。私は先生方の授業の参観を継続的に行う中で，先生方が生徒たちに接する際に豊かな表情を浮かべておられること，温かなかかわりをされておられることに気づき，先生方が授業中に経験し表出する情動の機微を感得することになりました。そして，先生方から授業中に経験する情動について豊かに語っていただけたこと，さらには，生徒たちに対する願い，教師としての目標と信念を真摯に語っていただけたことで，情動が教師の専門性における重要事象であることを実感していきました。

　本稿で検討を進めてきたように，情動は教師の専門性を説明する上で決して無視してはならない重要事象です。教師は日々，生徒たちのかかわりの中で多種多様な情動を経験し，その情動の知らせに導かれて実践し，省察し，試行錯誤しながら自らの専門性開発を推進し，生徒たちの成長・発達を支え促しています。これまで教師の専門性は知識や思考といった知的側面のみで語られてきましたが，今後は情動側面を含めて教師の専門性を再検討し再構成する必要があります。このことを，本調査研究に御協力いただいた先生方

の実践事例と語りが明確に示しています。

　また，先生方に参観させていただいた授業実践と聴かせていただいた語りが，私自身の学びとなり，一人の教育実践研究者としての成長を多分に促してくださいました。特に，私が言わば「見えない」情動を捉えて記述する方法を模索していたときに，先生方の言葉の一つひとつが思いもよらなかった発見や着想を示してくださいました。この意味で，本稿はまさに先生方の授業実践と語りがあってはじめて成立したものです。先生方の実践の深遠さと温かさに敬意を表すと共に，本稿が先生方の高度な専門性を少しでも描き出すことができていれば幸いです。

　先生方に教えていただいた教えることと学ぶことの楽しさ，喜び，驚き，感動を，私はこれからも大切にして実践研究を進めていきたいと思います。ありがとうございました。

　なお，本書の刊行には独立行政法人日本学術振興会平成26年度科学研究費助成事業（科学研究費補助金）（研究成果公開促進費）の交付を受けた。

　平成26年10月22日

　　　　　　　　　　　　　　　　　　　　　　　　　　木村　　優

著者略歴

木村　優（きむら　ゆう）
2011年　東京大学大学院教育学研究科博士課程修了
　　　　博士（教育学）
2009年　福井大学教職大学院　機関研究員
2011年　福井大学教職大学院　准教授（現在に至る）

情動的実践としての教師の専門性
——教師が授業中に経験し表出する情動の探究——

2015年1月31日　初版第1刷発行

著　者　　木　村　　　優
発行者　　風　間　敬　子
発行所　　株式会社　風　間　書　房
〒101-0051　東京都千代田区神田神保町1-34
電話 03(3291)5729　FAX 03(3291)5757
振替 00110-5-1853

印刷　藤原印刷　　製本　高地製本所

© 2015 Yuu Kimura　　　　　　　　　NDC分類：140
ISBN978-4-7599-2055-0　　Printed in Japan

JCOPY 〈(社)出版者著作権管理機構　委託出版物〉
本書の無断複写は，著作権法上での例外を除き禁じられています。複写される場合はそのつど事前に(社)出版者著作権管理機構（電話03-3513-6969，FAX 03-3513-6979, e-mail:info@jcopy.or.jp）の許諾を得て下さい。